U0477005

本书系全国教育科学“十三五”规划2017年度国家一般项目
“‘一带一路’视阈下中国建设亚洲高等教育枢纽的路径研究”
（批准号：BIA170169）结项成果。

亚洲高等教育枢纽建设

基于“一带一路”视阈的跨国比较研究

王焕芝◎著

海峡出版发行集团
THE STRAITS PUBLISHING & DISTRIBUTING GROUP
福建教育出版社

图书在版编目（CIP）数据

亚洲高等教育枢纽建设：基于“一带一路”视阈的跨国比较研究/王焕芝著. 一福州：福建教育出版社，2024.1
ISBN 978-7-5334-9770-5

Ⅰ.①亚…　Ⅱ.①王…　Ⅲ.①高等教育一研究一亚洲　Ⅳ.①G649.3

中国国家版本馆 CIP 数据核字（2023）第 201434 号

Yazhou Gaodeng Jiaoyu Shuniu Jianshe

亚洲高等教育枢纽建设

——基于“一带一路”视阈的跨国比较研究

王焕芝　著

出版发行　福建教育出版社
（福州市梦山路 27 号　邮编：350025　网址：www.fep.com.cn
编辑部电话：0591-83726908
发行部电话：0591-83721876　87115073　010-62024258）
出 版 人　江金辉
印　　刷　福建省地质印刷厂
（福州市金山工业区　邮编：350011）
开　　本　710 毫米×1000 毫米　1/16
印　　张　15.5
字　　数　237 千字
插　　页　1
版　　次　2024 年 1 月第 1 版　　2024 年 1 月第 1 次印刷
书　　号　ISBN 978-7-5334-9770-5
定　　价　49.00 元

目 录

导　言

教育枢纽作为跨境教育的第三代类型以及其所包含的学生枢纽、高技能人才枢纽和知识/创新枢纽的广泛内涵，越来越引起学界的关注。当前，马来西亚、新加坡和阿联酋纷纷采取行动打造不同类型的区域高等教育枢纽，以加速本国高等教育国际化的进程，提高其在本地区的战略地位。

一、马来西亚谋求亚洲地区“学生枢纽”的地位

当前，马来西亚国际学生外向流动集中于经济合作与发展组织（OECD）成员国，内向流动集中于亚洲和中东地区。为了建设学生枢纽，马来西亚高校主要通过东盟国际学生流动项目（AIMS），吸引国外著名大学创办分校以及与国际组织合作等路径促进国际学生流动。虽然通过国家战略层面的重视以及打造优质高等教育资源，马来西亚高校招收了来自 160 个国家的 151,979 名国际留学生，其对来自同源宗教和地缘相近地区的国际学生具有一定的吸引力，① 但同美国、英国、澳大利亚等传统留学大国相比，马来西亚高等教育的国际影响力依旧逊色很多，其在推进亚洲高等教育枢纽建设过程中仍面临着新兴国际教育市场对马来西亚学生枢纽建设造成稀释、过度依赖国外人力资源潜藏风险、高等教育本土化与国际化均衡发展等诸多考验与挑战。

① 12 Percent increase in international students enrollment in Malaysia [EB/OL]. (2016－04－05) [2020－07－08]. http://afterschool.my/news/12-percent-increase-in-international-students-enrollment-in-malaysia, 2016－4－5.

二、新加坡打造亚洲地区“知识与创新枢纽”的地位

当前，新加坡拥有来自澳大利亚、印度、中国、法国、英国和美国等国家的13所国际分校。这些国际分校吸引了大量来自中国、马来西亚、印度尼西亚等国家的国际学生。新加坡政府通过完善外来人才与创新创业政策、搭建研发框架体系积累创新资本等举措营造构建学生枢纽、高技能人才枢纽和知识/创新枢纽的政策与制度环境。该国通过全球校园计划（Global Schoolhouse）、生物医学科学计划、卓越研究与科技企业学园计划（CREATE）、与著名大学合作组建大学联盟等路径打造以知识与创新为特色的亚洲高等教育枢纽地位。

在跨国高等教育治理过程中，新加坡通过各部门协作形成以“新加坡教育”为核心的多元治理主体、甄选优秀合作伙伴并提供贷款和补助金、颁布《私立教育法案》监管私立及跨国高等教育、为国际学生提供财政援助以及就业机会等举措加强跨国高等教育的治理。但是，由于新加坡政府与跨国分校都倾向于高估未来的招生数量，低估办学成本，导致双方签订的协议过于理想化，加之监管不力造成质量与信任危机等问题，其当前面临着国际学生招生数量不断萎缩的窘境。此外，国内高涨的反移民情绪与国民融合的矛盾以及如何处理国家高度干预与学术自由、基础研究与科研成果商业化的关系等也是新加坡构建亚洲高等教育枢纽需要面对的挑战。当前，新加坡正在通过适度扩大高校规模结构，提高本土学生的高等教育入学率、建立移民融合机制，加强国家整合与社会凝聚力、为高等教育及研究与实验发展领域提供稳定的经费支持、打造“领导力、网络和知识开发”为主旨的尼泊尔山计划（Nepal Hill）以及建设“亚洲地区的世界知识产权枢纽”等策略来应对区域高等教育枢纽建设的挑战。

三、阿联酋（UAE）吸引国际分校，打造高技能人才和知识创新枢纽

满足国内大量外籍人员的高等教育多样化需求、培养创新型人才，提高

本国在科学、技术、创新层面的能力，建立以知识和创新为基础的经济社会，最终摆脱对石油经济的依赖，成为阿联酋建设区域高等教育枢纽的主要动力。阿联酋积极制定、完善建设区域高等教育枢纽的政策与制度环境。如，颁布“愿景 2021 国家议程”，转变经济发展模式；发布国家创新战略，实现“愿景 2021 国家议程”；制定详细的科学、技术和创新政策（STI）；营造良好的创新环境，增强投资吸引力。阿联酋通过设立自由贸易区，吸引国际分校，打造高等教育发展新引擎；构建知识与创新型枢纽；加大对教育的财政投入与完善就业政策等路径建设区域高等教育枢纽。

当前，阿联酋共有 42 所国际分校，主要分布在阿布扎比、迪拜和哈伊马角三个酋长国。这些国际分校大多设置在阿联酋的自由贸易区内，自由区内的“完全外资控股、资本和利润自由汇回以及免除进出口税”的优惠政策以及政府在基础设施及运营方面提供的慷慨资助，不仅降低了国际分校的前期资本投入，而且也为国际分校带来了较高的利润。阿联酋的公共融资主要来自政府投资机构，如迪拜酋长家族企业——信息科技和通讯投资公司（TECOM investments）为迪拜国际学术城、迪拜知识村等自由区提供基础设施和教育场所。在创新与知识枢纽建设方面，阿联酋主要打造以迪拜网络城、迪拜外包城和迪拜硅谷为主的信息技术枢纽以及生物科技枢纽。生物科技枢纽以能源与环境园为主，作为全球首个生命科学自由区，该科技园主要聚焦于“能源效率、可再生能源、绿色建筑和废弃物管理”等领域。但是，阿联酋也面临着从知识消费国转变为知识生产国、市场与利益驱动导致供大于需的无序发展、质量保障机构之间缺乏协调机制与质量不高以及大部分高等教育机构研究能力和投入不足、高等教育由外在移植转变为本土化内生发展等重大挑战。

四、高等教育枢纽建设的经验与启示

（一）宏观层面——优化政策制度环境

在亚洲，教育枢纽逐渐成为全球化和国际化背景下，各国和地区保持高等教育竞争力的一种策略。所以，教育枢纽建设是一项以吸引大量的当地或外国参与者来实现国家层面的特定目标“国家计划”。从宏观层面看，各国或地区都为本地区教育枢纽制定了详细的发展战略。如，新加坡 2002 年推出全球校园计划，该计划旨在通过吸引外国机构和国际学生带动经济发展以及获取人力资本，通过研发工作、专利生产等助推新加坡建设知识经济社会等。2015 年，马来西亚颁布《马来西亚高等教育大蓝图（2015－2025 年）》（Malaysia Education Blueprint 2015－2025）（Higher Education），开始自上而下地推动高等教育枢纽建设。该蓝图提出构建马来西亚高等教育枢纽的原则和基本策略。2010 年，阿联酋政府颁布《愿景 2021 国家议程》（UAE Vision 2021 National Agenda），该计划的核心理念之一是建设以知识和创新为基础的经济社会。通过发展多样化、灵活性的知识经济，将国家对石油的依赖降低到国民生产总值的 20%。

（二）中观层面——推动教育活动主体的治理改革

教育枢纽建设本身是一个包括“本地或国外的学生、学者、机构、公司、组织、研究中心、知识产业”等多中心的教育形态，为促进他们通过深入的互动和合作，参与教育、培训和知识生产与创新活动，不仅要加强互动和合作机制建设，而且也要推动教育活动主体自身转变治理理念。如，为增加国际生源，马来西亚高等教育机构积极在操作层面与基础构建方面完善自身。操作层面主要包括以下六个方面：学生流动、教师流动、学术课程、研究与开发、治理与自治、社会整合与社区参与。基础构建方面主要包括：优质学术课程的提供、国际学生的支持服务、国际学生的社会与社区参与。为了促进工程学和物理科学方面的研发，2006 年，新加坡政府开启“卓越研究与科技企业学园计划”，旨在通过国际顶级研究机构、大学与企业的科研人员之间的合作与互动，研究和探讨重大科学前沿问题。在阿联酋，各个自由区内的国际分校可以免除联邦层面的监管，每个酋长国各自为自由区制定监管措施。如，迪拜 2007 年成立的迪拜知识与人力发展局（KHDA）以及其 2009 年成立的下属机构——大学质量保证国际委员会（UQAIB）负责对迪拜国际学术城和迪拜知识村的国际分校进行教育服务许可，该委员会有权撤销没有达到质量标准的国际分校的办学资格。

总体而言，在建设区域高等教育枢纽过程中，马来西亚、新加坡和阿联西三国吸引国际分校、招收国际学生建设高等教育枢纽的经验，为有条件地允许国外教育机构在我国设立分支机构办学提供了重要参考。这种“原汁原味”跨境教育模式形成的“鲶鱼效应”将有助于我国高等教育优化办学理念、课程体系、教学方法和质量保障体系。此外，随着远程教育技术手段的日臻完善以及“新区域主义”的兴起，利用跨境远程教育“完成留学”的方式将会越来越受到青睐。建设跨境远程教育项目、完善包括图书数字资源在内的各种支持性服务将成为我国向“一带一路”沿线国家提供优质高等教育资源的一种重要跨境教育平台。

绪　论

全球化（globalization）、国际化（internationalization）、教育枢纽（educational hubs），是当前有关亚太地区高等教育变革的文献中常见的术语。全球化是与高等教育机构发展相关的新历史阶段；国际化是高等教育机构为了适应全球化而做出的变革和应对；教育枢纽逐渐成为一种对全球化和国际化的政策反应，至少在亚洲，其被视作一种在全球化和国际化背景下致力于保持高等教育竞争优势的政治经济结构。①

联合国教科文组织认为，跨境高等教育是“在各种类型的高等教育学习项目或学习课程及教育服务（包括远程教育）中，学习者所在国家或地区与为他们提供教育、颁发证书或学位的国家不是一个国家或地区”。一般包括海外分校、特许经营或合作经营、衔接或双学位/联合学位、远程/虚拟教育、出国学习等五种形式。② 跨境教育通常有助于输入国迅速扩大高等教育体系，增加高技能人力资本存量。随着亚洲经济力量的崛起以及高等教育国际化的进一步纵深发展，一些国家和地区开始引入“教育枢纽”重构本土的境内外高等教育资源体系，从而形成庞大的教育枢纽组织，以期发挥其引导功能，实现本地在区域内的发展目标。

---

① 约翰·N. 霍金斯，谷贤林，杨晨曦. 全球化、国际化和亚洲教育枢纽：我们需要一些新的术语吗？[J]. 世界教育信息，2022，35（02）：35－40.

② KNIGHT J. Education Hubs：International，Regional and Local Dimensions of Scale and Scope [J]. Comparative Education，2013，49（3）：374－387.

一、研究背景与意义

（一）研究背景

新加坡、马来西亚、阿联酋和中国香港等国家和地区都竞相提出把本地区建成教育枢纽的目标。全球高等教育研究机构（Global Higher Education）认为，“教育枢纽是指一个特定的国家（地区或城市）计划努力吸引外国投资，留住本地学生，通过为国际学生和本地学生提供高质量教育，进而建立声誉，发展知识经济。教育枢纽包括国内和国际机构、海外分校、国外合作等。”① 跨境高等教育研究专家杰森·莱恩（Jason E. Lane）和凯文·金赛尔（Kevin Kinser）认为，教育枢纽是一个希望吸引外部投资、留住本土学生和建立区域声誉的指定区域，其实现的方式包括为本土和国际学生提供高质量的教育，创造以知识为基础的经济。②

尽管我国当前并没有明确提出建设“高等教育枢纽”这一政策术语，但是来华留学发展空间巨大，“一带一路”沿线国家成为来华留学生源增长的发力点。2019 年 2 月，中共中央、国务院印发《粤港澳大湾区发展规划纲要》明确提出“支持粤港澳大湾区建设国际教育示范区”的重要目标；2020 年 6 月，《教育部等八部门关于加快和扩大新时代教育对外开放的意见》出台，更是明确提出将着力打造粤港澳大湾区国际教育示范区与海南国际教育创新岛等一批教育对外开放新高地。我国提出的“教育对外开放新高地”基本属于第三代跨境教育范畴，其兼顾了中国特色与国际通则。但是，我国高等教育枢纽建设存在缺乏顶层设计、国际学生流动不平衡、人才外流严重、教育资源输入和输出严重不平衡、教育软实力排名不高、高等教育系统尚未符合国际标准、教育主权亟须维护、来华留学生教育教学质量缺乏保障等问题和挑战。重点谋划高等教育在“一带一路”建设中的布局调整和行动策略成为教

① Global Higher Education—Educational Hubs [EB/OL]. (2015—06—06) [2021—09—04]. http://www.globalhighered.org/edhubs.php, 2015—06—06.

② LANE J E, KINSER K. The cross-border education policy context: Educational hubs, trade liberalization, and national sovereignty [J]. New Directions for Higher Education, 2011 (155): 79—85.

育服务“一带一路”建设的重中之重。

（二）研究意义

基于上述研究背景，探讨一些发展中国家建设区域高等教育枢纽的举措和挑战，将为我国加快打造若干教育对外开放新高地提供经验借鉴。

1. 理论意义

2016 年 7 月，教育部印发《推进共建“一带一路”教育行动》，明确教育在“一带一路”建设中的定位：即围绕重点共建的“五通”，提供两方面的支撑：促进民心相通，为其他“四通”提供人才支撑。因此，高等教育需要为沿线国家的青少年提供更便捷的、优质的跨国教育。高等教育枢纽建设是某国或地区高等教育国际化的重要举措和指标。本书以治理理论及简·奈特（Jane Knight）提出的影响高等教育枢纽建设的项目路径与组织路径为研究理论基础，尝试从高等教育枢纽建设的内外部治理角度出发，探讨我国建设高等教育枢纽的现状、存在问题、成因、挑战及路径，这将为促进“一带一路”教育共同体的建设以及教育交流机制的完善提供理论参考。

2. 现实意义

作为国际教育中心的教育枢纽，一般需具有卓越的教育声望，能够吸引高质量的国际教职和大批高素质留学生；在一系列学科领域拥有世界先进水平的研究实力。因此，打造具有中国特色的亚洲高等教育枢纽不仅有助于促进民心相通，同时也将为“一带一路”愿景与目标的实现提供各类人才的支撑和保障，进而提升中国在亚洲或更广范围的教育竞争力和国际形象，在亚洲构建地缘政治地位影响力。

二、国内外研究现状

（一）国外研究现状

1. 教育枢纽概念、类型以及政府政策制定方面的研究

教育枢纽是跨境教育的第三代类型，是一国、地区或城市通过战略规划促使本地和国际各教育主体、利益相关者汇聚在一起，为实现各自目标而进行的教育、培训、知识生产和创新活动。其包含学生枢纽、高技能人才枢纽

和知识/创新枢纽。[①] 当前，全球正在积极建设教育枢纽的国家和地区共有8个，其中3个在海湾地区（阿拉伯联合酋长国、卡塔尔和巴林），4个在亚洲（新加坡、马来西亚、中国香港和韩国），1个在北美洲（巴拿马）。影响高等教育枢纽建设的宏观因素包括政治、经济、学术和社会文化。[②] 政策制定者在利用高等教育寻求地缘政治影响力中采取不同做法。跨境高等教育是培育人才的平台，马来西亚、新加坡和香港分别实施培育本地人才、吸引外国人才和遣返移民人才等三种不同人才目标。但是，教育枢纽政策的实施会受到政治惯性（political inertia）的影响。[③]

2. 马来西亚学生枢纽建设与新加坡知识创新枢纽建设方面的研究

马来西亚国际学生外向流动集中于OECD国家，内向流动集中于亚洲和中东地区。[④] 国际学生在马来西亚学习的总体满意度低于新加坡，马来西亚学生枢纽建设面临着缺乏有效的质量保障机制、校园设备不完善、过度依赖国外人力资源的风险等挑战。[⑤] 教育质量、大学排名以及学习和生活费用成为影响国际学生前往新加坡学习的重要因素。新加坡通过生物医学计划、卓越研究与科技企业学园计划、大学联盟等举措构建知识与创新枢纽。[⑥] 新加坡全球校园计划面临着政策失灵的危机，2011年大选成为全球校园计划的转折点。[⑦] 全球校园计划面临着国际学生招生数量不断萎缩、国内民众的反移民情绪不断

---

① KNIGHT J. Three types of educational hubs：Student，talent and knowledge：Are indicators useful or feasible [J]. The Observatory on Borderless Higher Education，2011.

② KNIGHT J. （ed.）. International Education Hubs：Student，Talent，Knowledge－Innovation Models [M]. Springer Netherlands，2014：204－210.

③ LEE J T. Education hubs and talent development：policymaking and implementation challenges [J]. Higher Education，2014（68）：807－823.

④ MORSHIDI S. The impact of September 11 on international student flow into Malaysia：Lessons learned [J]. International Journal of Asia Pacific Studies，2008（1）：79－95.

⑤ MOK K H. The rise of transnational Higher Education in Asia：Student Mobility and Studying Experiences in Singapore and Malaysia [J]. Higher Education Policy，2012（25）：225－241.

⑥ SIGHU R，HO K C，YEOH B S A. Singapore：Building a Knowledge and Education Hub [M]. International Education Hubs. Springer Netherlands，2014 ：121－143.

⑦ WARING P. Singapore's global schoolhouse strategy：retreat or recalibration? [J]. Studies in Higher Education，2014，39（5）：874－884.

高涨等挑战。①

（二）国内研究现状

1. 建设学生枢纽、高技能人才枢纽方面的研究

主要围绕来华留学生教育规模、政策制定、来华留学的原因、跨文化适应及影响因素、服务质量保障以及管理、路径等方面展开。来华留学生已占全球留学生份额的8%，但在国际教育市场上，我国仍处于“逆差”状态。2005—2014年间，“一带一路”沿线国家是全球来华留学教育规模增速的主体支撑，但却存在以非学历教育为主体、学历层次较低、奖学金总量偏少、区域发展不平衡、学历来华留学教育内源性牵引力不足等结构性失调问题。② 各大学在国际学生管理方面存在文化冲突、教学与课程不合理、管理效率低下、处理国际学生事务的技能欠缺等问题；当前必须调整国际化政策的重心：走内涵式发展路线、政策制定的主体从国家转向学校。③ 在华国际学生的适应性水平主要受到与中国师生互动情况的影响。④ 采取差别管理与趋同管理，利用留学生的社会关系网络，加强对留学生跨文化支持等方式，将有助于来华中亚留学生顺利实现跨文化适应。⑤ 应建构外国申请者入学考核体系、来华留学生预备教育体系、趋同化教学与个性化助学相结合的国际学生培养体系。⑥ 加强政府的支持与参与力度，扩大西部地区中外合作办学规模，积极引进世界优质教育资源，并努力提升教育质量保障与评估的国际化水平。⑦ “一带一路”

---

① TAN E T J. Singapore as a Global Schoolhouse: A Critical Review. [M] //Ka Ho M. Managing International Connectivity, Diversity of Learning and Changing Labour Markets: East Asian Perspectives. Singapore: Springer Singapore , 2017: 135—147.

② 陈丽，伊莉曼·艾孜买提. “一带一路”沿线国家来华留学教育近10年发展变化与策略研究[J]. 比较教育研究，2016，38（10）：27—36.

③ 王洪才、戴娜、刘红光. 全球化背景下的国际学生流动与中国政策选择 [J]. 厦门大学学报（哲社版），2014（2）：149—156.

④ 文雯，王朝霞，陈强. 来华留学研究生学习经历和满意度的实证研究 [J]. 学位与研究生教育，2014（10）：55—62.

⑤ 刘宏宇，贾卓超. 来华留学生跨文化适应研究——以来华中亚留学生为个案 [J]. 中央民族大学学报（哲学社会科学版），2014，41（04）：171—176.

⑥ 王军. 我国来华留学生教育的基本定位与应对策略 [J]. 中国高教研究，2014（8）：88—92.

⑦ 方宝、武毅英. 论东盟来华留学教育扩大发展的有效路径 [J]. 复旦教育论坛，2016（2）：107—111.

愿景与目标的实现离不开各类人才的支撑和保障。[①] 香港高等教育枢纽建设面临着配套措施和具体计划缺失、定位不明确，协调推进和招聘机制不健全等问题。[②]

2. 其他国家和地区建设教育枢纽方面的研究

主要围绕建设教育枢纽的现状、路径、影响以及面临的挑战等方面展开。新加坡全球校园计划目标过于理想、质量保障体系不够完善。为更好地建设知识/创新枢纽以及提高其亚洲影响力，新加坡政府积极构建知识产权枢纽。高等教育及其市场的发展不仅有助于增加国民收入，还有利于国家在国际竞争中发挥软实力。[③] 亚洲高等教育枢纽建设面临着传统留学大国对亚洲国际学生的稀释、宏观因素对高等教育枢纽类型与层次定位的牵制等问题。[④]

（三）国内外研究现状述评

教育枢纽研究在概念、类型、学生枢纽建设方面已具有一定的知识积累。但是，教育枢纽内部质量保障，教育枢纽的影响、收益以及风险，如何评估教育枢纽的贡献和结果等问题仍需要深入研究。此外，“一带一路”愿景与目标的实现不能仅依赖学生枢纽的建设，还需要各类人才的支撑和保障，因此研究中国建设学生枢纽、高技能人才枢纽和知识/创新枢纽的路径等问题是当务之急。本书将围绕高等教育枢纽建设的宏观路径即政府层面的政策制定与制度环境、大学与政府之间关系调适的制度框架等外部治理现状以及存在问题展开；在借鉴其他国家和地区建设高等教育枢纽的内外部治理经验的基础上，归纳出“一带一路”视阈下中国建设亚洲高等教育枢纽的借鉴性策略和发展性路径。

---

① 周谷平，阚阅. “一带一路”战略的人才支撑与教育路径 [J]. 教育研究，2015 (10)：4—9.

② 莫家豪. 打造亚洲教育枢纽：香港的经验 [J]. 北京大学教育评论，2016 (4)：90—104.

③ 莫家豪，王俊烽. 走向全球：跨国高等教育与亚洲留学体验 [J]. 世界教育信息，2013，26 (04)：60—63.

④ 宋佳. 亚洲高等教育枢纽之争：路径、政策和挑战 [J]. 外国教育研究，2015 (12)：79—91.

三、核心概念

（一）高等教育枢纽——跨境教育的第三代

著名高等教育专家简·奈特（Jane Knight）提供了一个广义上的界定，认为教育枢纽是跨境教育的第三代类型，强调的是本国和外国活动者的融合性，认为教育枢纽是本地和国际参与者的主要聚集地，是一国、地区或城市通过战略规划促使本地和国际各教育活动主体（学生、学者、大学、研究中心）和利益相关者（工商业组织、政府、非营利机构等）汇聚在一起，为实现各自目标和该地总体利益而从事教育、培训、知识生产和创新活动（见表绪-1）。总之，一个高等教育枢纽建设是一项“国家计划”，旨在吸引大量的当地或外国参与者来实现国家层面的特定目标。

表绪-1 跨境教育的三代类型①

跨境教育	最初关注内容	描述
第一代：人员流动	学生、教师、专家的流动	全日制学位学习、短期学习、研究、领域合作、实习、项目交流。 教员的流动是为了教学、参与专业发展和从事研究。 学者们为加强国际研究合作和网络而流动。
第二代：项目与机构流动	交付式教育（项目、机构或公司跨越边境提供教育和培训）	项目流动：特许经营、某种双联与授权安排、在线/远程教育等； 提供者：海外分校、特许大学、独立机构。

① KNIGHT J. Education hubs: A Fad, A Brand or an Innovation [J]. Studies in International Education, 2011, 15 (3): 221—240.

续表

跨境教育	最初关注内容	描述
第三代：教育枢纽	国家、城市或特区为实现教育、培训、知识生产和创新的目的，吸引外国学生、研究人员、雇员、项目、提供者和研发公司	学生枢纽：学生、项目、提供者以教育为目的进行流动； 人才枢纽：学生、工人等以教育、培训和就业为目的进行流动； 知识/创新枢纽：研究者、学者、高等教育机构、研发中心以知识应用和创新为目的进行流动。

（二）高等教育枢纽的类型

简·奈特将教育枢纽划分为学生枢纽（the student hub）、高技能人才枢纽（the skilled workforce hub）和知识/创新枢纽（the knowledge/innovation hub）三种模式。① 其中，学生枢纽关注国际学生的招生数量；高技能人才枢纽注重人力资本开发，为知识经济培养高技能人才；而知识/创新枢纽更注重科学研究，打造知识和服务型经济，吸引外国直接投资，提升在全球经济中的竞争力和软实力（见表绪-2）。知识/创新枢纽意味着从教育和培训向新知识和创新的生产及应用的重大转变。对于学生枢纽而言，高等教育部门是重要的决策者；劳动和产业部门则是高技能人才枢纽建设的重要决策者；简·奈特认为，知识/创新枢纽是教育和培训之外的进一步拓展，对于知识/创新枢纽来说，科学、技术和创新参与者发挥着主导作用。

① KNIGHT J. Education hubs：International，regional and local dimensions of scale and scope [J]. Comparative Education，2013，49（3）：374—387.

表绪-2　三种教育枢纽的特征和目的[①]

教育枢纽类型	特征	目的
学生枢纽	主要聚焦于为本地和国际留学生提供教育和培训，通过引进国外高等教育合作机构在本地设立分校或开设双联教育项目来丰富学生们的选择机会。	通过留学生获得经济收益，为本地学生拓宽高等教育机会通道，加快本土高等教育现代化和国际化进程，进而提升本地在区域或更广范围的教育竞争力和国际形象。
高技能人才枢纽	也专注于学生教育和培训，但与学生枢纽不同的是，其最终目标是将高水平的留学生留在留学地工作，构筑开放且平等的劳动力市场，最终汇聚这些国际化人才队伍以提升地区经济可持续发展。	为知识经济培养高技能人才，进而在地区内构建地缘政治地位影响力。
知识/创新枢纽	其使命是超越教育和培训的，宗旨在于知识与创新的生产和扩散，通过本地利好的经济政策吸引国外大学、研究所和公司进驻本地，在与本地合作的前提下最终形成应用研究、知识和创新的基地。	打造知识和服务型经济，吸引外国直接投资，增加本国或地区在全球经济中的竞争力和软实力。

（三）发展中国家和地区建设区域高等教育枢纽的基本情况

在构建区域高等教育枢纽的实践中，这三种枢纽类型之间并没有明确的界限，目前全球许多国家至少合并了其中的两个枢纽。发展中国家主要基于经济发展、教育和培训、熟练劳动力及科学研究等原因建设区域高等教育枢

① KNIGHT J. Education hubs：International，regional and local dimensions of scale and scope [J]. Comparative Education，2013，49（3）：374－387.

纽。当前，很多发展中国家和地区提出建设教育中心或者枢纽的战略目标（见表绪-3）。就学生枢纽而言，国家层面会制定招生战略和相关政策，如招收国际学生的人数、拟建国际分校的数量等。尽管学生枢纽的招生范围定位为世界各地，但生源主要来自周边国家。马来西亚是建设学生枢纽的典型国家。马来西亚主要基于对经济发展、教育和培训的考量。马来西亚政府在《马来西亚高等教育大蓝图（2015—2025年）》中指出，大马计划在2025年前将国际学生人数增加到25万，以进一步巩固国际高等教育中心地位。高技能人才枢纽的总体目标是发展技术劳动力，鼓励外国学生留在东道国就业。鼓励国际高等教育机构以及私人培训/教育公司为国际和国内学生以及当地雇员提供学术课程和职业发展机会，总体目标是人力资源开发。阿联酋是建设高技能人才枢纽的典型国家。知识/创新枢纽将其任务扩大到教育和培训之外，包括知识和创新的生产、分配，通过商业激励被吸引到东道国的国外大学、研究机构、从事研究和开发活动的公司，他们与当地合作伙伴共同发展应用研究、知识和创新。新加坡是建设知识/创新枢纽的典型国家。①

表绪-3　发展中国家和地区构建高等教育枢纽的基本情况

	卡塔尔	阿联酋	中国香港	马来西亚	新加坡	博茨瓦纳
宣布时间	1995	2003	2003	2007	1998	2008
实施时间	1995	2003	2008	2007	1998	2008
典型计划	教育城	知识村(2003)、学术城(2007)	教育枢纽	区域教育枢纽（伊斯干达教育城，吉隆坡教育城），招收一定数量的留学生	全球校园计划	区域教育枢纽

① KNIGHT J. Education Hubs: A Fad, a Brand, an Innovation? [J]. Journal of Studies in International Education, 2011, 15 (3): 221—240.

续表

	卡塔尔	阿联酋	中国香港	马来西亚	新加坡	博茨瓦纳
发展程度	H	H	L	M—H	H	L
主办方/组织者	卡塔尔基金会	迪拜控股/信息科技和通讯投资公司(TECOM)	香港贸易发展局/大学教育资助委员会	高等教育部和私人投资公司	新加坡经济发展局	商业经济咨询局
教育枢纽类型	学生枢纽	学生枢纽，高技能人才枢纽	学生枢纽	学生枢纽	知识/创新枢纽	学生枢纽
愿景	高技能人才和知识/创新枢纽	高技能人才和知识/创新枢纽	高技能人才枢纽	高技能人才和知识/创新枢纽	知识/创新枢纽	学生枢纽，高技能人才枢纽

（注：H代表高，M代表中，L代表低）

从输出国来看，根据英国高等教育资助委员会的数据，在海外国际分校攻读英国大学学位的国际学生多于在英国本土学习的国际学生，在2012—2013年约有54.5万名学生在英国的国际分校学习。英国文化协会报告(2016)称，英国现有和目前拟建的国际分校主要集中在阿联酋、中国、马来西亚和新加坡。新加坡和马来西亚的国际分校占英国跨国高等教育项目总数的15%。2007年，澳大利亚拥有71,000名跨国高等教育学生，其中超过90%的学生来自澳大利亚在新加坡、马来西亚、中国内地、中国香港和越南开设的海外分校。[①]

① Australia's Poisoned Alumni: International Education and the Costs to Australia [EB/OL]. (2016-11-22) [2021-09-04]. https://ciaotest.cc.columbia.edu/pbei/liip/0017594/f_0017594_15072.pdf.

四、研究方法与内容

（一）研究方法

1. 文献研究法。运用 EBSCO、JSTOR、Springer Link 等外文数据库，阿联酋高等教育和科学研究部网站、阿联酋战略研究中心、新加坡教育部网站、马来西亚教育部网站、C-BERT 网站等资源；以及境外访学机会搜集整理典型国家与地区有关建设高等教育枢纽的政策与制度方面的资料，如有关高层次人才方面的政策法规、政府报告；高校层面的组织路径和项目路径方面的资料。

2. 比较分析法。将中国、马来西亚、新加坡和阿联酋建设高等教育枢纽的宏观路径与微观路径做比较分析，探讨中国建设亚洲高等教育枢纽存在的问题及原因、挑战。我国提出打造海南国际教育创新岛、粤港澳大湾区国际教育示范区等一批教育对外开放新高地，其中海南国际教育创新岛与马来西亚的情况相似，自身高等教育基础薄弱，可以借鉴马来西亚建设区域高等教育枢纽的经验，将其建设成吸引周边国家留学生的学生枢纽。粤港澳大湾区国际教育示范区可以借鉴新加坡等国家的经验，将其打造成知识创新枢纽。

3. 案例分析法。本书以马来西亚伊斯干达教育城、新加坡全球校园计划、迪拜国际学术城、中国中外合作办学院校为案例，对微观路径层面具体运作过程中的主体、组织运行、举措等进行深入剖析。

（二）研究内容

治理是主客体间建构的权力运行体系的结构性制度安排，其特别强调利益相关者之间、政府和社会组织之间关系的调适。其核心就是建构合乎组织、系统发展规律的治理结构。基于以上，本书主要对中国、马来西亚、新加坡、阿联酋建设高等教育枢纽的宏观路径即政府层面的政策制定与制度环境、大学与政府之间关系调适的制度框架、各利益相关者之间的关系等外部治理现状做比较分析；对其建设高等教育枢纽的微观路径即大学层面的项目路径（学术项目、科研和学者合作、校外合作与服务、课外活动）与组织路径（组织结构、质量保障体系、交流机制、资源分配机制）等内部治理现状做比较分析；在此基础上，对中国建设亚洲高等教育枢纽存在的问题、原因及挑战进行深入剖析，然后在借鉴其他国家和地区建设教育枢纽的内外部治理经验的基础上，提出“一带一路”视阈下我国建设亚洲高等教育枢纽的借鉴性策略和发展性路径。

五、研究思路与技术路线

（一）研究思路

宏观层面，本书将深入系统剖析高等教育学生枢纽建设（马来西亚）、知识/创新枢纽建设（新加坡）、高技能人才枢纽建设（阿联酋）的政策环境、主要举措、面临的挑战等问题，同时探析“一带一路”沿线国家——越南和印度推动高等教育国际化的主要举措、面临的挑战以及合作策略。鉴于我国当前建设亚洲高等教育枢纽的路径主要包括促进国际学生流动、创办中外合作办学机构和项目、设立海外分校、开展国际合作、以孔子学院和孔子课堂为依托传播中国文化、支持海外华文教育、建设国际教育示范区等等，因此在中国篇部分，本书将剖析推动中外合作发展的相关政策工具存在的问题，并从政策工具理论出发，为制定合理、有效的中外合作办学政策提供一些参考；同时分析粤港澳大湾区建设国际教育示范区的路径与挑战、当前海外华文教育发展的动力机制及策略。最后，梳理中国建设亚洲高等教育枢纽的路径、挑战及策略。

微观层面，本书以治理理论与简·奈特（Jane Knight）提出的影响高等教育枢纽建设的大学行动路径——项目路径与组织路径为研究理论基础。就外部治理而言，本书将探讨国家建设各种类型高等教育枢纽的政策制定与执行以及制度环境、主要举措；大学与政府之间关系调适的制度框架、各利益相关者之间的关系等问题。就内部治理而言，本书将从项目路径（学术项目、科研和学者合作、校外合作与服务、课外活动）与组织路径（管理\治理、组织结构、具体运作、支持服务与人力资源发展）两个层面探讨高等教育枢纽建设的实践逻辑。

（二）技术路线图

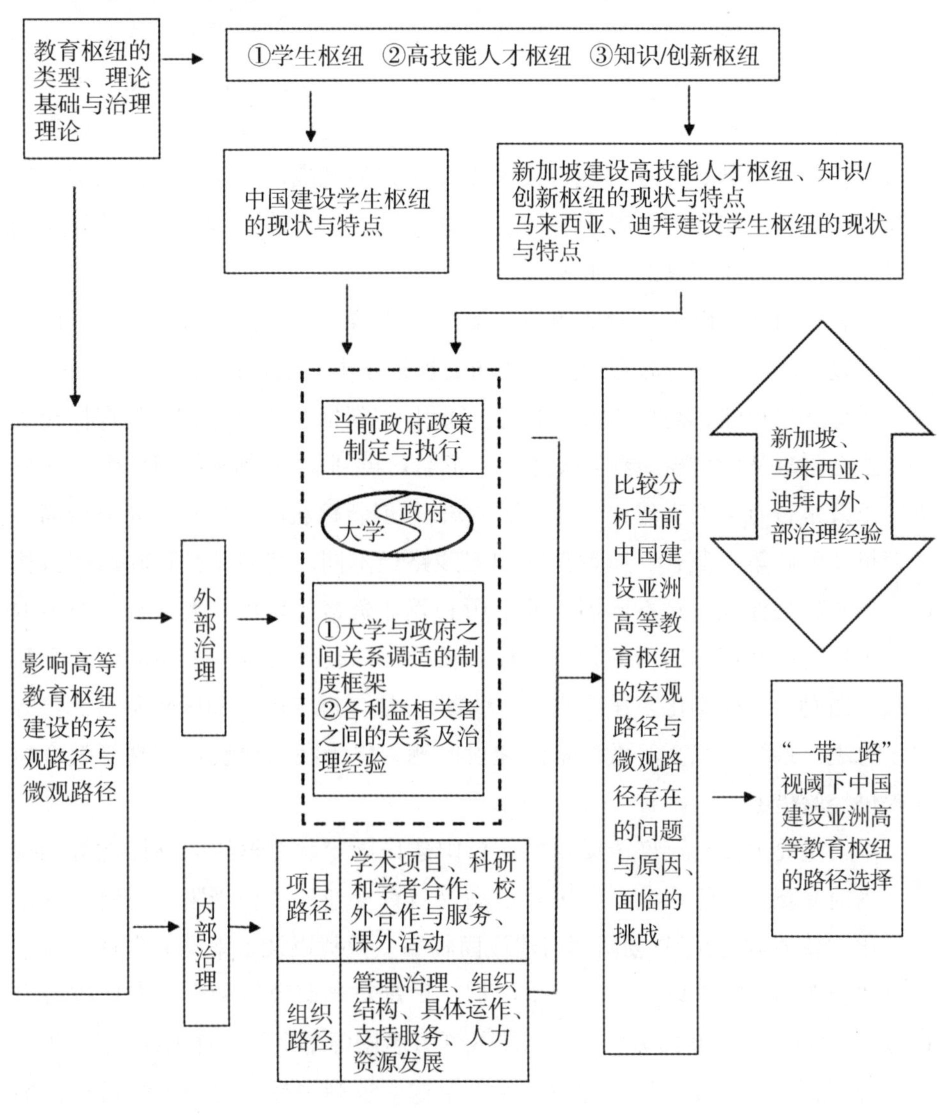

图绪-1

六、本书的创新点与不足

“一带一路”建设要求我国高等教育既要对内把脉，找准适合“一带一路”战略发展的契合点和着力点，同时也要向世界高等教育体系问诊，从世界秩序重建的高度，谋划我国高等教育在“一带一路”建设中的战略布局和行动策略，为沿线国家共建“一带一路”提供人才支撑和智力支持，促进经济、文化、教育的合作与交流。因此，从比较的视角，探讨中国建设亚洲高等教育枢纽的现状、存在问题、成因以及面临的挑战，不仅能更好地契合国家建设“一带一路”的发展需要，而且也为促进“一带一路”教育共同体的建设以及教育交流机制的完善提供新的思路。

教育枢纽属于跨境教育的第三代类型，总结高等教育枢纽建设的一般规律，将进一步丰富高等教育国际化的相关理论。本书也将让我们进一步思考：高等教育学生枢纽、高技能人才枢纽、知识/创新枢纽这三种高等教育枢纽类型是否会呈现从学生枢纽到高技能人才枢纽，再到知识/创新枢纽的渐进式发展？以及是否有可能实现从学生枢纽到知识/创新枢纽的质变？不同类型高等教育枢纽的政策、监管、质量保障和实践路径不同，其涉及教育和培训机构的注册和质量保证，对不同国家的学历和就业资格的认可，大学与产业界的伙伴关系，新知识和创新的知识产权，吸引外国教育机构和公司的就业和移民政策激励，适应文化多样性的教学/培训方法，遵守区域和国际贸易法，等等。总之，系统研究高等教育枢纽建设问题，将为我国建设亚洲高等教育枢纽提供经验借鉴。

本书主要关注新冠疫情爆发之前各国建设高等教育枢纽的整体态势和挑战。当前受新冠疫情影响，各国建设高等教育枢纽的步伐受阻，充满不确定性。比如新加坡的知识/创新枢纽建设面临哪些挑战以及未来走向怎样？由于政府未公布移民数据以及国际学生数据，很难对当前政策和未来发展进行全面分析。2008 年，新加坡已经吸引了 8.6 万名国际学生，并计划在 2020 年实现 15 万名国际学生的目标。但在 2011 年选举反弹之后，这一政策目标被悄然修订。目前，公立大学的国际学生人数上限为国内学生人数的 10%。新加坡大学的学术质量及国家对研发活动的有力支持表明，新加坡将继续巩固其作为教育和知识/创新枢纽的声誉，但其建设高等教育枢纽的政策将以满足国内新加坡人高等教育需求为前提，如果新加坡人感到国际学生侵占了他们的教育资源和就业机会，他们将阻止教育枢纽政策的实施。

第一章　马来西亚高等教育学生枢纽建设研究

第一节　马来西亚高校国际学生流动态势研究

20 世纪 90 年代以来，马来西亚高等教育规模有了很大的发展，不仅在本国高等教育大众化进程方面取得了成就，而且也大大提升了其高等教育的国际化水平，在奔向亚洲高等教育枢纽的轨道上迈出了步伐。马来西亚高等教育的上述发展主要得益于其在高等教育领域采用的如下几项改革措施：将公立大学企业化、鼓励私人资本进入高校、允许国外大学在大马设立分校等。近日，马来西亚高等教育部部长依德利斯尤索（Idris Jusoh）宣布马来西亚 2015 年共招收了来自 160 个国家的 151,979 名国际留学生，其中 80.3%在高等教育机构学习。[①] 联合国教科文组织认为，马来西亚日益成为国际学生最喜爱的留学目的国之一。与此同时，马来西亚政府提出，到 2020 年将高等教育毛入学率提高到 50%以及招收 200,000 名国际留学生，并以高等教育国际化为契机，为国家增加 336 亿林吉特的国民收入，同时带来 535,000 个工作岗位的宏伟目标。[②] 总体而言，马来西亚高等教育的发展历程是大众化与国际化齐头并进的过程，马来西亚在高等教育国际化方面积累了比较丰富的经验。

---

① 12 Percent increase in international students enrollment in Malaysia [EB/OL]. (2016－04－05) [2020－07－08]. http://afterschool. my/news/12-percent-increase-in-international-students-enrollment-in-malaysia，2016－4－5.

② Performance Management and Delivery Unit (PEMANDU). (2010). Economic transformation programme [EB/OL]. (2016－04－07) [2020－08－08]. http://www. theprospectgroup. com/idris-jala-ceo-performance-management-and-delivery-unit-pemandu-malaysia-22-8926，2016－4－7.

鉴于此，本文拟对马来西亚高校国际学生流动的原因、推进国际学生流动的举措、流动特点以及面临的挑战等问题进行深入剖析，以窥探全球化背景下马来西亚高校国际学生的流动态势及建设亚洲学生枢纽的经验。

一、马来西亚高校国际学生增加的原因

1991 年，马来西亚以“国家发展政策”代替“新经济政策”，随后 1997 年亚洲金融危机爆发等一系列国内外环境的改变促使马来西亚政府开启了高等教育领域的重要变革，致使对国际学生流动产生了重大影响。

（一）金融危机是影响国际学生流向变化的经济原因

纵观马来西亚国际学生流向的变化趋势，每次金融危机的爆发都会导致国际学生流向的改变。一方面，为了减少资金外流，政府往往通过提供优质高等教育资源与扩大招生规模、增加教育基金和奖学金资助贫困生等方式增强国内学生留在本国读书的吸引力。另一方面，由于货币贬值等原因，相对于传统留学目的国——美国、英国与澳大利亚的高额留学费用，马来西亚相对物美价廉的高等教育资源是国际学生接踵而至的重要因素。

（二）国家战略层面的重视是国际学生流向变化的重要内因

自 20 世纪 90 年代以来，大马政府从国家战略层面高度重视高等教育的发展问题，这是马来西亚高等教育体系得以迅速扩张的重要原因。2002—2013 年，马来西亚共招收 700,000 国际学生。其中，研究生层次的招生更是增长了 4 倍，即从 2000 年的 21,100 人增加到 2010 年的 85,200 人。[①] 马来西亚政府始终认为对其他伙伴国家和高等教育机构的授权是一举多得的行动，不仅带来教育服务贸易规模扩大等有形利益，而且也将获得区域内外的地缘政治影响力等无形利益。比如，国际学生的流动将进一步增强国家间共有知识或文化的建构，进而建构行为体即国家的身份和利益，最终改变行为体的行为。这些跨国界的交往将增进全球高等教育机构之间的信任，巩固马来西亚高等教育系统在地区发展中的关键角色，最终促成国家间的相互理解。马

① AZIZ M I A，ABDULLAH D. Finding the next “wave” in internationalisation of higher education：focus on Malaysia [J]. Asia Pacific Educ. Rev.，2014 (15)：493—502.

来西亚政府对高等教育国际化意义的深刻认知以及对跨国高等教育市场信息的敏锐捕捉，加速了其高等教育国际化的进程。

（三）优质与多元化的高等教育资源是吸引国际学生的核心因素

纵观世界范围内的国际学生流动规律，可以发现，教育质量始终是影响国际学生流动的核心因素。马来西亚政府通过扩大高等教育机构与招生规模、允许国外大学开设分校及合作办学、完善高等教育公私二元制结构等方式，促进高等教育外延式与内涵式的协调发展。

20 世纪 90 年代，马来西亚政府以政策法规的形式指导、管理和规范马来西亚高等教育的发展。如，先后颁布了《1996 年教育法》《1996 年私立高等教育法》《1996 年国家认证委员会法》《1997 年国家高等教育基金公司法》以及 1996 年修订的《1971 年大学和大学学院法》等。这些政策法规使马来西亚高等教育的数量、结构、体制均发生了翻天覆地的变化，改革后形成的优质高等教育资源以及东南亚高等教育“共同空间”的构建实现了区域内学生的自由流动。此外，吸引世界著名大学在马来西亚开设分校以及与国外大学联合办学的举措改变了马来西亚优质教育资源稀缺国的身份。

（四）国际关系的变化和国家的政治稳定是吸引国际学生的政治因素

马来西亚为穆斯林学生提供了一个友好的学习和生活环境，穆斯林的价值观与行为在这个国家得到尊重与认同。与美国相比，马来西亚不仅在奖学金方面为留学生提供充足的保障，同时也为其提供优质、安全的生活环境。“9・11 事件”导致中东地区学生前往美国申请留学后教育变得异常困难。而在后“9・11”时代，美国与中东地区的紧张关系以及不稳定的政治经济环境成为中东地区留学生放弃前往美国求学的一个主要因素，取而代之的是选择相对安全，同时经济上负担得起的地区和国家求学。

（五）文化及地缘因素是吸引国际学生的文化原因

马来西亚是一个多元文化、多元族群的国家，长期浸淫在儒家文化、伊斯兰文化以及印度文化之中，这种多元文化环境成为吸引东盟地区、中国和中东地区留学生的重要文化因素，如使用阿拉伯语和英语作为教学语言的马来西亚国际伊斯兰大学（IIUM）吸引了众多来自阿拉伯世界的留学生。相近的文化以及国家间友好的多边关系使得留学生对求学生活产生一种天然的熟悉感和亲近感，这有助于缩短他们的跨文化适应时间，减轻其在跨文化环境中可能出现的文化休克和文化冲突的状况。随着全球化进程的加快，马来西亚政府越来越意识到英语作为高等教育机构教学媒介语的重要性。1993 年大马政府正式宣布英语作为公立高等学校教授理科和技术课程的教学媒介语，这项决定推动了英语逐渐成为马来西亚高等教育机构的主要通用语。留学生认为，这为他们提供了更多进入国际化就业市场的机会，对国际通用语言——英语语言环境的营造是吸引国际学生的语言因素。此外，在教学管理、学习、行政管理、安全保障等方面为国际学生提供优质的服务与良好的设施也是影响马来西亚国际学生内向流动的因素。

二、马来西亚高校推进国际学生流动的主要举措

2011 年，马来西亚高校国际学生内向流动率为 6.14%，外向流动率为 5.78%。[①] 这标志着马来西亚正在由国际学生生源输出国向输入国转变。当前，马来西亚高校主要通过 AIMS 项目、国际化高等教育机构的创建以及与国际组织合作等路径吸引国际学生参与到马来西亚高等教育的国际化体系中。

（一）以 AIMS 项目为桥梁促进国际学生流动

马来西亚高校积极参与东南亚教育部长组织高等教育区域发展中心（SEAMEO RIHED）的各种学生交流项目，其中最具代表性的就是东盟国际学生流动项目（The ASEAN International Mobility for Students，简称 AIMS Program）。该项目起源于 2009 年由马来西亚、泰国与印度尼西亚三国政府支持构建的一个多边 M-I-T 学生交流试验项目（Malaysia-Indonesia-Thailand Student Mobility Pilot Project）。2013 年，该项目的成员国又增加了越南、菲律宾、文莱和日本。目前，国际学生交流主要包括学期项目和两周短期项目，其主旨是培养全球化的人力资源，加强学生的地区与国际意识。截至 2015 年，来自 7 个成员国超过 1,200 名学生参加了海外学习，并对区域的理解、

① Inbound mobility ratio，Outbound mobility ratio from International student mobility in tertiary education [EB/OL].（2016－06－05） [2020－08－08]. http://data.uis.unesco.org/Index.aspx?DataSetCode=EDULIT_DS，2016－6－5.

合作和友谊做出了持久的贡献。AIMS 项目为本科生提供了一个非常广泛的交流机会，专业领域涉及来自 7 个成员国 61 所大学提供的医学、旅游、农业、语言文化、国际商务、食品科学技术、工程、经济、环境科学与管理、生物多样性与海洋科学等专业。[①] 除此以外，东盟高等教育共同体（东南亚高校联合会、东南亚教育部长组织以及东盟大学联盟）的建立为国际学生在马来西亚及东盟区域流动提供了重要路径。

（二）创建国际化高校吸引国际学生

马来西亚许多私立大学与国外大学合作，提供从证书课程到研究生课程的各种类型教育项目，如双联课程（1＋2，2＋1，3＋0 等模式）、学分转换、外部学位课程、远程学习（国外大学提供的 MBA 课程，以远程学习的模式输出）、联合方案和在线学习项目等。多元的课程安排为学生选择在本国学习或者享受物美价廉的全程海外学习提供了机会。截至 2013 年，马来西亚共有 8 所著名大学分校。这些分校为东南亚学生增加了一个在更靠近家乡的地方考取国际承认的国外高等教育文凭的选择。比如，科廷理工大学沙捞越分校为国际学生提供的全部课程及考试题目与澳大利亚科廷理工大学主校园的完全相同。两年或三年后，学生有机会申请到澳大利亚科廷理工大学主校园完成学位，而这种学习方式所需的费用比在澳大利亚、英国、美国和加拿大每年至少节省 6 万林吉特。[②] 此外，与澳大利亚、英国、美国和加拿大相比，马来西亚签证手续更便捷、更易获得。逐步扩大高等教育私有化，活跃私立高等教育机构是马来西亚吸引国外留学生的另一个重要举措。2010 年，马来西亚政府规定合资企业中的外资股份不能超过 49％，但是在一些关键学科与优先发展领域，外资股份达到 51％。最新数据显示，截至 2012 年 12 月，私立高等教育中的外资股份已经可以达到 71％，这意味着到 2015 年，马来西亚将实现私立高等教育的完全自由化。[③] 近年来，马来西亚积极采取跨国高等教育形

① Student Mobility (AIMS) [EB/OL]. (2016－04－05) [2020－08－08]. http://www.rihed.seameo.org/programmes/aims，2016－4－5.

② 科廷理工大学马来西亚分校最终可容纳一万名学生 [EB/OL]. (2015－11－29) [2020－08－08]. http://www.yiqiliuxue.com/news/00247451.html，2015－11－29.

③ 姜丽娟. 亚太国家国际学生流动与跨国高等教育发展之探讨与启示 [J]. 教育资料与研究，2010 (6)：113－138.

式以弥补国内高等教育机会不足的问题。比如建设伊斯干达（Iskandar Malayisa）特区，预计在2018年完成五个枢纽中心（教育、软件、港口、贸易和金融）的设置，其中马来西亚教育城拟吸引包括中国内地和香港在内的国外名校。再如，2008年建立的吉隆坡教育城（Kuala Lumpur Education City），预计在2030年实现招收本地区及国际学生共11万人的目标。

为了加快区域教育枢纽的建设，马来西亚在引进国外优质教育资源的同时，也积极开展走出去战略。亚太区科技资讯大学（APIIT）、思特雅国际大学（UCSI）、林国荣创意科技大学（LUCT）、英迪国际大学学院（INTI-UC）、双威大学学院（SUC）、国际大学科技学院（IU. CTT）等院校均在海外设立了分校，这些分校主要分布在东南亚、南亚地区，专业集中在电算、商业管理、软件工程、信息技术等应用类学科领域。

（三）与国际组织合作招收国际学生

马来西亚于1969年加入伊斯兰会议组织（Organization of Islamic Conferences，简称OIC，2011年更名为伊斯兰合作组织）。2004年，马来西亚高等教育部与伊斯兰发展银行（IDB）签署“谅解备忘录”，在IDB的赞助下，马来西亚向伊斯兰合作组织成员国（OIC）的申请者提供包括学士学位、硕士学位以及哲学博士或哲学博士后3个层次的高等教育服务。[①] 截至2014年，在马来西亚学习的国际学生中87%来自伊斯兰合作组织成员国（OIC）。马来西亚高等教育已经成为OIC成员国学生留学的首选目的地，并日益成为国际高等教育体系中值得信赖与尊重的中心。比如，利比亚政府资助的前往马来西亚留学的本科生及研究生已经达到1,000—1,200人，这个数字还在提高，有望在近期突破3,000人。[②]

此外，院校间的合作也成为影响国际学生流动的重要路径。如2003年，马来西亚国民大学与德国杜伊斯堡—埃森大学（UDE）开启了包括学生交流和双学位课程的伙伴合作关系，学科与专业涵盖计算机科学与通信工程、土

---

① 陈武元，薄云．马来西亚私立高等教育国际化论析［J］．外国教育研究，2007（2）：67—71.

② Malaysia Top Destination for Libyan Students to Further studies［EB/OL］.（2016—03—31）［2017—08—08］. http://www.oictoday.biz/Malaysia_Top_Destination.html，2016—3—31.

木工程、机械工程等领域。[①]

三、马来西亚高校国际学生流动的特点

(一) 马来西亚国际学生外向流动集中于 OECD 国家

2009 年，马来西亚学生的主要留学目的地依旧是澳大利亚、英国和美国(详见表 1-1)。其中，在澳大利亚大学注册的学生占 47.6%，在英国注册的学生占 23.8%，在美国注册的学生占 16.2%。外向流动中 96.9%的学生集中在经济合作与发展组织（OECD）成员国。近乎一半的学生（47.6%）在高级研究机构学习，其中大部分学生攻读博士课程，其余 52.4%的学生选择学习专业技能课程以便毕业后能够直接进入就业市场。[②] 据联合国教科文组织(UNESCO）的近期统计数据显示，2012 年马来西亚国际学生外向流动的主要目的国有澳大利亚、英国、美国、俄罗斯及印度尼西亚，外向流动率为 5.43%。2013 年外向流动总人数达到 56,260 人。[③]

表 1-1 马来西亚海外留学生数量与国家分布情况表（2003—2012）(单位：人)[④]

国家	2003	2004	2005	2006	2007	2008	2009	2011	2012
澳大利亚	15,448	15,434	15,909	14,918	13,010	15,124	17,311	18,312	17,001
英国	11,860	11,041	15,189	12,569	11,490	11,810	5,265	12,175	12,822
美国	7,611	5,519	6,411	6,142	5,281	5,281	5,942	6,606	6,531

① HUNGER A. 郭菊（译）. 马来西亚国民大学和杜伊斯堡—埃森大学双学位课程的机遇与挑战 [J]. 学园：学者的精神家园，2010 (1)：40—43.

② MORSHIDI S. The impact of September 11 on international student flow into Malaysia: Lessons learned [J]. International Journal of Asia Pacific Studies, 2008 (1): 79—95.

③ Total outbound internationally mobile tertiary students studying abroad, all countries, both sexes (number) [EB/OL]. (2016—06—03) [2020—08—08]. http://data.uis.unesco.org/OECDStat_Metadata/ShowMetadata.ashx? Dataset=EDULIT_DS&Coords=%5bEDULIT_IND%5d.%5bOE_5T8_40510%5d&ShowOnWeb=true&Lang=en, 2016—6—3.

④ International Mobility of Students in Asia and the Pacific [R]. Bangkok: UNESCO Bangkok, 2013: 47—59. and Higher education in Asia: Expanding Out, Expanding Up, UNESCO Institute for Statistics [EB/OL]. (2015—12—30) [2016—08—08]. http://www.uis.unesco.org/Education/Pages/tertiary-education.aspx, 2015—12—30.

续表

国家	2003	2004	2005	2006	2007	2008	2009	2011	2012
埃及	4,330	5,768	6,256	5,780	6,896	6,912	8,611	NA	NA
印尼	1,225	1,607	2,444	3,630	4,565	5,735	5,844	2,516	2,516
新西兰	918	1,011	1,338	1,297	1,574	1,706	1,672	NA	NA
约旦	361	310	444	490	655	655	1,149	NA	NA
加拿大	231	196	230	238	312	543	582	NA	NA
沙特阿拉伯	125	125	132	138	125	84	84	NA	NA
中国	NA	NA	NA	NA	NA	1,743	2,114	NA	NA
俄罗斯	NA	NA	NA	NA	NA	2,621	2,261	2,671	2,817
印度	NA	NA	NA	NA	NA	1,197	2,175	NA	NA
其他国家	NA	2,268	8,256	8,722	11,007	5,696	5,927	NA	NA
总计	42,109	43,279	56,609	53,924	54,915	59,107	58,937	NA	41,687

（数据来源：根据马来西亚高等教育部与联合国教科文组织统计数据整理而成，其中2010年数据缺失。NA表示没有可用数据，全书同）

（二）马来西亚国际学生内向流动集中于亚洲和中东地区

为了建立世界一流大学，马来西亚政府逐步加大对高等教育资金和人力资源等方面的投入，并成功地吸引了来自同源宗教与地缘相近的东南亚、远东以及中东地区的留学生。2006年，马来西亚在国际学生市场的份额比例达到2%，拥有55,000名外国留学生。这些留学生大部分来自亚洲国家，如印尼、泰国、孟加拉、马尔代夫、新加坡以及中国。近年来，来自中东地区的留学生正在改变马来西亚国际学生内向流动的市场份额。当前，马来西亚三个主要留学生生源国是伊朗、印度尼西亚和中国（详见表1-2）。马来西亚2010年与2011年的国际学生内向流动率分别为6.10%、6.14%，而2013年内向流动率下降为3.62%。①

表1-2　马来西亚国际学生十大来源国（2008—2011）②

2008(人数)		2009(人数)		2010(人数)		2011(人数)	
印度尼西亚	9,358	伊朗	10,932	伊朗	11,823	伊朗	9,9888
中国	7,966	印度尼西亚	9,812	中国	10,214	印度尼西亚	8,569
伊朗	6,604	中国	9,177	印度尼西亚	9,889	中国	7,394
尼日利亚	5,424	尼日利亚	5,969	也门	5,866	尼日利亚	5,632
也门	4,282	也门	4,931	尼日利亚	5,817	也门	3,552
沙特阿拉伯	2,752	利比亚	4,021	利比亚	3,930	孟加拉国	2,323
博茨瓦纳	2,350	苏丹	2,433	苏丹	2,837	苏丹	2,091
苏丹	2,307	孟加拉国	1,957	沙特阿拉伯	2,252	英国	1,530
孟加拉国	2,021	博茨瓦纳	1,939	孟加拉国	2,041	巴基斯坦	1,346
利比亚	1,788	伊拉克	1,712	博茨瓦纳	1,911	伊拉克	1,329
总数：44,852（占国际学生总数64.8%）		总数：52,883（占国际学生总数65.5%）		总数：56,580（占国际学生总数65.1%）		总数：43,754（占国际学生总数61.5%）	

四、马来西亚高校扩大国际学生招生的经验

（一）优化高等教育结构吸引更多国际学生

马来西亚私立高等教育机构成为招收国际学生的主力军，其招生数量占全部国际学生的70%（详见表1-3）。私立高等教育机构为外国留学生提供语言培训以及预科课程，这成为吸引大批来自中国和中东国家留学生的一个重要法宝。同时，很多国际留学生也将一些私立学院视为前往其他国家的中转

① Inbound mobility ratio，Outbound mobility ratio from International student mobility in tertiary education [EB/OL]．(2016—06—05) [2020—08—08]．http://data.uis.unesco.org/Index.aspx?DataSetCode=EDULIT_DS，2016—6—5.

② Mohd Ismail Abd Aziz，Doria Abdullah. Finding the next 'wave' in internationalisation of higher education：focus on Malaysia [J]．Asia Pacific Educ. Rev.，2014 (15)：493—502.

站。在私立高等教育机构学习的中东学生从 2008 年的 21.5%提高到 2009 年的 24.3%。在公立高等教育机构学习的中东留学生则从 2008 年的 37.6%提高到 2009 年的 38.8%。

表 1-3 马来西亚高等教育机构招收国际学生数量统计表（2002—2013）①

时间	公立高等教育（人）	私立高等教育（人）	年度总数（人）	同比增长（%）
2002	5,045	22,827	27,872	—
2003	5,239	25,158	30,397	+9.06
2004	5,735	25,939	31,674	+4.20
2005	6,622	33,903	40,525	+27.94
2006	7,941	39,449	47,390	+16.94
2007	14,324	33,604	47,928	+1.14
2008	18,495	50,679	69,174	+44.33
2009	22,456	58,294	80,750	+16.73
2010	24,214	62,705	86,919	+7.64
2011	25,855	45,246	71,101	−18.20
2012	26,232	57,306	83,538	+17.49
2013	29,662	53,971	83,633	+0.11
总数	191,820	509,081	700,901	—
百分比	（27.37%）	（72.63%）	（100%）	—

为了吸引更多高层次国际留学生，马来西亚政府积极构建公立和私立高等教育的二元制结构，即私立高等教育机构主要招收本科及以下层次的学生，公立高等教育机构则继续扩大研究生层次的招生，并将国际研究生与国际本

① KNIGHT J，MORSHIDI S. The complexities and challenges of regional education hubs：Focus on Malaysia [J]. Higher Education，2011 (62)：593—606.

科生的招生比例控制在 3∶7（见表 1-4）。

表 1-4 马来西亚国际研究生招生情况表（2010—2013 年）①

类别	公立高等教育（人）		私立高等教育（人）		总人数	占全体国际生比例（%）
层次	硕士	博士	硕士	博士		
2010	8,138	7,548	3,813	677	20,176	23.21
2011	8,076	9,420	4,474	535	22,505	31.65
2012	8,058	10,202	6,853	2,755	27,868	33.36
2013	8,197	11,368	8,530	3,075	31,170	37.27

（数据来源：根据马来西亚高等教育部网站资料以及 Mohd Ismail Abd Aziz，Doria Abdullah. Finding the next ‘wave’ in internationalisation of higher education：focus on Malaysia 的论文数据整体而成）

（二）加强操作层面建设吸引国际学生

为增加国际生源，马来西亚高等教育机构积极在操作层面与基础构建方面完善自身。操作层面主要包括以下六个方面：学生流动、教师流动、学术课程、研究与开发、治理与自治、社会整合与社区参与。基础构建方面主要包括：优质学术课程的提供、国际学生的支持服务、国际学生的社会与社区参与。

在学生流动方面，为了吸引国际学生，马来西亚政府在北京、阿拉伯联合酋长国（UAE）、印尼和越南等国设立“海外学生招生处”。马来西亚正在利用其多元文化、温和的伊斯兰国家形象以及和平、稳定、安全的金融环境吸引阿拉伯国家以及南亚和西亚地区的学生。马来西亚政府不仅重视国际学生入学时的有效迁移，而且也特别关注国际学生在学习过程中需要面对的挑战与适应性问题。

在教师流动方面，为了建立国际教育枢纽，马来西亚高等教育机构通过参加国际会议、国外访学、科研合作及招聘外籍教师等途径积极构建国际化

① Ministry of Education Malaysia [EB/OL].（2016—03—31）[2016—08—08]. http://www.mohe.gov.my/en/2016—3—31.

的教师团队，增强特定学科领域教学人员的国际认知，加强国际理解。2009年，马来西亚拥有6,008名国际教师，比2008年的2,895人增加了51.8%，其目标是在2020年实现全职外籍教师占全体教师总数的15%。[①] 在学术课程方面，2007年马来西亚制定了《马来西亚资格认证法》，并设立马来西亚资格认证局（MQA）来保证高等学校学术课程的质量。MQA通过机构审核实务手册（COPIA）以及课程审核实务手册（COPPA）对马来西亚公立和私立高等教育机构的具体运作进行全方位的评估和审查。当前，马来西亚正努力效仿博洛尼亚进程（Bologna Process）构建一个区域资源整合机制。

在研究与开发方面，马来西亚政府以马来西亚理科大学（USM）、马来亚大学（UM）、马来西亚博特拉大学（UPM）、马来西亚国民大学（UKM）和马来西亚理工大学（UTM）等五所研究型大学作为国家发展的引擎，并以此为平台，加强国际合作，来推进世界一流科研成果的研发以及学术卓越中心的构建。

在治理与自治方面，马来西亚在高等教育领域实行中央集权的管理模式，除了对高等教育部门操作层面进行监管之外，还通过制定最新的高等教育政策来跟进全球教育国际化的发展趋势。大多数高等教育机构设立了专门机构管理国际化的相关事宜。如何处理好高等教育机构自治与国家监管之间的平衡是当前自治与治理面临的最大挑战。

在社会整合与社区参与方面，国际学生的出现给大学校园与周边社区带来了双重影响。高等教育机构与当地社区齐心协力为保证国际学生有一个积极、独一无二的“马来西亚高等教育品牌”的学习体验而努力。马来西亚社区需要接纳国际学生作为社区的一部分，允许他们全部融入社区并提供力所能及的热情款待。就国际学生而言，他们需要适应马来西亚的多元族群和多元宗教的背景并尊重马来西亚人的信仰及价值观。

---

① Mohd Ismail bin Abdul Aziz, Ho Chin Siong, Lee Chew Tin, Masputeriah Hamzah, Doria Abdullah. Responding Towards Increasing International Student Enrolment in Malaysia [EB/OL]. (2016－03－15) [2020－08－08]. http://www.uyk2011.org/kitap/pages/uyk2011_s_0630_0637.pdf，2016－3－15.

五、马来西亚高校国际学生流动的挑战与思考

（一）内向流动生源国的快速发展对马来西亚学生枢纽建设的稀释

近年来，在加速国际学生互动方面，马来西亚以低廉的学费、便捷的签证手续、稳定安全的学习环境以及西方化的教育体系吸引着撒哈拉以南非洲地区、中东和阿拉伯海湾地区的国际学生。2010年，马来西亚已经实现在该地区招收10万名留学生的目标。这个地区已经成为马来西亚国际留学生的主要生源地。然而，阿拉伯海湾国家也在不断提高自身的基础设施以及大学的招生空间，这些国家开始邀请美国著名大学在本地区建立分校。目前，阿拉伯联合酋长国已经开办了40个外国分校，占全世界这类高等教育机构的四分之一，其中三分之二的外国分校落户迪拜。这不仅满足了本地高中生的升学需求，而且也满足了迪拜由依赖石油出口向知识经济转型的需要。随着这些海湾国家基础设施标准以及优质教育资源的不断提升，越来越多的学生会选择留在本国读书，前往马来西亚留学的人数将继续下降。同样，如果美国政府决定放宽对高技能留学生获得永久居留权的标准，那么可以预见，流入美国高校的中东学生将增加，而流入马来西亚的则会更少。因此，依赖中东市场将不是一个有效的长远计划。

此外，新加坡正在逐渐成为马来西亚招收国际学生的一个强有力的竞争对手。新加坡政府希望增加20%的留学生，即招收150,000名外国留学生来促进新加坡教育的国际化。新加坡不仅是亚洲学生留学的目的地，而且也吸引着大量来自美国、欧洲和澳大利亚的学生。许多西方学生把新加坡作为了解亚洲的窗口，而且对欧亚高等教育平台（EAHEP，2010）这样的全球顶级机构提供的以英语作为教学媒介语的西方风格课程津津乐道。新加坡经济发展委员会也一直致力于通过吸引国外名牌大学分校来搭建服务国际学生的专门化平台，如建立了欧洲工商管理学院、芝加哥商业学院、杜克医学学校、纽约大学等16所国际分校。新加坡努力打造地区教育枢纽的举措不仅对马来西亚等邻国造成威胁，同时对在国际市场上占主导地位的以英语为母语的国家也将构成挑战。

（二）过度依赖国外人力资源的风险

马来西亚主要通过“外援”式模式，即吸引世界一流大学落户本国来快速实现高等教育学生枢纽的目标。这项举措带来了大学师资招聘的全球化，如马来西亚国际医药大学（IMU）的讲师中有80%来自印度、斯里兰卡、缅甸以及越南等国家。① 马来西亚国际伊斯兰大学（IIUM）目前拥有31%的国际学生以及40%的外籍教师。“外援”式优秀讲师的招聘在降低高等教育办学成本并实现大学地位和名誉擢升的同时也带来了师资队伍不稳定的风险，他们在工作一段时间后可能会选择离开。此外，教师的匮乏也导致师生比严重失衡，比如，一名讲师不得不进行大班授课，有的班级学生人数甚至达到200名。② 师资的不稳定性以及优秀教师的匮乏将严重影响高等教育的可持续发展。因此，只有加速本国高等教育师资国际化的进程，才能真正实现国家高等教育质的转型与提升。

（三）国际学生学习经历满意度不高的质量危机

一些国际学生认为，在跨国高等教育课程中明显缺乏国际氛围。如，2007年马来西亚教育部批准成立的汝来国际大学（NUC）向海外学生提供“3+0”双联课程，尽管开设课程的部分讲师是外国人，但却没有来自海外合作院校的讲师。这种国际氛围的缺失还体现在课堂教学中学生存在参与不充分以及讲师解释不足的问题，部分国际学生认为，这种避开课堂参与及讨论的“填鸭式”的学习方式在亚洲学生的学习中非常普遍。另外，他们还认为，在跨国高等教育课程中缺乏有效的质量保障机制。如，为了让国际学生顺利通过考试，很多讲师会在考试前向学生“暗示”复习重点，这导致很多学生只关注考试的内容而忽视其他。更有甚者，会采用开卷方式来降低考核难度。一些学生抱怨，他们并没有真正学习到教学大纲所要求的内容，他们只是通过了“所谓的考试”并获得了学位。此外，国际学生对校园设备不完善问题也有诸多抱怨，比如低效的网络，学生服务的缺失，图书馆学术资源以及在

---

① MOK K H. The rise of transnational Higher Education in Asia：Student Mobility and Studying Experiences in Singapore and Malaysia [J]. Higher Education Policy，2012（25）：225−241.

② MOK K H. The rise of transnational Higher Education in Asia：Student Mobility and Studying Experiences in Singapore and Malaysia [J]. Higher Education Policy，2012（25）：225−241.

线电子数据库不充足等问题。由于不能共享海外合作高等教育机构的在线图书馆系统和数据库导致这些国际学生有种被歧视的感觉，他们普遍认为，高额的学费并没有带给他们满意的教育回报。在支付了价格不菲的学费之后，国际学生更像一个“挑剔的客户”，他们认为马来西亚私立高等教育机构只注重招生的数量而忽视了教学质量。总体而言，国际学生在马来西亚学习经历的满意度要低于竞争对手新加坡。

（四）高等教育本土化与国际化的矛盾

参与跨国高等教育的马来西亚私立高等教育机构既是国家赚取外汇的商业机构，同时也是国内高等教育资源的重要补充，它需要同时迎合本地学生与外国学生的高等教育需求。尽管马来西亚私立高等教育机构基础薄弱，但是长期参与跨国高等教育的经历使其具备应对各种新挑战的经验，这些机构所表现出的竞争力巩固了马来西亚亚洲“第二层次学生”的高等教育市场份额。大量国际学生的出现为马来西亚高等教育注入了全球化、跨国化与跨文化等因素，一个“在家国际化”的概念在马来西亚出现，加速了本国学生以及本地社区与国际学生的互动。但是，马来西亚高等教育国际化面临着诸多困惑，如何处理国际化与本土化的关系，怎样在两者之间坚守科学合理的文化立场？本土的知识、文化、标准和价值观被国际化到什么程度？对出版物的过度引进而忽视本土语言和本土文化的影响力是否会让国际化走入歧途？以上疑问正在提醒马来西亚学者思考国际化的价值以及如何面对高等教育国际化纵深发展的问题。

总体而言，由于马来西亚跨国高等教育的快速扩张导致了质量保障机制的无效或低效问题，这是引起国际学生学习经历满意度不高的根本原因。此外，跨国高等教育的可持续发展也需要来自如毕业后获得工作签证的便利性等诸多国家层面的政策支持。由于马来西亚的国家综合国力和高等教育国际影响力都比较有限，所以其在推进亚洲高等教育枢纽建设过程中依旧面临着政治因素、经济因素、文化因素和高等教育质量等多重考验和挑战。

第二节　马来西亚对非高等教育合作的策略、特点及挑战

2015年，马来西亚政府颁布《马来西亚高等教育大蓝图（2015－2025年）》，开始自上而下地推动高等教育枢纽建设。为了建设高等教育学生枢纽，马来西亚政府积极引进世界知名大学分校落户大马，这些海外优质教育资源不仅弥补了国内教育资源短缺及不均衡等问题，而且也优化了本国高等教育的类型及层次结构，提升了国际竞争力。在开拓国际高等教育市场方面，马来西亚非常活跃，目前拥有双德国际科技大学学院（International University College of Technology Twintech）（也门分校）、林国荣创意科技大学（Limkokwing University of Creative Technology）（英国分校、博茨瓦纳分校、莱索托分校、斯瓦蒂尼分校、塞拉利昂分校、柬埔寨分校、中国分校、印度尼西亚分校）等9所国际分校。马来西亚正逐渐从国际学生的输出国转变为吸引国际学生的输入国，成为国际高等教育的“关键市场之一”。

自21世纪以来，马来西亚与非洲高等教育的互动空间日益扩大，随着经济的快速发展、人口的高速增长以及对高质量高等教育需求的增加，非洲已成为马来西亚各种政策文件和蓝图中的目标区域。随着大马在非洲大陆的投资逐渐增多，其正在成为新兴的东盟—非洲关系中的一个重要参与者。2011年，马来西亚对非洲投资超过了中国和印度，对非洲大陆的外国直接投资（FDI）达到193亿美元，仅次于美国和法国。[①] 近年来，马来西亚国际学生主要来自亚洲（40％）、非洲（33％）、中东（19％）地区。2016年，来自非洲地区的国际学生为29,737人，2019年出现了下降，为17,282人。马来西亚已在非洲建立了4所国际分校。马来西亚进入非洲高等教育市场的首要原因是商业利益的前景，来自非洲的留学生以及马来西亚高等教育机构在非洲创建国际分校将为马来西亚带来可观的经济收入。同时，高等教育已然成为提

① PHERSON R M. Malaysia ramping up in Africa [EB/OL].（2015－09－30）[2021－09－05]. https://www.iseas.edu.sg/images/pdf/ISEAS_Perspective_2015_54.pdf.

高马来西亚国家软实力及促进与非洲地区经济合作的重要工具，高等教育领域的深入合作将为马来西亚与非洲各国建立更牢固、更深层次的经贸合作关系打下坚实的基础。深入剖析马来西亚对非高等教育合作的策略、特点以及挑战，将有助于我国打造高等教育品牌，提升高等教育国际影响力。

一、马来西亚对非高等教育合作的背景

马来西亚与非洲高等教育的互动源于去殖民化运动以来的两个重要变化：一方面，20 世纪 80 年代随着教育商品化思潮的出现，英国改变了以较低成本向前殖民地提供教育的策略；另一方面，南南合作的性质也开始发生微妙变化，即从与“北方”对抗全球不平等转变为单个国家在世界政治经济秩序中确立自己的身份地位。① 面对 20 世纪 80 年代的经济低迷，以及与英国在大学学费和商业限制方面的摩擦等挑战，时任马来西亚总理的马哈蒂尔将马来西亚的经济发展从更亲西方和依赖发达国家的商业转向多元化的国际格局，并开始通过“马来西亚技术合作项目”（The Malaysian Technical Cooperation Programme）培育同发展中国家的伙伴关系，借此构建一个限制西方影响的平衡力量。② 同时，为了应对赴英留学成本增加、资金大量外流等挑战，马来西亚开始鼓励私立高等教育机构在高等教育供给方面发挥补充作用，这些转变为马来西亚发展双联项目及吸引国外高等教育机构建立分校奠定了基础。此时，促进与发展中国家的交流成为马来西亚关注的重点，高等教育成为马来西亚与发展中国家互动的重要工具。

20 世纪 80 年代末至 90 年代中期，随着经济的快速发展以及外交政策的转变，马来西亚逐渐从一个传统的受援国转变为新兴的援助国，其开始通过“马来西亚技术合作项目”“马来西亚南南协会”（The Malaysia South-South Association）以及“南南信息门户”（The South-South Information Gateway）

---

① MANICKAM S K. Solidarity in an oppressive world?: The paradox of Malaysia-Africa interactions in higher education [M] //Policies and Politics in Malaysian Education. Routledge, 2017: 144－164.

② MANICKAM S K. Solidarity in an oppressive world?: The paradox of Malaysia-Africa interactions in higher education [M] // GOPINATHAN S, LEE W O. Policies and Politics in Malaysian Education. London & New York: Routledge, 2017: 144－164.

等平台，努力扩大对非洲国家的援助规模。1996年颁布的《私立高等教育法》推动和规范高等教育的私有化和市场化发展，也进一步促成了国际学生的流入。长期以来，马来西亚以反种族主义和经济团结的形象建立其与非洲各国的关系，马来西亚也逐渐成为非洲学生的主要留学目的地，留学生从2002年的约2,000人增长到2015年的27,000多人，约占2015年马来西亚国际学生总数的20%。[①] 2015年，《马来西亚高等教育大蓝图（2015－2025年）》指出：考虑到马来西亚的战略利益，将继续把吸引东盟地区和南南合作国家的学生作为重点。来自非洲的留学生成为南南合作的突出表征，这些可能成为“未来领导人”的国际学生将为巩固马非关系打下坚实的基础。

二、马来西亚对非高等教育合作的主要策略

（一）国家层面：积极推广马来西亚高等教育

在国家层面，马来西亚采取在非洲直接推广，以及在南南合作框架内利用马来西亚“援助之手”的形象间接推广等策略。

1. 通过推广中心和私营机构直接推广高等教育

一方面，马来西亚教育部在非洲建立了若干马来西亚教育推广中心。如，2005年在毛里求斯成立了第一个非洲中心，该中心获得毛里求斯高等教育部的许可，并与马来西亚教育部合作，向有兴趣在马来西亚学习的国际学生免费提供各项服务，服务范围从有关高等教育系统、大学和学费等方面的一般信息扩展到具体业务的协助，如签证支持、住宿安排、折扣机票预订等。此外，该中心通过每年组织教育展览，为国际市场上的大马公共和私立机构创造宣传机会，进而将马来西亚打造成区域卓越教育中心。除了推广中心，一些注册为私营公司的招生机构与马来西亚教育部合作，在肯尼亚、博茨瓦纳和尼日利亚等国开展招生宣传。另一方面，在商界推广马来西亚高等教育品

① BERNAMA. Malaysia has one of highest proportions of international students pursuing higher education [EB/OL].（2015－01－29）[2021－10－04]. https://www.thesundaily.my/archive/1314991－XRARCH293390.

牌也是招收国际学生的重要政策工具。[①] 如，1992 年马来西亚成立的对外贸易发展局（Malaysian External Trade Development Agency）协助教育代理商和马来西亚高等教育机构在海外特别是与马来西亚有商贸往来的商人中宣传、推广马来西亚高等教育品牌。[②] 马来西亚对外贸易发展局还参与了马来西亚和日本政府开展的"第三国培训计划（The Third Country Training Programme）"，培训对象主要为科特迪瓦、加纳、肯尼亚、尼日利亚、卢旺达、坦桑尼亚和赞比亚等国的贸易部和政府机构官员。据统计，2013 年至 2017 年，该项目共培训了来自 14 个非洲国家的 50 多名非洲政府官员。[③] 该计划是一种双向信息协作，参与者可以接触到马来西亚政府机构和公司的运行实况，了解马来西亚贸易和发展的行政网络、系统与环境。同时马来西亚出口商也获得了非洲国家潜在的投资项目和相关市场信息。该项目还邀请这些非洲国家代表到马来西亚林国荣创意科技大学进行正式访问，培训项目不仅为马来西亚出口商提供了机会，而且为马来西亚林国荣创意科技大学等教育机构在非洲国家建立分校创造了机会。

2. 通过南南合作塑造"伸出援手"形象，间接推广高等教育

自 20 世纪 80 年代以来，南南合作始终是马来西亚外交政策的一项重要原则，时任马来西亚总理的马哈蒂尔·穆罕默德将马来西亚的对外政策方向从"亲西方"转向"发展中的南方"，强调与发展中国家建立伙伴关系，加强大马在非洲的积极形象。[④] 马来西亚主要通过马来西亚全球覆盖项目（Malaysia Global Reach）、马来西亚技术合作项目、马来西亚南南协会（MASSA）、联合国教科文组织—马来西亚合作信托基金以及马来西亚—非洲峰会等平台推进南南合作。马来西亚全球覆盖项目的目标不止于招收国际学生，更在于

---

① SAMOKHVALOVA A. Higher Education and Nation Branding：Malaysia's Africa－Specific Student Recruitment Strategies. Afrasian Transformations. Brill，2020. 155－175.

② AZIZ M I A，ABDULLAH D. Finding the next 'wave' in internationalisation of higher education：focus on Malaysia [J]. Asia Pacific Education Review，2014，15 (3)：493－502.

③ Limkokwing University welcomes MATRADE's African delegates for the third country training programme [EB/OL]. (2015－09－01) [2021－09－04]. https://www. limkokwing . net/news/article/limkokwing_university_welcomes_matrades_african_delegates_ for_third_country.

④ HAZRI H，MUNT S. Malaysian technical cooperation program：helping friends in need [J]. Emerging Asian Approaches to Development Cooperation，2011：65.

利用高等教育作为一个软实力平台，加速全球参与。该计划主要通过知识共享、创建知识和技能中心、整合校友资源以及提高马来西亚高等教育声誉等策略加强与发展中国家的高等教育对话与互动。成立于1980年的马来西亚技术合作项目（MTCP）是南南合作的重要项目之一，其旨在与其他发展中国家分享经验、加强与发展中国家的双边关系、鼓励和促进发展中国家内部的技术合作，重点在提供技术援助和能力建设。该项目主要聚焦于短期专业培训、长期学术培训、学习访问与实习、派遣专家、社会经济发展合作以及设备和材料的供给等，为发展中国家培育公共行政、教育、农业、可持续发展、贸易和投资、信通技术、银行业及保健服务等领域的专才。如MTCP每年提供80多个短期培训课程，涉及公共行政管理、信息与通信技术、农业管理、贸易投资等领域；培训经费主要由马来西亚政府提供。长期学术培训主要由马来西亚企业资助发展中国家的留学生在大马攻读经济学、计算机科学等领域的硕士和博士学位课程。迄今为止，来自144个发展中国家的34,500多名参与者从马来西亚技术合作项目提供的各种培训中受益。① 此外，为了扩大培训活动范围及提升影响力，马来西亚政府与日本、世界银行、亚洲开发银行、伊斯兰开发银行（Islamic Development Bank）、亚非农村复兴组织（Afro-Asian Rural Reconstruction Organization）及联合国亚洲及太平洋经济社会委员会（United Nations Economic and Social Commission for Asia and the Pacific—ESCAP）等国家和组织开展实施三边合作战略推动技术合作项目。

除了马来西亚技术合作项目，成立于1992年的马来西亚南南协会（MASSA）是其援助计划的第二个重要组成部分，该协会旨在促进马来西亚商界和南南国家的双边贸易和投资关系，同时开展与贸易、经济和文化有关的对话、论坛等。2009年成立的联合国教科文组织—马来西亚合作信托基金旨在加强南南合作，帮助发展中国家和最不发达国家提升高等教育和科学研究能力。2010年，马来西亚为该信托基金拨款500万美元作为启动基金，随后每年捐款100万美元。该基金包括建立马非关于“水安全和工程资质”的

① The Malaysian Technical Cooperation Program (MTCP) [EB/OL]. (2021—08—16) [2021—09—04]. https://www.mmea.gov.my/index.php/ms/orang-awam-latest/702-the-malaysian-technical-cooperation-program-mtcp.

知识平台、帮扶非洲国家（喀麦隆、肯尼亚）的女孩学习科学、技术、工程及数学等课程。此外，马来西亚还通过“国际智能伙伴关系对话”等提升“为非洲提供指导、援助的谦逊、诚实伙伴”形象。该对话主要是马来西亚和非洲（主要是英联邦）国家政府和商界领导人的论坛，通常每两年在马来西亚或非洲举行一次，主题包括商业、技术合作及教育在内的各种发展问题。如，2007 年林国荣与莱索托总理在马来西亚兰卡威的智能伙伴关系对话推动了大学与非洲政府和企业的互动，最终促成了林国荣创意科技大学莱索托国际分校的创办。2014 年，马来西亚教育部组织召开马来西亚—非洲峰会。该峰会旨在“加强交流互动，利用马来西亚的专业知识和经验为非洲高等教育的未来发展做出贡献”。[①] 这类互动树立了马来西亚为非洲学生提供各种高等教育机会，为他们培育促进国家发展所需技能等“经验丰富的合作伙伴”形象。

（二）机构层面：开展合作，提供跨国高等教育

在大学层面，高等教育机构主要通过与非洲同行开展研究合作、提供跨国高等教育（国际分校和远程学习课程）等策略开展合作。

1. 开展合作、创办国际分校

在研究合作战略中，马来西亚高等教育机构一般采用与非洲大学签署谅解备忘录（Memoranda of Understanding，MOU）的形式促进大学间学生交流以及其他合作活动。如，马来西亚博特拉大学（University of Putra Malaysia）与尼日利亚 3 所公立大学签订协议，每年从尼日利亚 3 所大学中接收交换生，尽管学生访问时长仅有一到两个学期，但该计划通过非洲学生的亲身体验间接推广了马来西亚教育。

在非洲建立国际分校是马来西亚对非高等教育合作的重要形式之一。如，马来西亚著名私立大学林国荣创意科技大学（LUTT）在博茨瓦纳（2007 年）、莱索托（2008 年）、斯瓦蒂尼（2010 年）和塞拉利昂（2017 年）建立校区，这些分校也招收来自马拉维、津巴布韦、肯尼亚和埃塞俄比亚等国家留

① MOE. “Malaysia-Africa Summit 2014.” Putrajaya，Malaysia：Ministry of Education [EB/OL]. (2017—07—06) [2021—09—04]. http://www.moe.gov.my/index.php/en/pemberitahuan/2014/2670-malaysia-africa-summit-2014.

学生（详见表 1-5）。[①] 国际分校利用已确立的马来西亚高等教育形象吸引当地学生进入校园，在非洲进一步提升了马来西亚高等教育品牌。马来西亚林国荣创意科技大学博茨瓦纳分校于 2007 年 5 月在博茨瓦纳首都哈博罗内成立，成为该国第一所私立大学。分校的建筑和基础设施由林国荣综合集团资助，提供创意学科的学士学位和副学位课程，课程由博茨瓦纳高等教育委员会和马来西亚资格认证局（Malaysia Qualifications Agency）认证。截至 2013 年，该分校在博茨瓦纳共招收 7,245 名学生，占该国高等教育招生总人数的近 16%。[②] 近年来，由于奖学金项目减少等原因，注册学生的人数有所下降，2015 年和 2016 年分别招收 3,800 名、3,142 名学生。[③] 为保证国际分校的顺利运行，博茨瓦纳将国际分校的学生也纳入政府奖学金计划。2013 年，博茨瓦纳教育与技能发展部资助了该国 90%以上的在籍学生。但 2017 年开始，该部门大幅减少奖学金，这对国际分校的运营产生重大影响。[④] 此外，莱索托、斯瓦蒂尼两国也为国际分校学生提供政府奖学金，其中 80%的学生可以获得资助。如斯瓦蒂尼政府每年为马来西亚林国荣创意科技大学分校的学生提供 800 个奖学金名额，每人 1,200 欧元。[⑤] 2017 年，林国荣创意科技大学在塞拉利昂弗里敦建立分校。该国 1,000 多名学生在 6 个学院攻读副学士学位和学士学位，专业涉及设计创新、多媒体创意、媒体与广播、信息与通信技术、企业管理与全球化及建筑设计等。尽管塞拉利昂政府没有颁布面向大学生的正式大规模奖学金方案，但马来西亚林国荣创意科技大学与塞拉利昂政府签订了一项私人协议，即塞拉利昂政府为国际分校学生提供奖学金，用以支付

---

① SAMOKHVALOVA A. New actors in Africa's higher education landscape: Malaysia's branch campuses and their motivation to enter the African market [M] // KAAG M. Destination Africa. Brill, 2021: 80—105.

② MARAMWIDZE A. First private university eyes foreign student growth, World University News [EB/OL]. (2013—12—20) [2021—09—04]. http://www.universityworldnews.com.

③ PHEAGE T . Limkokwing retrenches staff [EB/OL]. (2017—01—20) [2021—09—04]. https://www.mmegi.bw/ampArticle/203777.

④ MOTONE K. Education cuts billion Pula of tertiary spend [EB/OL]. (2017—10—24) [2021—09—04]. http://www.weekendpost.co.bw/20415/news/education-cuts-billion-pula-of-tertiary-spend.

⑤ ROONEY R. New Swazi university substandard, Swazimedia Blog, (2011—02—4) [2021—09—010]. http://swazimedia.blogspot.de/2011/02/new-swazi-universitysubstandard.html.

学费和生活费。该协议自2018年初开始实施，已有500名新生获得该项奖学金支持。此外，塞拉利昂政府还承诺根据录取比例增加奖学金资助名额。①

表1-5 林国荣创意科技大学在非洲开设国际分校情况表

创办时间	东道国	主要专业	招生情况
2007年	博茨瓦纳	创意学科的学士学位和副学位课程	3,142人（2016年）
2008年	莱索托	商业和管理、广告、媒体研究、计算机和IT、旅游设计等专业的学士学位和副学位课程	3,000人（2012年）
2010年	斯瓦蒂尼	计算机和资讯科技、设计或旅游和酒店管理等专业的副学士学位课程	1,869人（2010年）
2017年	塞拉利昂	设计创新、多媒体创意、媒体与广播、信息与通信技术、企业管理与全球化及建筑设计等专业的学士学位和副学位课程	约1,000人（2017年）

马来西亚开放大学（Open University Malaysia）是一所私立大学，2010年该校开始在加纳开设本科和研究生课程，随后进入赞比亚、索马里及毛里求斯等国的高等教育市场。马来西亚开放大学通过提供在线和远程学习课程与当地大学展开合作。如，在加纳阿克拉理工学院（Accra Institute of Technology）建立国际学习中心，提供工商管理和信息技术等专业课程（见表1-6）。与马来西亚林国荣创意科技大学类似，马来西亚开放大学在拓展高等教育市场过程中也强调南南合作，突出课程特色、鼓励以学生为中心的学习和引入质量保证措施等优势。马来西亚开放大学成立专门的国际运营办公室，管理各类国际课程。由于马来西亚开放大学提供的项目得到了马来西亚高等教育部（Ministry of Higher Education Malaysia）和马来西亚资格认证局的认

① GOODING O, KABBA M. Sierra Leone News: 500 Limkokwing University students get MEST scholarships [EB/OL]. (2018-02-14) [2021-09-04]. https://awokonewspaper.sl/sierra-leone-news-500-limkokwing-university-students-get-mest-scholarships.

证，因此该大学受到发展中国家和中等收入国家的青睐。此外，马来西亚开放大学还利用技术支持为合作伙伴提供在线辅导、在线论坛讨论、在线学生服务、在线注册、在线支付和数字图书馆等服务。

表 1-6 马来西亚开放大学的国际合作伙伴（数据截至 2017 年 11 月）①

国家	合作对象	累计招生人数	毕业人数
加纳	阿克拉理工学院（Accra Institute of Technology）	1,400	319
索马里	索马里管理和行政发展学院（Simad University）	406	162
索马里	摩加迪沙大学（Mogadishu University）	79	53
毛里求斯	毛里求斯教育学院（Mauritius Institute of Education）	10	0
赞比亚	信托商学院（NIEC School of Business Management Trust）	38	0
越南	胡志明市理工大学（Ho Chi Minh City University of Technology）	2,800	1,169
巴林	阿拉伯开放大学（Arab Open University）	1,142	1,035
马尔代夫	维拉学院（Villa College）	3,733	1,698
斯里兰卡	管理研究所（Graduate School of Management）	140	26
斯里兰卡	IDM 集团公司（IDM Group of Companies）	33	2
斯里兰卡	国际卫生科学研究所（International Institute of Health Sciences）	849	176
也门	科技大学（University of Science and Technology）	759	438
孟加拉国	西海岸管理与技术学院（West Coast Institute of Management & Technology）	43	0
匈牙利	艾什泰哈齐·卡洛里大学（Eszterhazy Karoly University）	53	19
	总计	11,485	5,097

① HASHIM H . The Expansion of Open University Of Malaysia Through International Collaboration [J]. ASEAN Journal of Open Distance Learning 2017 (2): 8—14.

近年来，马来西亚公立大学也开始通过特许经营模式积极向非洲输出课程。如，苏丹再纳阿比丁大学（Sultan Zainal Abidin University）、马来西亚丁加努大学（University of Terengganu，Malaysia）和马来西亚乌塔拉大学（Northern University of Malaysia）与位于毛里求斯的马来西亚教育联盟（MCEM）展开合作，通过特许经营模式向毛里求斯和非洲邻国的学生提供马来西亚学术课程，教育联盟按照马来西亚公立大学制定的标准和指导方针提供学术课程，马来西亚各大学为毕业生授予最终学位。

2. 与非洲各国高级官员互动、提高高等教育形象

为进一步加强马非高等教育合作，马来西亚经常邀请非洲国家的高级官员参加马来西亚高等教育部门组织的相关会议，向他们介绍马来西亚的高等教育现状，邀请他们参观校园，并与大学负责人交流，这项举措旨在向非洲学生展示大学的各类项目、现代基础设施和友好的学习环境。如，2013 年马来西亚博特拉大学组织了一次特别会议，参会者包括尼日利亚、索马里、坦桑尼亚、莱索托和几内亚等国家的外交官及特使，博特拉大学负责人向他们介绍学校的办学特色以及国际学生招生情况，同时表达了与非洲高等教育机构合作的浓厚兴趣。这种特别会议让马来西亚大学有机会以“最佳方式”展示自己，并与非洲特使建立联系，助力马来西亚高等教育机构走向非洲各国。2015 年，马来西亚国际伊斯兰大学（International Islamic University Malaysia）主办主题为“讲故事、分享故事：未来马来西亚—非洲关系的国际对话”会议，宣传介绍马来西亚高等教育机构。此外，马来西亚各高等教育机构也积极参加与非洲有关的会议和网络加强马非高等教育互动。如，亚非发展教育网络（the Africa-Asia Development Education Network），该教育网络目前由 6 个非洲国家和 4 个亚洲国家的 21 名成员组成，其秘书处设在马来亚大学，旨在加强亚非大学、研究机构、卓越教育中心和非政府机构之间的文化交流及研究合作。

三、马来西亚对非高等教育合作的特点

（一）与东道国逐步建立相互信任与理解的关系

高等教育品牌可以成为提高或增强国家整体国际声誉的有力工具。马来西亚将“高等教育”视为形塑国家品牌的重要部门。2010 年制定的“马来西亚教育”品牌战略旨在将马来西亚打造成全球教育中心和学术卓越中心。根据国家国际化政策和高等教育战略规划，“高等教育推广”是吸引外国学生到马来西亚的有用“工具”，吸引国际学生成为马来西亚政府的优先政策。按照《马来西亚高等教育大蓝图（2015—2025 年）》的规划，马来西亚教育部通过开展各种宣传活动、参加或主办大型教育论坛，努力提高马来西亚高等教育的全球知名度；同时，通过提供高质量的课程和丰富学生的体验来提升国际学生的信任度。在南南合作框架下，马来西亚积极宣传其拥有完善的高质量教育体系的国家形象，作为一个发展中国家，马来西亚了解并能够更好地响应非洲发展中国家的需求；马来西亚的援助计划是“友好”和非侵入性的，不会将其价值观强加给受援国。这一信息不断出现在各种公开演讲、政策文件和媒体发布中。马来西亚林国荣创意科技大学开设国际分校的东道国都曾是英国殖民地，现在是英联邦成员，共同的殖民历史、英语的广泛使用和当前的“发展中国家”地位增强了马非之间的相互理解，在东道国和派遣国之间创造了一种信任与理解的氛围，并有助于确立马来西亚高等教育机构在非洲的合法性。如，林国荣在演讲中经常提到林国荣创意科技大学起源于一个发展中国家，有着丰富的经验，能够对非洲东道国的社会和经济发展做出贡献。不断提高的大学排名、相近的文化及语言、较低的留学费用成为吸引非洲学生的主要优势，越来越多的非洲学生将马来西亚视为一个优质且负担低的教育目的地。[①]

---

① Malaysia increasingly a favourite destination for African students, says Egyptian envoy [EB/OL]. (2019-07-19) [2021-09-04]. https://www.thestar.com.my/news/nation/2019/07/19/malaysia-increasingly-a-favourite-destination-for-african-students-says-egyptian-envoy.

（二）加强与非各国政府合作，规避跨国合作风险

马来西亚林国荣创意科技大学在博茨瓦纳、莱索托和斯瓦蒂尼设有分校，在南部非洲形成强大的影响力。长期担任校长的林国荣对与非洲合作表现出浓厚的兴趣，新成立的塞拉利昂分校表明，马来西亚林国荣创意科技大学有兴趣将分校继续扩大到非洲其他区域。在宣传手册中，林国荣创意科技大学强调其正在成为非洲发展的重要合作伙伴，并已接受纳米比亚、乌干达、肯尼亚和赞比亚等国家开设分校的邀请，其位于纳米比亚的分校正在建设中。近期，林国荣创意科技大学计划同乌干达穆科诺的纳马塔巴技术研究所（Namataba Technical Institute）开展联合办学。总体而言，林国荣创意科技大学深受非洲各国政府和学生的欢迎，与当地教育机构相比，除了具备新教室、图书馆、计算机实验室和校园内的互联网等现代化的先进设施，还拥有丰富的国际办学经验、创造性的教学方法，是一所真正的“全球化大学”。当前，林国荣创意科技大学是莱索托和斯瓦蒂尼两国的唯一私立大学，其有效缓解了两国的招生压力。由于目前没有其他外国教育机构的竞争，两所国际分校的生源充足。

非洲高等教育是一个尚未开发且充满前景的市场。尽管在对非高等教育合作中充满了不确定性和各种风险，如面临生源和经费的困扰，但林国荣创意科技大学通过与东道国政府合作，即东道国政府（博茨瓦纳、莱索托和斯瓦蒂尼）为国际分校学生提供政府奖学金的方式，或者通过与当地政府（塞拉利昂）签订奖学金特别协议，成功地化险为夷，保证了生源的稳定性和财务的可持续性。此外，为了应对非洲留学生在马来西亚出现的各种不良问题，马来西亚及时调整招生政策，如马来西亚政府不再向来自博茨瓦纳的国际学生提供奖学金，而是资助他们在林国荣科技创意大学（博茨瓦纳）分校攻读学位。

（三）做到知己知彼，精准合作

针对非洲大陆，马来西亚采用在该地区直接推广和在南南合作框架内利用马来西亚“援助之手”的形象间接推广两种战略。当前，马来西亚积极开拓新的市场，高等教育机构通过与世界著名大学合作开设联合课程或双学位课程等创新性课程，以及针对在职专业人员的短期高管培训计划等，努力吸

引来自南南国家和东盟国家的学生。同时马来西亚高等教育机构还将通过提供更多特色优势专业，吸引美国、澳大利亚和欧洲等发达国家的生源。在中东地区招生的宣传活动中，马来西亚强调伊斯兰传统和价值观的作用以及中东学生所习惯的共同宗教环境。相反，在非洲市场的高等教育推广活动中，伊斯兰没有被提及太多（通过伊斯兰合作组织渠道进行的推广除外）。马来西亚这种针对特定区域市场和受众、采用市场细分原则的策略，收效甚佳。此外，林国荣创意科技大学提供的多样性和前沿性课程、独特和创新的教育方式，以行业为中心、强调培养就业创造者而不是求职者等办学理念，深受非洲各国政府和学生的欢迎，其设计、媒体、通信和计算机等创意课程为当地学生学习创意产业等新专业提供了机会。

（四）多层次深入合作，服务于马非外交

马来西亚对非高等教育合作既有经济利益的动机，也有地缘政治利益的考量。1990 年代以来，马来西亚主要通过参加 15 国集团和 77 国集团等国际组织与非洲各国开展交流、推动南南合作，同时将高等教育作为提升国家软实力和促进与非洲地区经济合作的重要工具。2010 年，马来西亚开始自上而下地推动高等教育枢纽建设，吸引非洲学生来马留学以及在非洲建立国际分校等举措加速了马非高等教育间的互动。2015 年，《马来西亚高等教育大蓝图（2015—2025 年）》再次指出：作为一种商业的高等教育与作为一种外交政策的高等教育之间有着密切的联系。马来西亚的国际学生大部分来自发展中国家，这表明马来西亚在促进这些国家未来领导人的发展方面发挥着重要作用。马非高等教育互动将进一步巩固马来西亚与非洲各国之间的外交关系。高等教育机构层面深入互动、交流在形塑国家形象、提升软实力方面发挥着举足轻重的作用。如，林国荣创意科技大学已经在英国、莱索托、斯瓦蒂尼、中国、印度尼西亚、柬埔寨等国家创建海外分校，提供跨国教育。一些马来西亚公立大学也通过特许经营模式积极向非洲输出课程。尽管各类高等教育机构的推广策略不尽相同，但他们都在努力传递马来西亚高等教育的正面形象。与国家层面的推广战略类似，高等教育机构负责人与东道国领导人保持良好的个人关系，积极宣传马来西亚和非洲国家之间的南南合作，以及将非洲学生培养成具备促进本国经济增长所需特定技能的教育愿景。在马来西亚开拓国际高等教育市场的过程中，“政治个人化”（personalised politics）倾向较为明显，即个人行为者而非政党或集体身份在政治中发挥突出作用。大学校长对非洲的个人倾向、办学理念及与东道国领导人保持良好关系等在建设分校的决策中发挥重要作用。林国荣多次表达国际分校帮助东道国社会和经济发展的愿望和努力。为了表达利他主义动机，自 2010 年以来，林国荣创意科技大学连续为博茨瓦纳分校提供专项奖学金资助有特殊需要（残疾）的学生。博茨瓦纳分校的负责人和学生还通过筹集资金、捐赠衣物等方式参与慈善项目，并与当地社区开展合作。林国荣在塞拉利昂的捐赠仪式上强调：“我们的大学在塞拉利昂留下来，需要让当地人感受到它的存在，不仅仅是那些受过良好教育的大学生，也包括那些弱势群体。”[①] 他鼓励接受捐赠的人们能够送他们的孩子上学，让孩子有机会进入林国荣创意科技大学，这将改变他们的生活。马来西亚政府认为林国荣创意科技大学在形塑马来西亚高等教育形象、促进高等教育海外发展、推动马非高等教育互动以及提升国家软实力方面发挥了重要作用。

四、马来西亚对非高等教育合作面临的挑战

（一）品牌推广和品牌承诺交付不一致

高等教育品牌构建包含两个主要部分：品牌推广和品牌承诺交付。换言之，宣传活动所创造的形象与学生抵达马来西亚时面临的实际状况之间应该保持一致性。在南南合作框架下，马来西亚声援非洲大陆的最突出表现是反对南非的种族隔离，这表明马来西亚对平等和反对不公正的立场。但马来西亚国内媒体对非洲国际学生的歧视却与之形成了鲜明对比。在大马国内，非洲学生面临着社会和文化适应、经济挑战、一些房东和教育机构的剥削以及当地人的歧视等挑战。[②] 歧视和污蔑是非洲留学生的主要不满。2014 年，《马

① Varsity students resuscitate fire victims [EB/OL].（2020－01－10） [2021－09－04]. https://www.ayvnewspaper.com/uncategorized/varsity-students-resuscitate-fire-victims.

② KANDALE F K. African international students in the Malaysia Education Blueprint, By S. Gopinathan, Wing On Lee, Jason Eng Thye Tan, Cynthia Joseph. Policies and Politics in Malaysian Education [M]. Routledge , London, 2017: 165－180.

来亚前锋报》（Utusan Malaysia）发表题为“没有非洲人，马来西亚什么都不会失去”（马来语 Malaysia tak rugi apa-apa tanpa ‘Pak Hitam’ 或英文 Malaysia has nothing to lose without ‘black fellows’）的社论，该文反击了马来西亚推动更多非洲学生进入该国的努力，以及增加非洲学生人数的经济理由，并敦促政府迅速采取行动，阻止当前非洲人参与的犯罪潮。[①] 该文指出：非洲留学生存在滥用学生签证进入马来西亚以达到其他不良目的等问题，如很多人利用在私立大学注册为外国学生的便利进入马来西亚，但这些人并没有完成学业。当他们因不法行为被当局拘留时，学生签证经常被当作解救他们的“护身符”。以上种种不良表现以及媒体的议题设置让马来西亚人对非洲留学生形成了刻板印象，他们经常被贴上骗子、性犯罪、麻烦制造者等标签。这种刻板印象导致沟通不畅、歧视等问题越发严重，阻碍非洲学生融入学习和社会生活。此外，也有非洲学生抱怨就读大学的课堂使用马来语而非英语、学生和教师之间缺乏沟通以及大学管理服务差等问题。非洲留学生在马来西亚的负面经历将对今后从该地区招收国际学生构成挑战。进言之，如果这些学生的不满被广泛传播，可能会损害马来西亚作为南南合作伙伴的地位以及马来西亚高等教育在非洲地区精心打造的品牌形象。

（二）创办国际分校的投资回报率不确定

当前，非洲仍然被世界各地大学视为风险大、投资回报率低的市场。据美国跨境教育研究团队（C－BERT）统计，非洲高等教育市场主要由法国、荷兰和美国等传统高等教育提供国的分校主导，为了减少风险，每所大学只创办一所分校。马来西亚林国荣创意科技大学是少数几所非传统输出国在非洲建立分校的大学。由于撒哈拉以南地区的政治经济不稳定、基础设施薄弱、高等教育部门缺乏法规或监管不明确，以及无法确保学费收入等问题，导致国际分校的运行具有高度不确定。如，由于政权更迭，博茨瓦纳改变了过去的私立高等教育政策，大量消减了国际分校学生的奖学金配额，导致林国荣创意科技大学在该国的生源减少一半，2016 年该校在校生人数从 7000 多人减少到 3000 多人。面对招生人数的大量减少，林国荣创意科技大学不得不裁减

---

① Malaysia tak rugi apa-apa tanpa ‘Pak Hitam’［EB/OL］.（2014－04－12）［2021－10－08］. https://kheru2006. livejournal. com/842347. html.

一部分教职员工，师生员工的减少严重影响了分校的稳定和发展。[①]

总体而言，马非高等教育合作主要是单向度的，并未形成双向互动。此外，来自非洲的国际学生大部分是奖学金生，优质、付费学生比例较低。近年来，马来西亚私立高等教育机构也面临着重大发展危机。过去私立高等教育机构是推动马来西亚高等教育国际化的半壁江山（招收的国际学生约占总人数的30%到40%），但据马来西亚私立学院和大学协会（Malaysia Association of Private Colleges & Universities，MAPCU）统计，自2016年以来，大约50%的马来西亚私立高等教育机构（440所）的办学处于持续亏损状态。当前，受新冠疫情影响，马来西亚私立大学和学院的招生人数更是急剧下降，据马来西亚高等教育管理和金融专家杰弗里·威廉姆斯的估计，学费收入的骤减将导致约三分之二以上的私立高等教育机构面临倒闭的风险。[②] 私立高等教育的发展危机不仅影响马来西亚高等教育对外合作的战略部署，而且也将对马来西亚高等教育对外合作带来重大挑战。

五、对中非高等教育合作的启示

（一）设置推广机构，提升我国高等教育的国际声誉

高等教育品牌可以成为提高或增强国家整体国际声誉的有力工具。马来西亚将“高等教育”视为形塑国家品牌的重要部门。2010年制定的“马来西亚教育”品牌战略旨在将马来西亚打造成全球教育中心和学术卓越中心。根据国家国际化政策和高等教育战略规划，“高等教育推广”是吸引外国学生到马来西亚的有用“工具”，吸引国际学生成为马来西亚政府的优先政策。按照《马来西亚高等教育大蓝图（2015—2025年）》的规划，马来西亚教育部通过开展各种宣传活动、参加或主办大型教育论坛，努力提高马来西亚高等教育的全球知名度；同时，通过提供高质量的课程和丰富学生的体验来提升国际

① PHERGE T. Limkokwing retrenches staff [EB/OL].（2017—01—20）[2021—09—04]. https://www.mmegi.bw/ampArticle/203777.

② Private universities at risk as foreign students stay away [EB/OL].（2020—12—02）[2021—09—04]. https://www.universityworldnews.com/post.php?story=2020120216283461.

学生的信任度。马来西亚正积极推动其高等教育成为现代化、物美价廉、以英语为教学媒介语、拥有一流的基础设施和研究设施的国际化体系。通过在非洲设立若干马来西亚教育推广中心，提高马来西亚高等教育知名度。我国在非洲缺少类似的推广或宣介中心，导致对非高等教育现状了解缺位，缺少具体执行和监督机构。因此，可以借鉴马来西亚在非设立推广中心或机构的模式，推广中国高等教育，提升我国高等教育的国际声誉。

（二）与东道国政府合作，创办国际分校

随着非洲各国经济的快速发展、人口的增长以及对优质高等教育需求的增加，非洲正在成为跨境高等教育的新兴市场。一方面，对高等教育日益增长的需求促进了由外国高等教育机构提供的远程在线课程的发展；另一方面，一些国家开始邀请外国机构合资或协助当地大学进行能力建设。如乌干达等国将跨境高等教育作为一项战略纳入其国家经济发展计划。因此，非洲高等教育是一个尚未开发且充满前景的市场。尽管在对非高等教育合作中充满了不确定性和各种风险，如面临生源和经费的困扰，但林国荣创意科技大学通过与东道国政府合作，即东道国政府（博茨瓦纳、莱索托和斯瓦蒂尼）为国际分校学生提供政府奖学金的方式，或者通过与当地政府（塞拉利昂）签订奖学金特别协议，成功地化险为夷，保证了生源的稳定性和财务的可持续性。为吸引更多的国际学生，马来西亚教育部同高等教育机构、移民局等所有利益相关者开展合作、协调相关活动，确保学生从申请到完成学业整个过程的无缝链接，即简化程序、提高效率、确保国际学生的安全和福利。此外，为了应对非洲留学生在马来西亚出现的各种不良问题，马来西亚及时调整招生政策，如马来西亚政府不再向来自博茨瓦纳的国际学生提供奖学金，而是资助他们在林国荣科技创意大学（博茨瓦纳）分校攻读学位。中国通过发放奖学金等方式积极招收国际学生，来自撒哈拉以南非洲国家的学生从 2012 年的约 2.7 万人增加到 2018 年的 81,562 人。① 但我国输出的境外项目仅有 100 余个，其中海外分校 11 所，在这些分校中只有北京语言大学东京学院、厦门大学马来西亚分校以及大连海事大学斯里兰卡分校能够提供完整的学位项目。

---

① KIGOTHO W. Sub-Saharan Africa leads the world on student mobility [EB/OL]. (2020-12-03)[2021-09-04]. https://www.universityworldnews.com/post.php?story=20201202075826l.

目前，我国尚未在非洲建立海外分校。世界各国海外分校的分布深刻反映了欧美国家主导建立的学术规则体系、综合国力、英语全球化、殖民历史等因素对教育的影响。① 我国需要进一步加强市场调查，突破传统的短期培训、学校援建、孔子学院、教师借调以及高校合作等对非教育援助合作方式，与非洲各国政府合作，鼓励优质高等教育机构走出去，最终促进合作在非洲本土产生积极影响。此外，我国需要深入调研，集合优势项目，与当地产业结构对接，做到知己知彼，加强与非洲国家的精准合作。

（三）多层次深入合作，消除国际舆论误解

参与国际组织对非援助项目是马来西亚对非援助的重要方式，也是新时代中国对非援助的新方式。2013 年 6 月，“联合国教科文组织—中国—非洲行动”正式开启，该项目计划在 4 年内为 8 个非洲国家提供教育援助，通过提升教师培训水平，加强各国教育部门和教师培训机构的能力建设，通过三方合作的机制共同推动非洲高等教育进程。② 我国需要加强与国际主流文化组织的交流与沟通，破除国际舆论误解，拓展中国参与国际对非援助体系。

高等教育机构层面深入互动、交流在形塑国家形象方面发挥着举足轻重的作用。如林国荣创意科技大学已经在英国、莱索托、斯瓦蒂尼、中国、印度尼西亚、柬埔寨等国家创建海外分校，提供跨国教育。一些马来西亚公立大学也通过特许经营模式积极向非洲输出课程。尽管各类高等教育机构的推广策略不尽相同，但他们都在努力传递马来西亚高等教育的正面形象。我国应鼓励更多社会组织、公办和民办高等教育机构参与到对非高等教育合作中，同时发挥侨民力量，形成自下而上的合作氛围，最终消除国际社会对中非高等教育合作的偏见与质疑。

---

① 尤铮，王世赟. 高校海外分校建设现状、挑战与经验探析［J］. 江苏高教，2019（11）：26.

② 郭婧编译. 联合国教科文组织与中国携手，开展对非教育援助［J］. 世界教育信息，2013（12）：79—80.

第三节 马来西亚建设区域高等教育枢纽的现状与挑战

马来西亚是“一带一路”沿线重要国家，也是中国在东盟的重要贸易伙伴。马来西亚共有 20 所公立大学、36 所理工学院和 99 所社区学院、48 所私立大学、11 所国际分校、33 所私立大学学院和 345 所私立学院。高等教育阶段在校学生总数 130 多万人。① 据马来西亚投资发展局（MIDA）统计，截至 2019 年 9 月，马来西亚各类高等教育机构共有 131,514 名国际学生，其中在私立高等教育机构注册人数为 92,415 人，在公立高等教育机构注册人数为 39,099 人。来自中国的留学生共计 11,713 人，国际学生占高等教育总人数的 10%左右。同年，我国招生的国际学生为 201,177 人。② 近年来，马来西亚国际学生主要来自亚洲（40%）、非洲（33%）、中东（19%）地区。马来西亚正逐渐从国际学生的输出国转变为吸引国际学生的输入国，成为国际高等教育的“关键市场之一”。

一、马来西亚建设区域高等教育枢纽的发展历程

（一）第一阶段（1990 年）：准备开发本地教育市场

1980 年代末，马来西亚约有 75,000 名学生赴海外学习，这导致巨大的财务、人力资本外流。此外，在 20 世纪 80 年代末和 90 年代中期马来西亚经历了多次的经济危机，导致马来西亚人在国外接受教育的成本增加。同时，受新自由主义影响的澳大利亚和英国高等教育机构开始向国际学生收取学费，这对马来西亚留学生产生了重大影响。为了扭转高等教育生源严重外流的局

① Ministry of Education.（2019）. Higher education statistics 2018. Putrajaya，Malaysia：Ministry of Education Malaysia.

② The UNESCO Institute for Statistics. National Monitoring：Inbound internationally mobile students by continent of origin [EB/OL].（2021－08－15）[2021－09－04]. http://data.uis.unesco.org.

面，大马政府准备开发本地教育市场以更好地满足国内需求，同时推动教育国际化的逆转。

（二）第二阶段（1996 年）：为国际合作提供法律保障

1995 年，马来西亚约 20%的学生在国外留学，这导致马来西亚的货币流出损失约 8 亿美元。大马政府认为私营部门是减少货币外流和将其转变为高等教育净出口国的主要工具。① 1996 年，政府颁布《私立高等教育法》（第 555 号法案），开始鼓励私立高等教育机构在高等教育供给方面发挥补充作用，该法案也为在马来西亚发展双联项目及吸引国外高等教育机构建立分校奠定了法律基础。同时，该法案也满足了因为教育“固打制”无法进入马来西亚公立大学的华人的高等教育需求。大马政府通过《国家高等教育委员会法》《私立高等教育法》推动和规范高等教育的私有化和市场化发展，同时也推行强有力的国际化战略，即鼓励本地私立大学与英国和澳大利亚等国家的大学学院之间的“结对”合作。这一阶段主要鼓励私立高等教育机构扩大招生，增加大马国民接受高等教育、技术培训和专业教育的比例。截至 1999 年 6 月，全马建立了 576 所私立高等院校，但这些私立机构只允许提供证书和专科文凭。

（三）第三阶段（2001 年）：进一步规范私立高等教育机构

“9·11 事件”之后，马来西亚成为中东等地穆斯林学生的主要留学目的地。为应对私立高等教育面临的新挑战，2003 年，大马政府修订了 1996 年《私立高等教育法》。修正后的法案允许在马来西亚建立和升级私立大学、大学学院和分校；随后，一些私立高等教育机构升级为大学学院。2004 年，私立高等院校增加至 652 所，其中 79 所向学生提供“2＋1”或“3＋0”课程。2003 年以来，印尼、中国以及中东地区成为马来西亚国际学生的主要生源地。②

（四）第四阶段（2010 年）：打造卓越的国际高等教育中心

2007 年，马来西亚教育部启动《2007－2020 年国家高等教育战略计划》

---

① WILKINSON R，YUSSOF I. Public and private provision of higher education in Malaysia：A comparative analysis [J]. Higher Education，2005，50 (3)：361－386.

② AROKIASAMY A R A. The impact of globalisation on higher education in Malaysia [EB/OL].（2010－09－30）[2021－09－05]. https://files.eric.ed.gov/fulltext/ED509460.pdf.

(NHESP)。该计划旨在改革高等教育、扩大就学途径、提高教育质量、培育一流人力资本；重视研究与创新，将马来西亚打造成卓越的国际高等教育中心。加强国际化成为大马高等教育战略计划的重点之一，鼓励私立机构和技术学院招收国际学生。2011 年，大马发布高等教育国际化政策，提出六个重点领域的国际化运作：学生流动、员工流动、学术计划、研发、治理以及社会融合和社区参与。同时，大马与柬埔寨、老挝、缅甸和越南等国家积极开展高等教育国际发展合作计划，投入 555 万马来西亚令吉（133 万美元），试图通过研究合作和能力建设在马来西亚和相关国家之间建立战略伙伴关系。①

2015 年，大马高等教育部与教育部重新合并，为了使国家高等教育战略计划（NHESP）与《马来西亚教育蓝图（2013—2025 年）》保持一致，政府启动了《马来西亚高等教育大蓝图（2015—2025 年）》(MEBHE)。“高等教育大蓝图”再次明确提出将马来西亚建设成吸引国际学生的教育中心以及到 2025 年招收 25 万名国际学生的目标。

二、马来西亚建设区域高等教育枢纽的主要策略

2015 年，大马政府颁布《马来西亚高等教育大蓝图（2015—2025 年）》(Malaysia Education Blueprint 2015—2025)（Higher Education），开始自上而下地推动高等教育枢纽建设。该蓝图提出构建马来西亚高等教育枢纽的原则和基本策略。为了提升马来西亚高等教育枢纽的美誉度，需要坚持以下原则：第一，提高学术课程和专业知识的整体质量，以吸引顶尖的国际学生和学者；第二，开发优势特色领域、打造独特的全球品牌，促进学生和学术人员队伍的多样化。除了开发学士和研究生课程外，需要进一步加强职业技术教育。同时，教育蓝图提出建设高等教育枢纽的三个主要策略及实施阶段(见表 1-7)。

① WAN C D , SIRAT M. Internationalisation of the Malaysian Higher Education System Through the Prism of South—South Cooperation [EB/OL]. (2017—0—30) [2021—09—05]. https://ejournals. bc. edu/index. php/ijahe/article/download/10298/8972.

（一）策略A：为国际学生提供更好的体验

为了吸引更多的国际学生，教育部将同高等教育机构、移民局等所有利益相关者开展合作、协调相关活动，确保学生从申请到完成学业整个过程的无缝链接，即简化程序、提高效率、确保国际学生的安全和福利。

（二）策略B：提高品牌知名度

马来西亚教育部开展各种宣传活动，并参加或主办大型教育论坛，努力提高马来西亚高等教育的全球知名度和信任度。同时，通过提供高质量的课程和丰富学生的体验来提升国际学生的信任度。

（三）策略C：开拓新的市场

马来西亚高等教育机构通过与世界著名大学合作开设联合课程或双学位课程等创新性课程以及针对在职专业人员的短期高管培训计划等，努力吸引来自南南国家和东盟国家的学生。同时马来西亚高等教育机构还将通过提供更多特色优势专业，吸引美国、澳大利亚和欧洲等发达国家的生源。

表1-7　马来西亚建设区域高等教育枢纽的主要策略

	第一阶段 （2015）	第二阶段 （2016—2020）	第三阶段 （2021—2025）
A策略 改进对国际学生的管理	与其他部委合作，简化签证问题； 加强信息收集机制和基础设施建设； 为国际顶尖学生和学者介绍有吸引力的职业发展途径，以提高人才保留率。	完成并实施国际留学生管理改革； 建立诸如资金和绩效监控等关键职能的治理结构；并在马来西亚的机构评级工具中介绍接待国际学生的最佳做法。	审查现有措施的进展，并在需要时引入新的干预措施，以进一步提高效率和效力。
B策略 提升知名度	开始与利益相关者进行全面接触，以提高对马来西亚教育品牌的认识；制定加强“校友会”策略；鼓励马来西亚高等学校举办世界级教育论坛。	通过战略平台，持续推广马来西亚教育品牌； 实施加强“校友会”战略；主办世界级教育论坛。	审查并完善马来西亚教育品牌。

续表

	第一阶段 (2015)	第二阶段 (2016—2020)	第三阶段 (2021—2025)
C策略 开拓新市场	实现课程国际化； 鼓励与全球知名机构开展创新合作的联合学位课程；计划与行业和国际合作伙伴建立研究实验室或中心。	加强招生南南合作； 提供创新方案；鼓励高等学校吸引更多的学生和教职员工； 与行业和国际合作伙伴建立研究实验室或中心。	审查现有措施的进展情况，必要时采取新的干预措施，使国际学生的来源进一步多样化。

［资料来源：《马来西亚高等教育大蓝图（2015—2025年）》（Malaysia Education Blueprint 2015—2025）（Higher Education），第196页］

三、马来西亚构建区域高等教育枢纽的路径

（一）构建区域教育中心

大马政府实施了一系列宽松政策推动国际学校的发展。政府取消对外资所有权的限制，实行了税收优惠政策，并取消了对本地学生的入学限制。国际分校的入学率从2002年不足1％飙升至2013年的15％。截至2017年初，共有71,589名学生在170所英语中等国际学校注册。[①]

马来西亚教育部成立了负责国际教育的马来西亚教育全球服务中心（EMGS），为国际学生提供留学服务。打造依斯干达教育中心、吉隆坡教育中心、巴生谷教育中心、汝来教育中心、马来西亚赛城、巴莪教育中心等六大教育中心。如“依斯干达教育城”，位于柔佛州依斯干达普特里（Iskandar Puteri，Johor），距离新加坡约50公里。该教育城占地305英亩，目前拥有马来西亚纽卡斯尔大学医学院、马来西亚南安普顿大学和马来西亚雷丁大学、马来西亚马尔伯勒学院、莱佛士美国学校、依斯干达莱佛士大学和荷兰海事技术学院等国际分校。该教育城的目标是到2025年招收1.6万名学生；截至

① Malaysia to become an education hub due to a shift in geopolitical trends［EB/OL］.（2015—09—30）［2021—09—05］. https://qswownews.com/malaysia-become-education-hub.

2017年1月，该教育城在校生超过3,500人。相比之下，2012年只有530名学生入学。在2017年1月入学的学生中，约2%是国际学生，主要来自东盟地区、南亚和非洲地区；约98%的马来西亚学生来自柔佛州。[①] 作为教育中心，该教育城被定为“人才的摇篮，以支持马来西亚依斯干达的各种经济活动”，以及“通过知识推动社会经济发展，同时弥补柔佛州不同行业的技能需求差距”。换言之，该中心吸引当地和国际学生、高等教育机构进入马来西亚，为周边地区提供高技能人才，推动该地区的社会经济发展。高校聚集在教育城，一方面便于政府有效地提供道路、高速公路和公共交通等基础设施，也可以降低投入成本，大学“有平等的机会获得高质量的共享服务和设施”；另一方面也便于师生交流。教育中心设置的学生社区为来自世界各地的学生提供交流平台，教育城里各种共享设施有助于学生过上更加健康和充实的学习生活。依斯干达教育中心（EduCity）由依斯干达投资有限公司（IIB）开发，其股东包括两家与政府有关联的投资公司，即国库控股有限公司和雇员公积金局。它是国家重点经济领域（NKEA）中的一个子项目，也是马来西亚经济转型计划的重要组成部分。创建地方级教育中心可以帮助马来西亚成为卓越高等教育中心，并确保马来西亚高等教育的可持续发展。地方级教育中心有助于吸引外国高等教育机构到大马投资办学，也有助于本地学生和国际学生的交流，进而创建一个更有活力的教育社区。此外，汝来教育中心、吉隆坡教育中心也日益成为高等教育机构的驻足地。2013年，印度马尼帕尔大学（Manipal）在吉隆坡教育中心建立分校，招收了20,000名学生，专业涉及商业、工程、金融等。位于汝来教育中心的英迪国际大学是马来西亚第一所私立大学，提供具有东西方课程特色的中医药学士学位。

当前，在马来西亚共有11所国际分校（见表1-8）。这些国际分校的主要来源国为英国和澳大利亚，其发展历程突显了马来西亚高等教育体系及其机构努力向西方靠拢的趋势，大马逐渐成为吸引南半球学生的“西方”高等教育中心。

---

① The current status of educity and the institutions［EB/OL］.（2015－09－30）［2021－09－05］. https://www.degruyter.com/view/book/9789814818308/10.1355/97.

表 1-8　马来西亚国际分校情况表

国际分校	成立时间	地点	2020QS 世界大学排名	来源国
爱尔兰皇家外科学院和都柏林大学马来西亚分校＊成立于槟城医学院	1996 年	槟城	185	爱尔兰
马来西亚莫纳什大学	1998 年	雪兰莪州	58	澳大利亚
马来西亚沙捞越柯廷大学	1999 年	沙捞越	230	澳大利亚
诺丁汉大学马来西亚校区	2000 年	吉隆坡/雪兰莪州	96	英国
斯文伯恩理工大学沙捞越校区	2004 年	沙捞越	383	澳大利亚
马来西亚纽卡斯尔大学医学院	2007 年	柔佛州	146	英国
南安普顿大学马来西亚校区	2011 年	柔佛州	97	英国
马来西亚赫里奥瓦特大学	2012 年	布城	314	英国
马来西亚雷丁大学	2013	柔佛州	205	英国
厦门大学马来西亚分校	2015	雪邦，雪兰莪州	451	中国
马来西亚卧龙岗大学	2019	雪邦，雪兰莪州	212	澳大利亚

（二）加强南南合作，推广马来西亚教育品牌

马来西亚正在从一个国际学生主要输出国转变为一个接收国，截至 2019 年 9 月，共有 131，154 名国际学生。马来西亚被视为南半球留学生的中心，大部分国际学生来自邻近的东南亚国家、南亚、中国、中东和撒哈拉以南非洲国家，其占马来西亚国际学生总数的 65％以上（见表 1-9）。[①]

① WAN，C. D. and ABDULLAH D. Internationalisation of Malaysian higher education：policies，practices and the SDGs ［J］. International Journal of Comparative Education and Development，2021（3）：212－226.

表 1-9　马来西亚留学生主要来源国（2015－2017）（单位：人）

来源国	2015 年	2016 年	2017 年
孟加拉国	30,829	34,455	30,525
中国	5078	11,718	14,854
尼日利亚	11,322	15,262	13,529
印度尼西亚	4938	8653	9762
也门	4802	5942	6248
巴基斯坦	3732	5292	6033
利比亚	2499	3246	3317
伊拉克	2577	3264	3257
苏丹	2309	3002	3104
伊朗	3116	4055	3068

自 21 世纪以来，马来西亚与非洲高等教育的互动空间日益扩大，随着经济的快速发展、人口的高速增长以及对高质量高等教育需求的增加，非洲已成为马来西亚各种政策文件和蓝图中的目标区域。随着大马在非洲大陆的投资逐渐增多，其正在成为新兴的东盟—非洲关系中的一个重要参与者。2011 年，马来西亚对非洲投资超过了中国和印度，对非洲大陆的外国直接投资（FDI）达到 193 亿美元，仅次于美国和法国。[①]

在国家层面，马来西亚通过在非洲直接推广和在南南合作框架内利用马来西亚“援助之手”的形象间接推广等策略。一方面，马来西亚教育部在非洲建立了若干马来西亚教育推广中心。如 2005 年在毛里求斯成立了第一个非洲中心，该中心获得毛里求斯高等教育部的许可，并与马来西亚教育部合作，向有兴趣在马来西亚学习的国际学生免费提供各项服务，服务范围从有关高等教育系统、大学和学费等方面的一般信息扩展到具体业务的协助，如签证支持、住宿安排、折扣机票预订等。此外，该中心通过每年组织教育展览，

① PHERSON R M. Malaysia Ramping up in Africa [EB/OL].（2015－09－30）[2021－09－05]. https://www.iseas.edu.sg/images/pdf/ISEAS_Perspective_2015_54.pdf.

为国际市场上的大马公共和私立机构创造宣传机会，进而将马来西亚打造成区域卓越教育中心。自 20 世纪 80 年代以来，南南合作始终是马来西亚外交政策的一项重要原则，时任马来西亚总理的马哈蒂尔·穆罕默德将马来西亚的对外政策方向从“亲西方”转向“发展中的南方”，强调与发展中国家建立伙伴关系，加强大马在非洲的积极形象。马来西亚主要通过马来西亚技术合作项目（MTCP）、马来西亚南南协会（MASSA）、联合国教科文组织－马来西亚合作信托基金以及马来西亚—非洲峰会等平台推进南南合作。

在大学层面，高等教育机构主要通过与非洲同行开展研究合作、提供跨国高等教育（国际分校和远程学习课程）等策略。在研究合作战略中，马来西亚高等教育机构一般采用与非洲大学签署谅解备忘录（MOU）的形式促进大学间学生交流以及其他合作活动。如马来西亚博特拉大学（UPM）与尼日利亚 3 所公立大学签订协议，每年从尼日利亚 3 所大学中接收交换生，尽管学生访问时长仅有一到两个学期，但该计划通过非洲学生的亲身体验间接推广了马来西亚教育。一些高等教育机构还在非洲开展跨国高等教育活动。例如，马来西亚著名私立大学林国荣创意科技大学（LUTT）在博茨瓦纳（2007 年）、莱索托（2008 年）、斯瓦蒂尼（2010 年）和塞拉利昂（2017 年）建立校区，这些分校也招收来自马拉维、津巴布韦、肯尼亚和埃塞俄比亚等国家留学生。这些国际分校利用已确立的马来西亚高等教育形象吸引当地学生进入校园，在非洲进一步提升了马来西亚高等教育品牌。马来西亚开放大学（OUM）是一所私立大学，2010 年该校开始在加纳开设本科和研究生课程，随后进入赞比亚、索马里及毛里求斯等国的高等教育市场。开放大学通过提供在线和远程学习课程与当地大学展开合作，如在加纳阿克拉理工学院建立国际学习中心，提供工商管理和信息技术等专业课程。

（三）通过专门立法和专门机构确保教育质量

跨国高等教育的私有动机往往是与输入国的公共利益相伴相生的。如何建设一所“有用”的大学，如何保障大学的“公共性”，引入政府的有效规制成为关键。

1. 通过立法统一质量标准和指南

为了保障私立高等教育和跨境高等教育的有序健康发展，大马政府先后制定了《1996年私立高等教育机构法》《1996年国家认证委员会法》《1996年国家高等教育委员会法》《马来西亚资格认证法》（2007），修订了《大学与大学学院法》（2008）以及《私立高等教育机构法》（2009），等等。上述法案为跨国高等教育事业的健康有序发展奠定了坚实的法律基础。当前，跨国教育机构一般以两种方式进入马来西亚高等教育市场：申请独立的高等教育机构许可证或与当地的教育机构合作开展跨国教育；跨国教育机构只要满足授予学位的最低标准并获得办学许可即可开展跨国教育活动；认证机构由跨国教育机构自愿选择。① 马来西亚《私立高等教育法》第12条规定，私立高等教育机构必须由马来西亚本土的注册公司管理，并以产业机制和市场规则运作，体现出马来西亚私立高等教育机构企业法人的特点。②

马来西亚主要通过《1996年私立高等教育机构法》对跨国教育进行监管，该法对机构和课程实施严格的准入规制。1997年，大马成立国家认证委员会（LAN），监管私立高等教育学术课程的质量。2002年，大马教育部成立质量保障局（QAD）负责监管公立大学的教育质量。2007年，制定《马来西亚资格认证法》取代《1996年国家认证委员会法》，该法规定设立马来西亚资格鉴定局（MQA），国家认证委员会与质量保障局合并组建马来西亚资格鉴定局，实施和更新《马来西亚资格框架（MQF）》，对项目、资格和高等教育提供者进行认证和审计等。③ 马来西亚课程的质量保证由马来西亚资格鉴定局（MQA）监督，该机构根据《马来西亚资格框架（MQF）》确保其教育课程的质量。为了提升教育质量，马来西亚资格鉴定局设计了马来西亚高等教育机构评级系统（SETARA）、马来西亚私立大学质量评估系统（MyQuest）和马来西亚研究评估工具（MyRA）等评估项目。2009年开始实施的马来西亚高等教育机构评级系统（SETARA）用于评估公立和私立机构本科教学情况。《马来西亚资格框架（MQF）》是马来西亚高校质量管理工具。依据2007年

---

① 王铄. 跨国高等教育的全球治理——质量保障与认证的视角 [J]. 世界教育信息，2015，28（18）：18－23.

② 莫玉婉. 国际分校的共治与融合——莫那什大学马来西亚分校治理的经验 [J]. 高教探索，2021（1）：98－105.

③ 申海平. 外来高等教育资源引进的法律规制——马来西亚、新加坡和香港的经验与启示 [J]. 高等教育研究，2018（03）：105－111.

《马来西亚资格认证法》第 37 条的规定，不管是马来西亚公立高等教育机构还是私立高等教育机构，凡提供认证的项目或颁发已认证的资格，都应当遵守该框架的相关规定，也只有符合该框架规定的项目和资格才能得到认证。①

2. 推动区域和国家间的质量认可

马来西亚跨国高等教育质量主要以英国质量保证局（QAA）、欧洲质量保证机构协会（ENQA）等国际质量保证机构以及东盟资格参考框架（AQRF）为基准。《马来西亚资格框架》旨在“提高学习者的流动性、资格证书和学分的可移植性、确保可比性，并促进马来西亚资格证书在国家和国际层面的认可。马来西亚国际分校实行双重认证制度，即国际分校需要接受输出国和输入国双方的质量认证。同时大马政府通过要求私立高等教育开设马来西亚研究、面向信奉伊斯兰教学生的伊斯兰教教育和面向非穆斯林学生的道德教育等课程，维护本国本地区的政治价值观和意识形态，保持本国本地区的文化，强化国家认同。

此外，马来西亚资格鉴定局还通过加入国际和地区认证机构，如高等教育质量保证机构国际网络、亚太质量网络和亚太资格框架，推动区域和国家间的质量认可。在东盟一级，努力协调东盟资格参考框架（AQRF）下的资格，以促进熟练劳动力的流动。马来西亚也积极参与建立东盟区域高等教育质量保障标准。2008 年，《吉隆坡宣言》以“博洛尼亚进程”为参考，形成东盟质量框架，旨在建立一个具有竞争力、兼容性、一体化的“东盟高等教育区”，促进整个地区的学生流动，拓展区域高等教育空间。随后，东盟质量保证网（the ASEAN Quality Assurance Network，AQAN）成立，其着重于大学课程的内部质量保证和质量评估，并在整个东盟地区建立国家质量框架。马来西亚质量保证体系在东盟地区具有一定的影响力。如 2011 年至 2014 年，东盟质量保证网（AQAN）的总裁是马来西亚资格鉴定局的首席执行官（CEO），执行秘书是马来西亚资格鉴定局的副首席执行官。②

---

① 申海平. 外来高等教育资源引进的法律规制——马来西亚、新加坡和香港的经验与启示［J］. 高等教育研究，2018（03）：105－111.

② THSM S Y. Governing Private Higher Education in Malaysia：Change and Evolution. In：Jarvis D，Mok K.（eds）Transformations in Higher Education Governance in Asia. Higher Education in Asia：Quality，Excellence and Governance. Springer，Singapore：123－138.

马来西亚通过一个广泛、协调、灵活的质量保证框架来管理项目质量，帮助学生和家长选择最好的高等教育机构。同样，雇主也能更好地确定求职者的知识、技能水平，从而对人力资源做出更明智的选择。马来西亚认证鉴定局制定的统一学分制意味着对学生能力和成绩有一个标准化的评价，学生可以在不同学校之间进行学分转换，也有更多机会跨越机构和国界。一个统一的学分体系也可以鼓励终身学习。同样，跨国高等教育机构也可以从统一学分中受益，可以根据申请人在相关学科的学分来决定申请人的知识和技能程度。为了解决重复认证问题，2010 年，马来西亚政府授予四所国际分校自我认证资格，从而使它们能够在没有马来西亚资格认证机构（MQA）批准的情况下提供课程（自我认证的项目并不包括那些仍需相关专业机构认证与认可的专业课程），此后每隔 5 年马来西亚资格认证机构（MQA）将对各院校进行维护性审查，以确保各院校能较好维持学校的内部质量保障体系。国际分校获得了更多的自主权，使其能够根据马来西亚地区和全球的市场需求提供更具创造性和创新性的课程。

（四）高等教育机构合作从单边拓展到多边

大马一些高等教育机构重视参加不同的教育联盟，与多所学校开展合作，如马来西亚理工大学（UTM）参与了八个不同的联盟，包括全球倡议伙伴关系、马来西亚研究型大学网络、澳大利亚创新研究型大学网络、全球工程教育交流联盟等。通过这些联盟，马来西亚理工大学与 50 个国家的 600 多所大学开展合作。马来西亚理工大学还在吉隆坡校区创办了马来西亚—日本国际理工学院（MJIIT）。MJIIT 项目是马来西亚和日本的一项长期合作，涉及马来西亚理工大学和 29 所日本大学组成的财团。目前，MJIIT 拥有 787 名本科生和 454 名研究生，自 2012 年成立以来，已经有 500 多名毕业生。尽管 MJIIT 是马来西亚理工大学的院属机构，但学院具有一定的办学自主性。日本政府向马来西亚理工大学提供财政贷款，用来创办研究实验室。迄今为止，在 MJIIT 共建立了 18 个 i-Kohza 实验室。2015 年，高崎热能工程向 MJIIT 提供了总额为 300 万林吉特（72 万美元）的捐赠，用于开发 i-Kohza 实验室，并资助双方开展研究。MJIIT 还拥有 6 个产学研协作实验室，支持由马来西亚理工大学和教育部积极推动的产学研协作议程。研究合作涉及固体废物管理、物联网、知识产权（IP）开发、先进车辆系统和能源等领域。来自日本的国际教员被聘为 MJIIT 学者和研究人员，领导 i-Kohza 实验室。通过其全球流动计划，学生可获得五种模式的国际流动机会，包括日本的学分和非学分课程、马来西亚和日本学者的联合监督、短期研究实习和日本公司的工业培训等。

（五）加强高等教育治理改革

为了解决高等教育机构和行业缺乏有效合作问题，马来西亚高等教育机构积极与行业专家建立新型伙伴关系，以满足不断变化的国家和全球经济的需要。高等教育部推出“CEO@Faculty”计划，任命当地和国际顶尖 CEO 以及行业参与者为马来西亚大学的“兼职教授”。这些首席执行官通过分享知识、经验和最佳实践来改进现有课程，大学通过整体学习曲线制定新的综合评估计划。该计划旨在通过提高学生的学习体验，增加学生的相关知识学习，以满足行业需求，从而提高毕业生的就业能力。大学还将通过多条职业道路吸引、招聘和留住最优秀人才，特别是来自行业从业人员。2016 年，该项目共引进 60 多位首席执行官（包括高级公职人员和私营部门官员）。为了促进学生“在工作和学习中学习”，一些公立大学开始实施 2u2i（2 年大学和 2 年行业实践）和 3u1i（3 年大学和 1 年行业实践）计划。该计划不仅可以帮助大学毕业生接触行业或实践知识，还可以帮助他们通过技术知识组建公司或创业。2u2i 或 3u1i 计划旨在提高学生的学习体验、通过综合累积平均绩点（iCGPA）全面评估学生以及向马来西亚大学毕业生灌输创业精神，并鼓励他们从求职者变成工作创造者。①

四、马来西亚构建区域高等教育枢纽的主要优势

（一）多元文化、国际学生喜爱的留学目的地

一般研究认为，国际学生选择马来西亚作为留学目的地的原因主要包括

① QUDDUS，S. M.，BIN YUSUFF A S. The Changing Trends in University Governance in Malaysia：Issues and Challenges［EB/OL］.（2018—03—30）［2021—09—05］. https://papers.ssrn.com/sol3/papers.cfm?abstract_id=3207955.

文化上的舒适度、合理的费用、英语作为教学媒介语以及相对较高的生活质量。的确，马来西亚为国际学生提供了一个基于多元族群和多元文化的友好环境，国际学生可以在此获得理解和尊重。2016 年，英国文化协会（British Council）报告称，马来西亚是 26 个国家中在国际高等教育开放方面表现最好的国家。其在开放和国际流动政策、质量保证、学位认可、入学机会和可持续性方面得分最高。[①] 国际学生被鼓励成为马来西亚社会和经济结构的一部分。从企业实习、非政府组织志愿服务，学校为学生提供了诸多服务和机会。同时，马来西亚人乐于接受全球化时代，对技术进步带来的机遇充满期待。竞争激烈的全球经济加上美国和欧洲地缘政治趋势的转变，导致国际学生尤其伊斯兰国家的学生开始寻找高等教育的替代品，这为马来西亚提供了招生机会。此外，基于文化相似性的考虑，许多人将马来西亚视为子女求学深造的最佳选择，这也便于他们继续在西方国家攻读研究生学位。

（二）不断提高的国际排名

2020 年 QS 世界大学学科排名显示，马来亚大学（University of Malaya）、马来西亚博特拉大学（Universiti Putra Malaysia）、马来西亚国民大学（National University of Malaysia）、马来西亚理科大学（University of Science Malaysia）、马来西亚理工大学（Technological University of Malaysia）分别排名第 70 位、159 位、160 位、165 位和 217 位。此外，马来西亚排名第一的私立大学——思特雅大学（University College Sedaya International），在 QS 排名 442 位；在酒店管理、旅游管理方面居于世界顶尖水准的泰莱大学（Taylor's University）排名 500 位。

在学科方面，马来西亚有 11 个学科（包括机械、电气和化学工程、酒店与旅游、神学和发展研究）名列世界前 50 名，还有 52 个学科位居世界前 100 名。[②] 马来西亚善于吸引外国大学的合作项目，为本国学生提供接近先进教育

---

① JUSOH D S I. Turning the world towards Malaysian education, New Strait Times [EB/OL]. (2017-05-07) [2021-09-05]. https://www.nst.com.my/opinion/columnists/2017/05/237032/turning-world-towards-malaysian-education.

② JUSOH D S I. Turning the world towards Malaysian education [EB/OL]. (2017-05-23) [2021-09-05]. https://www.nst.com.my/opinion/columnists/2017/05/237032/turning-world-towards-malaysian-education.

的机会。国际课程大多聚焦于应用型专业，如商务、酒店与旅游管理、计算机科学、工程与应用科学等领域。2017年，公立大学将药学和牙科等专业招生名额的5%分配给国际学生。这些由一流师资提供的专业课程对国际学生具有较强的吸引力，如马来亚大学的医学院位列世界第31位，与杜克大学齐名。此外，马来西亚还拥有10多个顶级国际大学分校，其中包括莫纳什大学分校（Monash）和诺丁汉大学分校（Nottingham）（位于世界前100名），以及与麻省理工学院斯隆管理学院合作的亚洲商学院（ASB）。这意味着国际学生可以在大马选择更多优质教育资源。此外，大马教育部也积极提高硕士和博士学位质量，大约23%的国际学生在大马攻读研究生学位。

修读马来西亚双联课程的学生，在毕业之后还可以获得英美等名校颁发的国际公认的文凭。通过双联课程的设置，马来西亚成为世界上最开放的高等教育市场之一。当然，这与马来西亚政府长期给予私立院校相对自由的发展空间有关。计划灵活性是私立高等教育机构的另一个比较优势。为了填补20世纪90年代IT行业的空缺，私立高等学府开始提供IT学位课程，同时也引入了远程学习、开放式学习和特许经营计划等多种交付方式。

（三）大马国际分校的成本优势及教育旅游潜力

国际分校的成本优势是吸引国际学生的另一个因素。在马来西亚的国际分校学习比在原籍国的母校要便宜得多，如马来西亚诺丁汉大学（University of Nottingham）的工程学士（电气）课程收费为4万美元，马来西亚科廷大学（Curtin Malaysia）和马来西亚莫纳什大学（Monash Malaysia）收费分别为40,900美元和50,300美元。这三家机构在原籍国收取的费用是分校的两倍多，在9万到15万美元之间。与迪拜和中国的国际分校相比，设在马来西亚的英国国际分校收取的费用最低。在马来西亚，英国国际分校的文学学士和理学学士（BA&BSc）课程只收取6300－8600英镑的学费，而在迪拜，本科学士课程则收取更高的学费。同样，对于工商管理硕士（MBA）来说，在马来西亚的英国大学分校的费用要比在迪拜或中国低得多。据统计，马来西亚是年度学费最低的国家。除此之外，与新加坡和其他发达国家相比，马来西亚的生活费也相对较低。这些因素有助于提升马来西亚作为区域高等教育中心的竞争力。国际学生可以在跨国高等教育机构获得外国学位。例如，马来西亚教育全球服务中心宣传：在马来西亚，每年的学费为 4000－6000 美元，而生活费为每月 400－700 美元。相比之下，新加坡的学费需要 7000－10000 美元，生活费至少要高出一倍。国际学生可以在马来西亚接受负担得起的高质量教育。[①] 此外，马来西亚将教育旅游（edutrourism）作为经济战略的一部分，不断促进教育和健康旅游。马来西亚教育部提出了选择马来西亚作为留学目的地的八个理由，具体包括：世界一流大学、可负担性、英语的广泛使用、现代进步国家、多元文化社会、充满活力的生活方式、战略位置以及被列为亚洲第三和平国家。马来西亚提供物美价廉的跨国高等教育，不仅吸引国际学生到马来西亚学习，而且还可以提高马来西亚的旅游收入。

（四）完善国际学生管理

马来西亚政府一直在努力完善对国际学生的管理工作。例如，学生签证现在按项目期限发放，而不是按年发放，签证申请也可以在线进行并实时跟踪。此外，更多有利于国际学生家庭的规定被引入。2013 年，马来西亚教育全球服务中心（EMGS）启动，以减少马来西亚高等教育机构的申请时间。申请者无需与几个可能导致入学延误的政府机构打交道，只需与这个马来西亚教育全球服务机构打交道，完整的学生签证申请将在 14 天内完成，这改善了马来西亚作为全球高等教育输出大国的形象。此外，该机构和入境事务局共同处理国际学生存在的签证滥用、药物滥用和反社会活动等问题。

总体而言，关于建设高等教育枢纽以及建设哪种类型的教育枢纽，马来西亚政府有明确的政策目标以及统一的行动战略，但在建设区域高等教育枢纽的过程中，也面临着诸多挑战。

五、马来西亚构建区域高等教育枢纽的挑战

（一）高等教育质量和管理水平需要进一步提升

高等教育机构毕业生的就业率和就业能力表现是评价高等教育质量的重

---

① SUBRAMANIAM T, MAJID M, RASHAD A. Capitalising on the strengths of international branch campuses in Malaysian transnational higher education landscape [J]. JATI-Journal of Southeast Asian Studies, 2020, 25 (2): 201－221.

要指标。大马高等学校毕业生面临着缺乏批判性思维、沟通和语言能力不强等问题。尽管没有关于大马私立和公立高等教育机构毕业生就业情况的公开统计数据，但据调查，2013 年，大约 27%的私立高等教育机构毕业生在毕业 6 个月后失业，24%的公立高等教育机构的毕业生失业。① 对于把就业能力视为重要营销工具的一些私立大学并不认可这项调查，但由于大马的私立高等教育机构鱼龙混杂，有些专业无法保障教学质量。规模较小的机构在马来西亚资格鉴定局的评分中表现不佳。在马来西亚，并非所有的私立高等教育机构都能够提供完全认证（fully accredited programs）的课程。一些私立大学只提供临时认证的课程（provisional accreditation），只有在第一批学生完成学业后，经过检查和审核，才授予完全认证。大多数项目的经营许可证期限不到五年，这意味着这些机构可以在没有完全认证的情况下运行，而这种情况并不为公众所知。此外，国际学生管理问题有待完善。私立高等教育存在不强制出勤或不审查学生表现的情况下为学生随意发放学生签证的问题，其中许多学生利用学生签证在马来西亚非法工作。为了解决上述问题，作为一站式中心的马来西亚教育全球服务中心（EMGS）在一定程度上简化了学生的入学手续等，但国际学生必须支付 1,000 马币的处理费、140 马币的国际学生准证费，250 马币的医疗检查费以及 500 至 850 马币的预付医疗保险费，从而增加了来马来西亚学习的前期费用。② 在实施新系统过程中，国际学生和机构抱怨马来西亚教育全球服务无法达到 14 天处理签证的目标，为了缩短处理时间，2016 年马来西亚引入了在线申请。尽管每位接受录取的国际学生均获得了星级跟踪系统卡，以便马来西亚全球服务能够有效地监控国际学生，但签证滥用问题仍然令人担忧。此外，高等教育管理机构之间缺乏合作，即使在 2007 年马来西亚资格鉴定局成立后，高等教育部与资格鉴定局和私立高等教育机构代表之间仍缺乏合作。

---

① LIM P.，WILLILIAMS G. Crisis ahead for private higher education—and solutions [EB/OL]. (2016－10－23) [2021－09－05]. http://penangmonthly. com/crisis-ahead-forprivate-higher-education-and-solutions/. Accessed October 23，2016.

② THAM S. Y. Governing Private Higher Education in Malaysia：Change and Evolution. In：Jarvis D.，Mok K. (eds) Transformations in Higher Education Governance in Asia. Higher Education in Asia：Quality，Excellence and Governance. Springer，Singapore：123－138.

（二）私立高等教育机构面临着财务可持续问题

《马来西亚高等教育大蓝图（2015—2025年）》的目标是到2025年共招收250,000名国际学生，但从2017年到2019年私立高等教育的招生人数已经下降了30％。[①]

表1-10　马来西亚公立与私立高等教育机构招生情况表

时间	公立高等教育机构（招生人数）	占比	私立高等教育机构（招生人数）	占比	总计
2008	18,495	（26.73％）	50,679	（73.27％）	69,174
2009	22,456	（27.81％）	58,294	（72.19％）	80,750
2010	24,214	（27.86％）	62,705	（72.14％）	86,919
2011	25,855	（36.36％）	45,246	（63.64％）	71,101
2012	26,232	（31.40％）	57,306	（68.60％）	83,538
2013	28,826	（35.40％）	52,598	（64.60％）	81,424
2014	32,842	（30.45％）	74,996	（69.55％）	107,838
2015	33,396	（27.36％）	88,665	（72.64％）	122,061
2016	30,598	（23.06％）	102,112	（76.94％）	132,710
2017	33,095	（24.28％）	103,198	（75.72％）	136,293
2018	39,099	（29.73％）	92,415	（70.27％）	131,514

数据来源：Higher Education Sector statistics，Ministry of Higher Education，Malaysia（https://www.mohe.gov.my/en/download/awam/statistik）

近年来，马来西亚私立高等教育机构也面临着重大发展危机。过去私立高等教育机构是推动马来西亚高等教育国际化的半壁江山（招收的国际学生约占总人数的30％到40％，详见表1-10），但据马来西亚私立学院和大学协会（MAPCU）统计，自2016年以来，大约50％的马来西亚私立高等教育机构（440所）的办学处于持续亏损状态。受新冠疫情影响，马来西亚私立大学

① Driving our higher education back on track as an international education hub [EB/OL].（2021—02—09）[2021—10—08]. https://bebasnews.my/? p=68905.

和学院的招生人数更是急剧下降，据马来西亚高等教育管理和金融专家杰弗里·威廉姆斯的估计，学费收入的骤减将导致约三分之二以上的私立高等教育机构面临倒闭的风险。[①] 新冠肺炎疫情对私立大学和学院来说是灾难性的，因为马来西亚大多数私立大学和学院依靠收取学生学费维持运营。据马来西亚私立大学和学院联合会（MAPCU）统计，马来西亚的100所私立大学和340所私立学院每年招收大约2.5万名国际学生，占学生总数的30%到40%。2020年新入学的外国学生约为7,000人，而2019年为16,500人。2020年大约有23,000名学生毕业，这意味着这些私立院校面临着两个群体的流失，即入学人数的减少和毕业生离校，校园里只有常规人数的三分之一。[②] 此外，许多国际分校也面临长期管理不善的问题，比如英国雷丁大学马来西亚分校、南安普顿大学和纽卡斯尔大学马来西亚分校。在疫情之前，马来西亚雷丁大学已经把员工人数减少到一半以下，并在2019年关闭了硕士课程和药剂学本科课程。截至2018年，该大学亏损约2,700万英镑。[③] 私立高等教育的发展危机不仅影响马来西亚高等教育对外合作的战略部署，而且也将对马来西亚高等教育对外合作带来重大挑战。

（三）其他地区高等教育枢纽的竞争挑战

新加坡逐渐成为马来西亚招收国际学生的一个强有力的竞争对手。新加坡不仅是亚洲学生留学的目的地，而且也吸引着大量来自美国、欧洲和澳大利亚的学生。许多西方学生把新加坡作为了解亚洲的窗口，而且对欧亚高等教育平台这样的全球顶级机构提供的以英语作为教学媒介语的西方风格课程津津乐道。新加坡经济发展委员会也一直致力于通过吸引国外名牌大学设立分校来搭建服务国际学生的专门化平台，如建立了欧洲工商管理学院、芝加哥商业学院、杜克医学学校、纽约大学等16所国际分校。新加坡努力打造地区教育枢纽的举措对马来西亚吸引高层次人才及学生带来一定的挑战。

---

① Private universities at risk as foreign students stay away [EB/OL].（2020—12—02）[2021—09—04]. https://www.universityworldnews.com/post.php?story=2020120216283461.

② Private universities at risk as foreign students stay away [EB/OL].（2020—12—02）[2021—09—04]. https://www.universityworldnews.com/post.php?story=2020120216283461

③ Private universities at risk as foreign students stay away [EB/OL].（2020—12—02）[2021—09—04]. https://www.universityworldnews.com/post.php?story=2020120216283461.

阿联酋跨国高等教育主要以国际分校的形式推进。据迪拜知识与人力发展局（KHDA）统计，截至2020年底，阿联酋共有180多所高等教育机构，其中国际分校50所，主要分布在阿布扎比（6所）、迪拜（35所，其中33所在自由区内）、哈伊马角（9所）三个酋长国，共有来自165个国家的国际学生在国际分校学习。迪拜国际分校的注册人数达到37,000人，其中国际学术城（DIAC）和迪拜知识园（DKP）共招收来自150多个国家的27,000多名学生。哈伊马角经济区（RAKEZ）招收1,600多名学生。[①] 阿联酋是世界主要高等教育目的地中入境国际学生流动率最高的国家，国际学生约80,000人（阿联酋居民占60%）。[②] 在阿联酋，国际分校不仅降低了青年失业率、解决了当地高等教育资源匮乏以及满足了私营部门的劳动力需求等问题，而且其较强的国际性也加快了该国建设区域高等教育枢纽的步伐。以上两国积极建设区域高等教育枢纽的举措对马来西亚建设学生枢纽带来了一定的挑战。

① SUGHNANI N. Access，Internationalisation，Economic Growth and Skills：The Impacts of TNE in Dubai [J]. Importing Transnational Education：Capacity，Sustainability and Student Experience from the Host Country Perspective，2021：175—189.

② UNESCO Institute for Statistics. Outbound internationally mobile students by host region [EB/OL]. (2019—12—11) [2020—05—02]. http://data.uis.unesco.org/Index.aspx?queryid=172.

第二章 新加坡高等教育知识/创新枢纽建设研究

第一节 新加坡构建亚洲高等教育枢纽的路径与挑战

教育枢纽作为跨境教育的第三代类型以及其所包含的学生枢纽、高技能人才枢纽和知识/创新枢纽的广泛内涵，越来越引起学术界的关注。美国跨境教育团队（C-BERT）认为：教育枢纽旨在通过吸引外国投资，留住本地学生，为国际和国内学生提供高质量的教育和培训，最终建立享誉周边的知识经济的战略地位。教育枢纽包含了国内、国际机构、海外分校与国外合作伙伴等。① 作为亚洲教育枢纽之一，新加坡在高等教育领域取得了一定成绩，如政府共吸引 19 所外国大学在新加坡开设分校，在生物医学领域以及大学创新创业等方面蒸蒸日上。但同时也面临诸多挑战，如国际学生招生数量与规模不断萎缩，2014 年只有 75,000 人，与其 2015 年招收 15 万国际学生的目标相距甚远，一些著名大学海外分校因为各种原因终止与新加坡的合作。② 截至 2015 年，新加坡拥有新加坡国立大学、南洋理工大学、新加坡管理大学，新加坡科技设计大学、新加坡理工大学和新跃社科大学等六所公立大学。六所大学的招生总数达到 50,000 人，这意味着新加坡高等教育适龄人群大学入学率（CPR）从 1980 年的 5%提高到了 2015 年的 30%，其目标是到 2020 年把

---

① Educational Hubs [EB/OL].（2016－11－22）[2017－03－02]. http://cbert.org/?page_id=32，2016－11－22.

② TAN E T J. Singapore as a global schoolhouse：a critical review. Managing International Connectivity，Diversity of Learning and Changing Labour Markets：East Asian Perspectives，2016：135－147.

这一比例提高到 40%。[①]

在高等教育枢纽建设过程中，新加坡高等教育逐渐形成了由外国著名大学分校、本国公立大学与理工学院组成的三级金字塔式的结构。新加坡高等教育枢纽的内涵包括了简·奈特概括的学生枢纽、高技能人才枢纽和知识/创新枢纽等三个层次。在学生枢纽方面，新加坡吸引从高中到博士阶段的所有层次的国际学生，并为其提供慷慨的契约型与非契约型奖学金；在高技能人才枢纽方面，政府最高领导层制定国际人才战略吸引具有可携带技能的专业和技术人才，提高国际竞争力、优化本国人口结构；在知识/创新枢纽方面，政府加大对生物医学及基础学科的投入，并鼓励大学通过创新创业策略构建全球化知识企业等。

一、新加坡构建亚洲高等教育枢纽的政策与制度环境

新加坡前总理李光耀曾言，新加坡的经济增长奇迹主要得益于其开发了新加坡唯一的自然资源——“人才”，并以此弥补国土面积狭小、自然资源贫乏的现实。作为人才立国的新加坡，其移民和外来人才政策对国家的经济发展与教育枢纽建设起到举足轻重的作用。

（一）外来人才与创新创业政策

1997 年，吴作栋总理在国庆群众大会上提出“外来人才政策”（Foreign Talent Policy），强调顶尖人才、专业人士以及技术工人等三类人才可以为新加坡经济发展做出贡献。这项由新加坡政府最高领导层直接推动的国际人才战略通过有针对性和策略性地引入外来人才，优化了人口结构。同时，为了加强政策与市场机制的有效结合，新加坡经济发展局（EDB）与人力部共同成立“联系新加坡”职业门户网站（Contact Singapore），为全球人才和新加坡雇主搭建联系平台。这个被视为“国家猎头公司”的平台，分别在亚洲、欧洲和北美设立办事处，提供有关新加坡就业信息及行业发展的最新情况。[②]

---

① Post-secondary-brochure. PDF [EB/OL]. https://www.moe.gov.sg/education/post-secondary, 2016—10—20.

② 刘宏. 新加坡的国际人才战略及其对中国的启示 [J]. 第一资源，2012 (1)：123—130.

此外，政府不断加强经济发展局（EDB）、人力部和财政部等部门之间协调机制的建立，高效能地推进人才的甄别与管理工作，并成立“社会融合基金”协助外来人才融入本地社会。

为培养和储备人才，新加坡积极在教育领域实施相关奖励措施吸引优秀人才。在奖学金政策方面，新加坡在为国际学生提供高额奖学金和助学金的同时，也明确规定了奖学金生的各项义务，有些设置了毕业后需要为赞助企业服务六年的规定。

新加坡《研究、创新与企业 2015》（RIE2015）计划中形成了一个覆盖创新与创业的全景式政策网络。除了对创新与创业的直接支持外，还形成了通过技术开发公司、大学技术转移办公室、医院/学术医学中心技术转移行动、创新中心、私人部门转化中心、大学创业教育创新基金、创新与创业学院等政策工具加强对创新文化与基础设施等创新环境的间接支持。①

（二）搭建研发框架体系积累创新资本

为了构建知识与创新枢纽，新加坡通过商业激励机制吸引世界顶级的科研机构在本地建立基地，并与本土科研机构一起开发应用研究，进行知识生产和创新，进而建立知识经济社会。成立于 2006 年的“研究、创新和企业理事会”（RIEC）是负责国内研究、创新与企业发展事务的主要管理主体。RIEC 的执行机构——国家研究基金会（NRF）与教育部（MOE）、卫生部（MOH）、贸工部（MTI）及其隶属的经济发展局（EDB）、科技局（A * STAR）等部门也在研发中扮演着重要的管理主体角色。研发框架体系的执行主体主要包括大学、技术学院、医院、企业研究单位、科技局所属研究所及智库等机构。② 开放的研发框架体系不仅为新加坡招募了大量外国科技人才，而且也加快了国际合作与创新资本的积累。如，“研究、创新和企业理事会”的成员中有 8 位来自国外，国家研究基金会的下属机构——科学咨询委员会（SAB）的全部成员均来自世界著名大学与科研院所。国家研究基金会的卓越

① Ministry of Trade and Industry Singapore. Research, Innovation, Enterprise 2015 Singapore [R/OL]. (2016－12－05) [2017－03－02]. https://www.mti.gov.sg/ResearchRoom/Pages/Research,-Innovation-and-Enterprise-(RIE)-2015.aspx, 2016－12－5.

② 陈强，左国存，李建昌. 新加坡发展科技与创新能力的经验及启示［J］. 中国科技论坛，2012（8）：139－145.

研究与科技企业校园计划（CREATE）、卓越研究中心（RCE）等项目推动了国际科技合作。与此同时，开放的高等教育市场也加快了本土人才培养的步伐。这些举措为新加坡在电子技术、能源与环境、生物医药与生命科学等领域积累了重要的人力资本。

二、新加坡构建亚洲高等教育枢纽的主要举措

（一）全球校园计划（Global School house）

2002 年，新加坡推出全球校园计划，该计划主要由新加坡经济发展局（EDB）负责。计划设计者认为外国机构和外国学生的消费不仅可以带动经济的发展，而且也将为其提供人力资本；建立从事研发工作、专利生产和企业发展的专门大学将有助于新加坡建成知识经济社会；高等教育机构的增长将满足国内民众对高等教育的需求；国内和国外学生的互动将促进社会和社区的发展。全球校园计划主要从三个方面出发：第一，加大对教育的投入，从 2000 年教育支出占 GDP 的 1.9%提高到 3%—5%；[①] 第二，2015 年，共吸引 15 万国际学生在新加坡学习；第三，建立金字塔结构的三级大学制度。该计划已经与劳动力市场、移民和人口政策紧密结合在一起，而不是简单的争夺全球国际学生市场。政府从长远公共利益考虑，希望这些国际学生毕业后能够在新加坡工作、定居，最终解决国内高层次人才不足以及人口结构优化问题。这种深刻的国际化战略成为全球校园计划的重要内涵。当前，新加坡政府超额完成了吸引 10 所一流大学开设分校的目标，至今现存的国际分校有 13 所。（见表 2-1）

---

① BudgetArchives [EB/OL]. (2016—10—10) [2020—05—02]. http://www.singaporebudget.gov.sg/budget_2016/budgetarchives.aspx，2016—10—10.

表 2-1　当前新加坡国际分校情况表

国家	分校名称
澳大利亚	纽卡斯尔大学新加坡分校（University of Newcastle International Singapore）
	詹姆斯库克大学新加坡分校（JCU Singapore）
	澳洲科廷科技大学新加坡分校（Curtin Singapore）
印度	S. P. 贾殷管理中心新加坡分校（S. P. Jain）
中国	上海交通大学新加坡研究生院（Shanghai Jiaotong University Graduate School of Singapore）
法国	法国工商管理学院亚洲分校（INSEAD Asia Campus）
	法国高等经济商业学院新加坡分校（ESSEC Asia Pacific）
	艾代克高等商学院新加坡分校（EDHEC Business School）
英国	曼彻斯特商学院新加坡分校（Manchester Business School Singapore）
美国	芝加哥大学布斯商学院（University of Chicago Booth School of Business）
	纽约州立大学布法罗分校新加坡分校（University at Buffalo，Singapore）
	美国烹饪学院新加坡分校（The Culinary Institute of America，Singapore）
	美国迪吉彭理工学院新加坡分校（Digi Pen Institute of Technology Singapore）

{数据来源：根据 C－BERT. Branch Campus Listing（Updated November 9，2016）统计 [EB]. http://cbert.org/? page_id＝34）以及 Tan E T J. Singapore as a Global Schoolhouse：A Critical Review [M]. Managing International Connectivity，Diversity of Learning and Changing Labour Markets. Springer Singapore，2017：135－147. 整体而成}

（二）生物医学科学计划

新加坡政府越来越意识到生物医学科学产业可以成为推动新加坡经济发展的新引擎和工业生产的第四大支柱。新加坡政府从 2000 年开始先后投入 29.4 亿新元发展生物科技、生物医药业及生物园区的建立。配套设施和服务齐全的生物园区以及政府提供高达 30％的建筑费吸引了 30 多个世界级的生物科研和医药公司落户。[①] 2000 年，政府成立了以副总理陈庆炎为首的部长级

① 刘宏. 新加坡的国际人才战略及其对中国的启示 [J]. 第一资源，2012（1）：123－130.

生命科学委员会及一系列政府机构，加强政府对生物医学科学产业的领导、服务与支持。政府专门成立了旨在实施生物医学科学计划的科技局（A * STAR)。该计划最初通过提供高薪和长期研究基金的方式吸引外国同行业中杰出的科学家前往新加坡从事基础生物医学研究。为了吸引人才，政府甚至允许一部分顶级科学家在自己国家和新加坡同时拥有两个实验室。

近年来，新加坡在干细胞研究与测序技术方面奠定了关键地位。除了自身灵活以及优越的招募政策吸引外国优秀人才之外，一些外源性因素也为其招募人才提供了助力。如在小布什总统任期内的美国，复兴后的宗教右翼势力限制胚胎细胞研究以及科学共同体的异化行为；2008 年全球金融危机导致美国和英国开始减少对生物科技初创企业以及公共研究机构和大学的经费资助；澳大利亚紧缩的资金环境以及官僚风气盛行；这些因素导致各级各类研究人员将实验室搬迁到包括新加坡在内的其他一些国家。[①] 高额的薪水、优质的基础设施、慷慨的资助制度、早期研究阶段相对较少的附加条件，以及涵盖亚洲多元族群的令人信服的临床试验等因素使新加坡成为生物医学科学领域杰出科学家向往的科研目的地。此外，为了促进生物医学科学行业的可持续发展，政府开启科技局的研究生奖学金计划，即为获取资格的申请者提供前往世界著名大学学习的机会。

（三）卓越研究与科技企业校园计划（CREATE）

为了促进工程学和物理科学方面的研发，2006 年，新加坡政府开启 CREATE 计划，该计划旨在通过国际顶级研究机构、大学与企业的科研人员之间的合作与互动，研究和探讨重大科学前沿问题。实施该计划的研发中心被描述为世界级的研究中心，一个“人才磁场和创新枢纽”，一个“多元族群，多学科的企业”。新加坡政府通过国家研究基金会（NRF）资助该项计划，研发中心总部设在新加坡国立大学新建的学生生活区。[②] 当前，研发中心共有来自瑞士联邦苏黎世大学（ETH）、麻省理工学院（MIT）、慕尼黑工业

① SIDHU R，HO K C，YEOH B. S. A. Singapore：Building a Knowledge and Education Hub [M]. International Education Hubs. Springer Netherlands，2014：121－143.

② R. Sanders Williams 等著，刘瑞梓编译. 美国杜克大学与新加坡国立大学在医学教育领域的国际合作 [J]. 复旦教育论坛，2008 (4)：94－96.

大学（TUM）、耶路撒冷希伯来大学（HUJ）、本·古里安大学（BGU）、加州大学伯克利分校（UCB）、北京大学（PKU）、上海交通大学（SHJTU）及剑桥大学（CU）等世界知名大学的1,200多名研究人员。

在这些合作中，新加坡与麻省理工学院（MIT）的合作最为突出。如，从1998年至今，麻省理工学院始终与新加坡政府保持合作关系，并建立新加坡－MIT科技联盟（SMART）。科技联盟仿照了麻省理工学院在波士顿的技术创新中心，目标是识别与开发潜在的商业应用进入到商业企业中，麻省理工学院通过提供智能资本和网络帮助新加坡复制硅谷和波士顿的创新精神和文化。麻省理工学院也与新加坡政府达成协议——为新加坡科技设计大学提供管理与课程建议。2008年全球金融危机后，麻省理工学院也经历了投资的低回报、慈善捐款的减少以及政府补助金减少等问题。像新加坡－MIT科技联盟和卓越研究与科技企业校园这样的战略伙伴关系为麻省理工学院的发展提供了替代资金流。除了资金以及对应用科学的兴趣等因素之外，美国国内在科学、技术、工程与数学方面招生人数下降以及高水平研究生招生的激烈竞争等因素也促使麻省理工学院和其他大学开始立足海外市场。

（四）与著名大学合作组建大学联盟

2005年，新加坡与美国杜克大学确定共同成立杜克—新加坡国立大学医学院（Duke-NUS GMS）。其借鉴美国“本科获学士学位后再进行4年医学教育”的人才培养模式，并将培养目标从临床医生扩展到临床科学家或临床研究人员。新加坡政府共投入约3.5亿美元用于包括校园、教学研究大楼、设备硬件购置等学院校区建设，以及教职人员的工资、差旅费、研究启动基金、学术交流、校园信息系统等经费支出。[①] 在治理方面，杜克大学负责建立学院管理架构和管理系统、从达勒姆（Durham）校区派遣高级管理人员和教职人员以及课程建设等相关事务。除了杜克大学医学院院长同时兼任Duke-NUS GMS院长之外，学院还分别聘任负责临床协调工作与教师事务、主管医学教

① R. Sanders Williams等著，刘瑞梓编译．美国杜克大学与新加坡国立大学在医学教育领域的国际合作［J］．复旦教育论坛，2008（4）：94－96.

育、主管学术研究以及主管财政与行政事务的副院长。[①] 通过合作，新加坡学习了杜克大学先进的医学教育模式以及学院治理、课程设置方面的经验；杜克大学扩大了其在亚洲的影响，并且在灵长类研究、人类胚胎干细胞研究等特殊领域获得了研究支持。同时，杜克大学也获得了对人才培养模式进行评估与反思机会。

此外，2010 年新加坡总理宣布南洋理工大学与伦敦帝国学院联合创办医学院——李光前医学院，2013 年开始招生。李氏基金会为医学院捐助了 1.5 亿新元，同时新加坡政府也不断增加大学基金的配对额。医学院斥资 2.5 亿新元提高其医药科研能力，重点研究传染疾病、代谢疾病、神经疾病和皮肤疾病等四类高发疾病。类似的大学联盟还有 2011 年成立的耶鲁—新加坡国立大学学院（Yale-NUS College），被誉为亚洲第一所文理学院。

三、新加坡构建亚洲高等教育枢纽的主要挑战

（一）全球校园计划招生人数下降，分校面临财务危机

据 2014 年统计，新加坡国际学生数量从 2008 年 97,000 人下降到 2012 年 84,000 人，2014 年更是只有 75,000 人。2017 年，英国 QS（Quacquarelli Symonds）世界大学排名（WUR）公布的最佳求学城市（BSC）排名显示，新加坡由原来的第 6 名跌至第 14 名。[②] 这项具有长远公共利益的全球校园计划面临着政策失灵的危机。2011 年大选成为全球校园计划的转折点，人民行动党获得自 1965 年以来最低的得票率（60.14%），充分暴露出公众对这项开放政策心存芥蒂。由于政府没有充分解释国际学生将产生哪些具体的经济与非经济的公共利益，导致民众普遍认为，大量外国学生的涌入减少了他们子女的受教育机会，抬高了他们的生活成本并加剧了就业竞争。当前，新加坡国内日益高涨的反移民情绪是全球校园计划步履维艰的重要原因之一。此外，

---

① R. Sanders Williams 等著，刘瑞梓编译. 美国杜克大学与新加坡国立大学在医学教育领域的国际合作［J］. 复旦教育论坛，2008（4）：94—96.

② QS 排行榜全球“最佳学习城市”我国跌出十大［EB/OL］.（2017—02—21）［2017—05—02］. http://www.zaobao.com/znews/singapore/story20170215-724763，2017—2—21.

全球校园计划也面临严重的发展危机。比如，一些外国大学在新加坡建立分校的热情减弱，其中一些分校决定撤回他们的校园和计划，或者决定未来几年终止他们的新加坡业务（见表 2-2）。

表 2-2　新加坡全球校园计划国外分校关闭以及部分项目终止情况一览表

受邀学校	计划内容	计划终止时间及原因
英国华威大学（University of Warwick），2004 年受 EDB 邀请开设分校	建立一个功能全面的分校区：提供生物技术、纳米技术、管理研究、创作、表演和视觉艺术等课程。	2005 年宣布终止计划。主要原因：该校大学评议会投票反对这项计划。其主要基于对大学学术自由和人权的担忧以及校园治理、财务、基础设施的建设，教师队伍素质的保障，学费过高无法招收有潜力的学生等方面。
约翰·霍普金斯大学（Johns Hopkins University），1998 年受 EDB 邀请开设分校	截至 2006 年，EDB 已经投入 5,000 万经费，计划招募一定数量的博士研究生以及高层次师资团队。	2006 年，约翰·霍普金斯大学的生物医学研究所关闭。主要原因：新加坡科技局认为其没有达到绩效目标，如没有招募到预期数量的博士候选人、没有建立高层次师资团队。
新南威尔士大学（the University of New South Wales），2003 年受 EDB 邀请开设分校	2007 年 2 月正式招生。拟计划：第一批招收 500 名，最终校园规模达到 15,000 人；主要招收来自印度、中国、印尼和马来西亚的国际学生；未来 EBD 资助建立独立校园。	2007 年 6 月宣布关闭。主要原因：第一期仅招收到 148 名学生；财务可行性受到质疑；低估建立海外分校的风险；与悉尼校园一样的收费标准，缺少吸引力。

续表

受邀学校	计划内容	计划终止时间及原因
纽约大学帝势艺术学院（Tisch School of the Arts，New York University）	帝势艺术学院亚洲（新加坡）分校 2007 年开设，提供电影、动画、剧本及制片等 4 个艺术硕士学位（MFA）课程。	日前决定终止艺术硕士学位（MFA）：电影、动画、剧本及制片。主要原因：近五年的财政赤字（前期已接受 EDB1,700 万的财政资助以及来自 NYU 的部分经费）。为了保证学生完成课业，该学院开放到 2015 年。
芝加哥大学布斯商学院（University of Chicago Booth School of Business），1998 年受 EDB 邀请	于 2000 年在新加坡开设 EMBA 课程。	2013 年，布斯商学院将其亚洲高级工商管理硕士课程（EMBA）从新加坡迁至香港。主要原因：希望将来能够进入中国大陆市场。
内华达大学拉斯维加斯校区（University of Nevada，Las Vegas）	最初该校与新加坡理工学院合作开办酒店管理专业学士课程。2006 年建立独立分校。	2013 年宣布不再与新加坡理工学院续签合同。2015 年关闭。主要原因：担心财务危机。
纽约市立大学柏鲁克分校（Baruch College，City University of New York）	NA。	2016 年关闭。主要原因：NA。

{数据来源：Tan E T J. Singapore as a Global Schoolhouse：A Critical Review [M]. Managing International Connectivity，Diversity of Learning and Changing Labour Markets. Springer Singapore，2017：135－147. 以及新加坡教育网站部分资料整理而成。NA：没有搜集到关闭原因方面的材料}

除了以上问题，另一个困扰就是全球校园计划的质量保障问题。近年来，面对一些突然关闭的私立营利性学校，国际学生措手不及，他们没有获得对学费的追索权以及学术救济。更有甚者，个别私立学校的管理者竟然有兜售伪造的墨尔本皇家理工学院学位文凭等恶劣行为。

（二）国家高度干预与学术自由的矛盾

国家以高度干预的方式治理高等教育机构，能否为学者、研究者以及学生的创业和创新精神培养提供一个适宜的环境，还有待商榷。相对于这种管理方式，关于学术自由与机构自治问题的讨论越来越多，这也日益成为世界著名大学是否选择在新加坡开拓亚洲业务首要考虑的问题。新加坡很难模仿像美国著名大学那样的创业生态系统，“秩序井然”的环境以及单纯的财政支持并不能有效促进创业，而创业文化的营造才是根本。国家干预已经影响了创业文化，阻碍了创新思想的产生。新加坡的等级文化、纪律性以及创新驱动状态等将对实验、冒险以及创新所带来的不可避免的失败造成不利影响。在新加坡，国家扮演着风险投资家的身份。这种经济国家主义的累积效应，与美国强大的私营部门驱动创新前沿不同，新加坡政府对本土私营部门的漠不关心，最终掏空了新加坡社会创业的核心要素。

（三）国内高涨的反移民情绪与国民融合的矛盾

外来人才政策对新加坡经济增长提供了有效的支持。20 世纪 90 年代以来，外籍人士人才对新加坡 GDP 的贡献度高达 41%，其中 37%来自具有专业技术的白领阶层。[①] 政府认为新加坡必须保持对知识企业家这一阶层的吸引力，否则他们将选择到另一个城市施展他们的才华、创造力和创业精神，这可能会导致撤资和经济停滞。但是市民认为政府的外国人才政策已经从单一的专业、管理和科技专家阶层扩展到一个有专业技能的劳动力阶层，这难以同普通的新加坡人加以区分。外国人才政策被认为是抑制工资并保持新加坡竞争力的“卑鄙”手段。尽管新加坡总理李显龙一再重申移民对新加坡各方面发展的重要性，政府有针对性地引入外来人才，并秉持区分公民和非公民权益及公民优先的原则，但是，本土公民始终认为外国人才、特别是来自中国的华人新移民在社会与文化差异、稀缺资源的竞争以及政治忠诚方面均成

① 刘宏. 新加坡的国际人才战略及其对中国的启示 [J]. 第一资源，2012 (1)：123－130.

为一种威胁。

此外，政府在政策制定方面过于偏重将外国人作为一个创造与创新的来源。外国科技人才流动性很大，有些科学家同时在新加坡和自己国家拥有实验室，这导致新加坡无法建立可持续性和稳定性的科研团队。如，近年来，阿兰·科尔曼（Alan Colman）、尼尔·科普兰（Neal Copeland）等重量级的科学家先后回到自己国家，他们在新加坡科研团队中的作用日益降低。外国人才政策也不断受到来自中国、印度、印尼、马来西亚、菲律宾和越南的竞争，新加坡高等教育机构在吸引顶级学术和科研团队方面阻力重重。①

（四）基础研究与科研成果商业化的矛盾

生物医学行动已经蓬勃发展，这不仅提高了新加坡在高水平期刊上发表论文的数量，而且帮助新加坡在干细胞研究及测序技术方面占有一席之地，但是顶级科学家更关心的是官方资金支持的可持续性问题。2010 年，新加坡政府将三分之一的研究预算转移到新成立的“产业调整基金”（industrial alignment funds）中，研究者必须首先阐释其研究的工业应用性价值才能获得这份经费支持。同时，科技局的核心研究基金也被减少到之前预算的 70%。②麻省理工学院的科研人员对该政策的调整不理解，他们对新加坡政府扮演风险资本家角色的“淡马锡模式”或者“EDB 模式”是否将继续营造一个可持续的创业和创新生态系统表示怀疑。政策的变化使他们认为新加坡没有一个真正欣赏科学文化的环境；相反，这里都是一些让科研成果转化到市场的“工程文化”。这导致很多坚持不懈做基础研究的外国科学家不得不离开新加坡。

就生物医药产业而言，由于其具有高投入、高风险、产业化、周期长等特点，因此从基础研究到开发再到产业化、商业化这种从实验室到临床的无缝连接从来都是不合理的，但这恰恰是国家经济发展规划的要点。科研人员关注基础研究，而政府部门关注的是基础研究的商业价值以及如何转化应用的问题。政策制定者、研究者、商界间存在着鸿沟。

---

① LEE M H. Researching Higher Education in ‘Asia’s Global Education Hub’：Trends and Issues in Singapore [J]. Education & Society，2016：5－25.

② SIDHU R，HO K C，YEOH B. S. A. Singapore：Building a Knowledge and Education Hub [M]. International Education Hubs. Springer Netherlands，2014：121－143.

四、新加坡构建亚洲高等教育枢纽的应对策略

为应对高等教育枢纽建设进程中的各种挑战，新加坡一边适度扩大高校规模结构，提高高等教育入学率，一边通过建立“知识产权枢纽”、培训外国政府官员、建立遍布亚洲的知识城和技术产业园等举措拓展高等教育枢纽的维度。同时，多元族群营造的多元语言与文化氛围，稳定的政治制度以及完善的知识产权保护体系为新加坡构建亚洲高等教育枢纽提供了良好的平台。

（一）适度扩大高校规模结构，提高国内高等教育的入学率

为应对国内不断高涨的反移民情绪，新加坡政府开始通过各种渠道提高本土学生的高等教育入学率。2011 年，新加坡政府成立由国防部长黄循财担任主席的“2015 年后大学教育途径委员会”（CEUP），其主旨是通过扩充大学教育途径的方式提高大学适龄人群入学率。在该委员会的建议下，新加坡开始筹建新加坡技术学院和新跃大学（现更名为新跃社科大学）作为第五和第六所大学，并将新加坡技术学院发展为可授予学位的第五所自治大学。新跃大学在原有非全日制课程的基础上，增加全日制课程，力争到 2020 年实现招收 3,000 名全日制学生的目标。“2015 年后大学教育途径委员会”（CEUP）发布的《2015 年后大学教育途径委员会最终报告》对于工学结合的学习方式具有重要意义。就新加坡技术学院而言，课程设计包括了合作教育计划，将行业工作经验有针对性地融入课程等。该报告还建议在对私立高等教育机构的质量及各种项目的价值观等关键性问题进行调研的基础上，再决定是否对其进行公共补贴，但由于担心该项举措被误认为对外国留学生的交叉补贴而没有立刻付诸实施。全球校园计划在遭遇财务危机以及招生人数下降的挫折后，政府开始从注重扩大全球高等教育市场份额转向提升教育质量和创新的目标。此外，新加坡政府继续调整公立和私立教育之间的平衡发展，公立大学和部分高质量的私立教育机构之间的传统差别将变得越来越模糊。

（二）积极建立移民融合机制，加强国家整合与社会凝聚力

为减少新移民大量涌入而引起的竞争，政府一方面开始采取紧缩的移民政策，如提高申请永久居民权的“门槛”等，另一方面希望新移民通过学习

英语、密切与当地人的交流以及积极参与公共活动等方式强化其新加坡身份的认同感。同时，政府还专门拨款1,000万新币，设立“社会融合基金”以及民众联络所。这项举措每年可以惠及大约40,000个新移民，民众联络所的家访和茶会活动、节日庆典活动以及丰富多彩的社区活动可以让新移民尽快融入新加坡社会。① 此外，政府对于国际学生的招生采取更严格的限制，比如外国学生的招生比例控制在公立大学招生人数的18%，提高国际学生的学费并取消毕业后一年求职期等。

（三）为高等教育及研究与实验发展领域提供稳定的经费支持

尽管新加坡的经济也遭受全球经济下滑的影响和波动，但新加坡政府并没有像其他发达国家那样收紧经费，而是持续分配更多的经费给予高等教育系统。新加坡的高等教育投入以政府为主导，始终保持教育投资与经济发展同比增长。2010－2015年，新加坡教育经费占年财政支出比例平均为20%左右，仅次于国防开支，人均经费每年高达1,800新元。②

此外，作为新知识和新技术源头的研究与实验发展（R&D）是新加坡经济战略的重要组成部分之一。自1991年第一个五年科技计划实施以来，新加坡在研究与实验发展领域的总投入从1991年的7.6亿新元增长到2009年的60.4亿新元，占GDP的百分比从1.0%提高到2.5%。③ 新加坡国家研究基金会（NRF）总结2011年至2015年“科研、创新和企业”（RIE）成果时提到，新加坡政府在这五年中，为科研、创新和企业总共投资161亿新元，并预计下个RIE五年计划重点发展先进制造技术、生物医药、数码科技和城市方案等四个研发领域，拨款可能高达200亿新元。④

---

① 刘宏编著：海外华侨华人与中国的公共外交——政策机制、实证分析、全球比较［M］．暨南大学出版社，2015：58－62.

② BudgetArchives［EB/OL］．（2016－10－10）［2017－05－02］．http://www.singaporebudget.gov.sg/budget_2016/budgetarchives.aspx，2016－10－10.

③ Ministry of Trade and Industry Singapore．Research，Innovation，Enterprise 2015 Singapore［R/OL］．（2016－12－05）［2017－05－02］．https://www.mti.gov.sg/ResearchRoom/Pages/Research,-Innovation-and-Enterprise-(RIE)-2015.aspx，2016－12－5.

④ 新加坡政府五年为RIE投资161亿元，国立研究基金会促更多私企投资科研［EB/OL］．（2016－10－30）［2017－05－02］．http://www.ccpit.org/Contents/Channel_3429/2015/1209/510853/content_510853.htm，2016－10－30.

（四）积极拓展高等教育枢纽的维度

近年来，为更好地建设知识/创新枢纽以及提高其亚洲影响力，新加坡政府积极构建知识产权枢纽。2001 年，新加坡成立知识产权局（IPOS）。2005 年，世界知识产权组织在新加坡建立第一个办事处，随后又增加一个仲裁和调解中心。新加坡不仅将知识产权（IP）视为打造知识经济的宝贵资产，而且也将其看作亚洲地区有影响力的“货币”（currency of influence），并提出建设“亚洲的世界知识产权枢纽”的目标。拥有完善的司法制度框架、政府重视知识产权工作、民间知识产权意识普及以及得天独厚的地理位置是新加坡建设“知识产权枢纽”的重要优势。新加坡希望成为亚洲地区的经纪人，即一个可以调解在亚洲汇聚的全球利益，并成为跨国公司和外国政府信任的必不可少的经纪人。

尼泊尔山计划（Nepal Hill）是新加坡高等教育枢纽扩张的重要战略之一。新加坡政府招揽全球著名商学院落户 Nepal Hill，提供领导力培训并开展亚洲人力资源问题的研究，致力于将 Nepal Hill 打造成为领导力、网络和知识开发中心。这些商学院和咨询公司将对亚洲的人才管理及领导力方面的理论和实践产生重要影响。在人力资源培训中，新加坡主要传授治理、政策制定以及城市规划方面的专业知识，通过这些培训，新加坡扮演一个区域经纪人角色并对这些国家产生深远影响。2012 年，中新广州知识城（GKC）建立，其吸引 10 所世界著名大学的目标与新加坡 1998 年的全球校园计划如出一辙。这个项目既是新加坡全球商业战略的延续，也强化了新加坡作为亚洲高等教育枢纽的作用。2013 年，新加坡政府制定人才发展联盟计划，专门为中国市场提供教育和培训。与国际学生培养相比，对于中国政府官员的培训更能接近地缘政治影响力的核心，因为后者在未来的双边关系中拥有直接的决策权。新加坡正在积极向外输出其在治理和政策制定方面形成的教育枢纽模式。这些行动为新加坡提供了一个通过知识生产项目向全亚洲展示地缘政治影响力的平台。

第二节　新加坡跨境高等教育治理态势研究

全球校园计划跨境高等教育（Cross-Border Higher Education）一般指高等教育中的人员、项目、机构、课程、研究和服务等跨越国家或区域管辖边界的流动。联合国教科文组织认为跨境高等教育是指："在各种类型的高等教育学习项目或学习课程及教育服务（包括远程教育）中，学习者所在国家或地区与为他们提供教育、颁发证书或学位的国家不是一个国家或地区。"一般包括海外分校、特许经营或合作经营、衔接或双学位/联合学位、远程/虚拟教育、出国学习等五种形式。① 跨境教育通常有助于迅速扩大输入国的高等教育体系，增加高技能人力资本存量。当前，新加坡是全球跨境高等教育的重要输入国之一，其跨境高等教育主要包括国际分校、双联学位课程以及外部远程教育项目等形式。自 20 世纪 90 年代以来，新加坡共吸引 19 所全球著名大学在新开设分校，跨境高等教育在一定程度上增强了新加坡高等教育多样性的供给能力，同时推动了新加坡在生物医学领域以及大学创新创业等方面蒸蒸日上。探究新加坡在跨境高等教育治理方面的经验与教训，将为我国进一步推进中外合作办学发展以及建设区域高等教育枢纽提供重要参考。一般认为，新加坡跨境高等教育肇始于 20 世纪 80 年代中期出现的中学毕业生潮(school-leaver boom)，政府为了应对国内不断增长的高等教育需求，开始允许外国机构在新加坡提供大学教育，但这一时期的跨境教育主要以远程教育项目为主。1998 年，新加坡经济发展局提出旨在提高教育、科研与创新能力的"双翼发展"构想（The Idea of Twin Wings），即为了培养高技能人才，在十年内至少引进 10 所世界顶级大学在新加坡创办分校或者进行合作办学的"十所顶级大学计划"（Top 10），该计划开启了国际分校落户新加坡的序幕。

① KNIGHT J. Education Hubs：International，Regional and Local Dimensions of Scale and Scope [J]. Comparative Education，2013，49 (3)：374－387.

一、新加坡跨境高等教育的主要形式

当前，跨境高等教育变得越来越流行，进出口国之间的界限也渐趋模糊。在新加坡，境内跨境高等教育主要以引进国际分校、双联学位项目以及外部远程教育项目为主；在境外，其也积极向马来西亚和乌兹别克共和国等国家出口教育服务。如，在马来西亚和乌兹别克共和国分别建立了新加坡管理发展研究所（马来西亚分校）（MDIS）和新加坡塔什干管理发展研究所。本文的研究对象是指新加坡国内的跨境高等教育，其以国内和亚洲范围内的国际生源为主。新加坡将跨境高等教育作为降低出国留学率和指导当地教育机构的一种有效方式，但长远目标是提升本国高等教育的自给自足能力以构建亚洲高等教育枢纽。

（一）创建国际分校（Foreign offshore campuses）

1998 年，为了开发人力资源并更快进入利润丰厚的教育市场，政府通过经济发展局（S-EDB）开始邀请世界知名大学在新加坡建立亚洲分校，这即是新加坡国际分校的开端。2002 年新加坡启动的“全球校园计划”进一步深化了之前的国际分校计划，提出“吸引 10 所世界一流大学和 1,000－3,000 名全球顶尖人才到新加坡以及到 2015 年招收 15 万国际全额收费学生，实现教育部门对国内生产总值的贡献从 1.9%提高到 5%的目标”。[①] 当前，新加坡政府已经超额完成吸引 10 所一流大学开设分校的目标，截至 2020 年 4 月底，新加坡拥有来自澳大利亚、印度、中国、法国、英国和美国等国家的 16 所国际分校（详见表 2-3），来自世界各地的国际学生约 68,200 名，同时约 23,000 名新加坡学生出国深造。[②]

---

① Ng P T，Tan C. The Singapore Global Schoolhouse［J］. International Journal of Educational Management，2010，24（3）：178－188.

② Singapore's Global Schoolhouse Upbeat beyond Short Term［EB/OL］.（2020－07－07）［2021－08－10］. https://www. businesstimes. com. sg/government-economy/singapores-global-schoolhouse-upbeat-beyond-short-term.

表 2-3　当前新加坡国际分校情况表①

国家	分校名称
澳大利亚	纽卡斯尔大学新加坡分校（University of Newcastle International Singapore）
	詹姆斯库克大学新加坡分校（JCU Singapore）
	澳洲科廷科技大学新加坡分校（Curtin Singapore）
	澳洲莫多克大学新加坡分校（Murdoch University Singapore）
印度	S. P. 贾殷管理中心新加坡分校（S. P. Jain Singapore）
	阿米提大学新加坡分校（Amity University Singapore）
中国	上海交通大学新加坡研究生院（Shanghai Jiaotong University Graduate School of Singapore）
法国	法国工商管理学院亚洲分校（INSEAD Asia Campus）
	法国高等经济商业学院新加坡分校（ESSEC Asia Pacific Singapore ）
	艾代克高等商学院新加坡分校（EDHEC Business School Singapore）
英国	曼彻斯特商学院新加坡分校（Manchester Business School Singapore）
	格拉斯哥大学新加坡分校（University of Glasgow Singapore）
美国	纽约州立大学布法罗分校新加坡分校（University at Buffalo Singapore）
	美国迪吉彭理工学院新加坡分校（Digi Pen Institute of Technology Singapore）
	美国烹饪学院新加坡分校（Culinary Institute of America Singapore）
德国	慕尼黑工业大学（新加坡分校）（Technical University of Munich Singapore）

（二）开发双联学位项目（Double/joint degree）

双联学位项目是指新加坡本土公立大学与世界著名大学之间开展的提供双学位或联合学位的一种合作办学。通过采用联盟伙伴关系模式，本土大学可以从外国合作者那里学习新的行政和教学方式，同时也可以凭借合作者的“品牌”力量来加快自身的国际化进程。当前，有 31 所国外高等教育机构与

① Cross-Border Education Research Team. Branch Campus Listing [EB/OL]. (2020－11－20) [2021－08－10]. http://cbert.org/resources-data/branch-campus.

新加坡国立大学、南洋理工大学和新加坡管理大学开展合作，专业涉及工商管理、法律、经济学、文科、社会管理、医学和工程等领域，提供从学士学位到博士学位的联合课程。一个典型案例是新加坡麻省理工学院联盟(SMA)，它是由新加坡国立大学、南洋理工大学和麻省理工学院（MIT）于1998年联合成立的一个创新工程教育和研究机构。截至2018年，这个联盟已经开发了“化学和制药工程（CPE）、计算工程（CE）、计算和系统生物学(CSB)、制造系统和技术（MST）、微系统和纳米系统的先进材料(AMM&NS）”五个研究生学位课程。以MIT Master & NUS Master（Due Master program）为例，在为期18个月的学习时间里，学生们将在麻省理工学院（MIT）度过第一个秋季学期，然后回到新加坡度过春季学期、夏季学期和第二个秋季学期。与此同时，回到新加坡的学生将继续学习麻省理工学院的远程课程，通过定期的视频会议接受麻省理工学院老师的指导，麻省理工学院的讲师也会定期前往新加坡面对面指导。课业考核合格，学生同时获得麻省理工学院（MIT）和新加坡国立大学（NUS）颁发的硕士学位。① 学生按照学期计划先后在境内外两所大学学习，新加坡的课堂教学可以通过远程交互式课堂直接跟麻省理工学院（MIT）一起完成；完成学业后，学生可以获得由国内外合作院校联合签发的学位证书。此外，典型的双联学位项目还包括2005年新加坡与美国杜克大学共同成立的杜克—新加坡国立大学医学院(Duke-NUS GMS)，2010年南洋理工大学与伦敦帝国学院联合创办的李光前医学院以及2011年成立的被誉为亚洲第一所文理学院——耶鲁—新加坡国立大学学院（Yale-NUS College）等。就海外大学和地方资助者而言，联盟伙伴关系模式的运作风险低于国际分校模式。

（三）提供外部远程教育项目（External distance education programs）

外部远程教育项目是指新加坡本土私立教育机构与海外学术机构合作为新加坡本土学生或海外学生提供的远程学习课程。如，1992年，新加坡管理学院（SIM）与英国开放大学合作提供的“开放大学学位项目”（the Open University Degree Program）。获得“私立教育理事会四年教育信托认证”的新

① An MIT Masters AND an NUS Masters (Dual Masters) [EB/OL]. (2008—01—08) [2019—03—10]. https://bunghatta.ac.id/news-304-an-mit-masters-and-an-nus-masters-dual-masters.html.

加坡TMC学院也是开展外部远程教育项目的典型私立学院。目前，该学院与利物浦约翰摩尔斯大学，格鲁斯特大学、格林威治大学、阿伯丁大学、莫纳什学院、美国密苏里大学堪萨斯城校区、瑞士洛桑酒店管理学院等高校开展合作。这些合作项目的课程一般通过授课、辅导、讲座和计算机实验室远程会议相结合的形式在新加坡完成。合作院校会为学生提供一些诸如讲义、补充阅读材料、专业期刊、出版物、文章和网站等在线资源。其中个别合作项目有要求学生去合作院校学习15周，以体验不同校园文化。学生完成学业后，可以获得合作院校颁发的学位证书。[①] 此外，新加坡营销学院和新加坡护士协会（the Singapore Nurses Association）等也提供类似的远程学习项目。

二、新加坡跨境高等教育治理的主要经验

为了实现“全球校园计划”目标，吸引更多优质教育资源和全球人才服务新加坡，提高教育部门对国内生产总值的贡献率，新加坡政府通过形成多元治理主体、为海外合作高校提供各种资助、颁布法令积极监管跨境高等教育以及为国际学生提供奖学金、就业机会等举措加强对跨境高等教育的治理。

（一）各部门协作形成多元治理主体

在新加坡经济发展局的指导下，“十所顶级大学计划（TOP10）”与2002年启动的“全球校园计划”进行了衔接。2003年成立了由新加坡经济发展局，旅游局，新加坡标准、生产力与创新局（SPRING Singapore），新加坡国际企业发展局和教育部组成的专门机构——“新加坡教育”，该机构旨在为有留学意向的国际学生通报新加坡的移民政策，各类学校的办学特色、课程和生活条件等讯息，以促进新加坡高等教育枢纽的建设。为了更好地分工协作，“新加坡教育”进一步细化了各部门的职责。如，新加坡经济发展局负责吸引“国际知名教育机构在新加坡设立分校”；旅游局负责“新加坡教育的海外推广和营销工作”；新加坡国际企业发展局“帮助优质的当地教育机构（如英华国际学校和莱佛士教育）在海外开展业务和建立校园”；新加坡标准、生产力

① TMC Academy-Bachelor’s Degree [EB/OL]. (2010－05－20) [2021－08－10]. https://www.tmc.edu.sg/programme-level/bachelors-degree.

与创新局（SPRING Singapore）负责“私立教育机构的质量认证”。[①] 此外，“新加坡教育”还采用“走向更美好的未来”等脍炙人口、打动人心的营销口号展现新加坡生活方式的多样性。[②]

（二）甄选境外优秀合作伙伴并提供贷款和补助金

根据资金来源和管理模式的不同，海外分校的建校模式一般分为母体高校独资模式（self-funded）、外部投资模式（in receipt of external funding）和输入国提供设施模式（through provided facilities）。其中，外部投资模式又分为东道国政府和东道国私人集团及个体资助两种。[③] 新加坡政府为跨境高等机构提供健康的预算盈余，并且在人力资源、基础设施和广告宣传方面投入大量资金。新加坡经济发展局负责招募知名度较高的海外合作伙伴、协调各个部门及制定战略总体规划，并为跨境分校提供贷款和补助金。如，经济发展局在四年内向欧洲工商管理学院提供了 1,000 万美元研究经费，同时还提供一些如“校园土地价格仅为商业价格的三分之一、更容易获得工作许可及住房准入”等方面的软贷款，为芝加哥大学商学院翻修陈旭年（Tan Yeok Nee）大楼提供了数百万美元补贴款。澳大利亚新南威尔士大学也先后从经济发展局获得大约 8,000 多万美元的直接和间接资助。新加坡政府也为新加坡管理大学（SMU）沃顿商学院研究中心的研究项目、研讨会以及奖学金提供了有效的资金和实物支持。与此同时，政府通过科技计划提供给研发部门的大量经费也吸引着海外合作伙伴。如，2006 年 2 月 17 日，政府宣布在 2006—2010 年期间拨出 83 亿美元用于研发支出，其中很大一部分经费投入到生物技术、水技术和软件工程等研究项目。[④]

（三）颁布《私立教育法案》监管私立及跨境高等教育

输入国对跨境高等教育的监管主要包括自由放任型、最低控制型、适度

---

① MOK K H. The Quest for Regional Hub of Education：Growing Heterarchies，Organizational Hybridization，and New Governance in Singapore and Malaysia [J]. Journal of Education Policy，2011，26（1）：61—81.

② KENT D C . New Educational Perspective：The Case of Singapore [J]. Penn Gse Perspectives on Urban Education，2017，14：1—5.

③ 张瑞芳. “一带一路”沿线国家境内海外分校发展现状研究 [J]. 世界教育信息，2017（20）：20.

④ OLDS K. Global Assemblage：Singapore，Foreign Universities，and the Construction of a “Global Education Hub” [J]. World Development，2007，35（6）：959—975.

控制型、严格控制型和不予承认型等五种形式。新加坡对跨境高等教育的监管模式属于适度控制型，即输入国积极参与许可或认证跨国供应商。这种模式要求外国机构需获得东道国（如教育部）的认可或其他许可才可以正式运营，其包含从强制登记到正式评估学术标准等多种形式。

2009年9月，新加坡议会通过了《私立教育法案（PEA）》，加强了私立教育部门的监管框架，并规定所有私立教育机构都要注册登记。私立教育理事会（CPE）是《私立教育法案（PEA）》下设立的法定机构，其核心任务是“通过有效的管理、产业发展和消费者教育”来提高私立教育行业的标准。私立教育理事会（CPE）以强制注册框架（Enhanced Registration Framework）和教育信托认证计划（the EduTrust certification scheme）为载体对私立教育及跨境高等教育进行监管。其中，强制注册框架要求提供文凭和学位课程的私立教育机构必须登记。私立教育机构注册身份的有效期一般根据该机构符合注册标准的表现而定。私立教育理事会有权暂停或撤销私立教育机构中不履行规定职责的管理者。此外，学习期限超过一个月或持续五十小时的项目都需取得私立教育理事会的许可。同时，私立教育理事会（CPE）将审查提供外国学位课程机构的海外办学记录，这些机构有义务确保在新加坡提供的资格在母国得到同等承认，即新加坡校区和母国主校区的大学毕业生将获得同等的认可和待遇。为让学生做出明智的选择，私立教育机构需公开学费、设施、师资及退款政策等方面的信息。[①] 教育信托认证计划是一项自愿认证计划，该计划是一个私立教育机构的排名系统，要求私立教育机构符合包括管理承诺和责任、公司治理与管理、外部招聘代理人、学生保护和支持服务、学生的学习过程和评估、质量保证与监测等六个方面的最低标准。[②] 虽然教育信托认证计划是一个自愿性计划，但移民局规定它是发放学生准入证

---

① Council for Private Education [CPE].（2009a）（2009b）. Enhanced Registration Framework: What Private Education Institutions Need to Know. Singapore: Council for Private Education. 转引自 LO W Y W. Think global, think local: The Changing Landscape of Higher Education and the Role of Quality Assurance in Singapore [J]. Policy & Society, 2014, 33 (3): 263－273.

② Council for Private Education [CPE].（2009a）（2009b）. Enhanced Registration Framework: What private education institutions need to know. Singapore: Council for Private Education. 转引自 LO W Y W. Think global, think local: The changing landscape of higher education and the role of quality assurance in Singapore [J]. Policy & Society, 2014, 33 (3): 263－273。

的先决条件之一。换言之，拟招收国际学生的私立教育机构必须加入该认证计划。同时，监管机构允许私立教育机构在宣传资料中使用这些认证成果以提升美誉度。

（四）为国际学生提供财政援助以及就业机会

新加坡政府通过多个公共渠道向国际学生提供全面的财政援助。最初，国际生的学费仅高出本地生的10%，并且他们也可以申请向新加坡籍学生开放的各类资助计划，如新加坡奖学金（Singapore Scholarship）和学费补助计划（The Tuition Grant Scheme）。据统计，新加坡政府每年为国际学生提供的各项资助高达1.9亿新元。“毕业后在新加坡注册的公司工作三年”是获得学费补助的附加条件。如，南洋理工大学提供的东盟奖学金要求获得者毕业后在新加坡工作三年。[①] 此外，各大专院校亦有不计其数的助学金及优惠的学生贷款。事实上，很多接受契约型奖学金计划的毕业生后来成为了新加坡永久公民。与此同时，来自22个指定机构的留学生每周可以工作16个小时，并允许毕业后在新加坡停留一年寻找就业机会。[②] 这些举措间接完成了政府吸引高层次人才的目标。为了更好地促进东盟学生进入新加坡，新加坡政府精简签证申请过程，移民局和检查局承诺在五个工作日内为国际学生发放签证。

三、新加坡跨境高等教育治理的挑战

在治理跨境高等教育的过程中，新加坡政府遇到了前所未有的挑战。如部分国际分校因为生源不足、财务危机等原因不得不关闭，跨境高等教育的质量受到质疑以及国内逐渐高涨的反移民情绪等问题。

（一）部分国际分校面临可持续发展的危机

新加坡经济发展局为跨境分校提供的5至7年贷款以及各种补贴让大部分机构度过了建校之初的财政危机，但也有一些教育和科研机构因为错误预

① ‘ASEAN Undergraduate Scholarship’, last modified 12 June 2013 [EB/OL]. （2013－06－12）[2021－08－10]. https://www.nus.edu.sg/oam/scholarships/freshmen-sprs/asean-undergraduate-scholarship-(aus).

② WARING P. Singapore’s Global Schoolhouse Strategy: Retreat or Recalibration? [J]. Studies in Higher Education, 2014, 39 (5): 874－884.

测招生人数和办学效益，最终不得不面临财务赤字。这在一定程度上反映了部分海外机构依靠东道国的贷款和补贴维持生存的可行性问题。此外，由于政府和跨境分校之间签订的部分协议过于理想化，跨境分校最终无法完成绩效目标也是导致关闭的一个重要原因。如，澳大利亚新南威尔士大学（UNSW）、约翰·霍普金斯大学（JHU）和纽约大学帝势艺术学校亚洲分院（TSA）等分校先后关闭了他们在新加坡的课程。2005 年，新加坡经济发展局先后给予澳大利亚新南威尔士大学（UNSW）分校 1,500 万新元的贷款和 1,750 万新元的政府补助，支持其在新加坡建立分校。经济发展局预计新南威尔士大学（UNSW）分校可以每年产生 5 亿新元的经济效益，并计划在 2015 年招收 1 万名学生。但是该分校第一学期仅招收了 148 名学生，比预计减少约 60%。再加之对财务可持续性的担忧，4 个月后，该分校不幸“夭折”。[①] 截至 2006 年，新加坡为美国约翰·霍普金斯大学（JHU）的生物医学研究所投入了 5,000 万新元，但该机构并未完成协议书中的“博士招生人数以及为新加坡引入一流医学研究人员”等关键绩效指标。最终，该研究所由于无法继续获得新加坡科技局提供的研究经费，不得不在 2007 年关闭。纽约大学帝势艺术学校亚洲分院自创办以来，先后从经济发展局获得约 1,700 万美元的财政补贴，但由于高估办学效益，一直面临财务窘境。2012 年，该校结束了在新加坡创办的电影、动画、媒体制作和戏剧写作专业。[②] 2013 年，芝加哥大学布斯商学院表示，将高管教育计划从新加坡转移到香港。同年，获得新加坡经济发展局提供 350 万贷款的内华达大学（The university of Nevada）宣布关闭酒店管理学士课程。在引入跨国分校过程中，东道国和国际分校都倾向于高估未来的招生数量，低估成本。跨境高等教育输出方更是忽视了机构一旦走出大本营，其“吸引力”将会大打折扣的重要问题。

---

① Demise of Branch Campuses Exposes Reliance on Government Subsidies [EB/OL].（2013－01－19）[2018－01－13]. https://www.universityworldnews.com/post.php? story=20130117151151289.

② TAN J. Singapore's “Global Schoolhouse” Aspirations [J]. International Higher Education 2016 (87): 9.

表 2-4　新加坡部分国际分校关闭的原因

国际分校	生源不足	财务原因	性质原因	转向其他市场
芝加哥布斯商学院（The University of Chicago Booth School of Business）（2000—2014）				√
内华达大学拉斯维加斯分校（UNLV）（2006—2015）		√		
新加坡约翰·霍普金斯大学生物医学科学部（JHU）（2003—2007）	√		√	
纽约国立大学法学硕士（2008—2014）	√	√		
纽约大学帝势艺术学校亚洲分院（TSA）（2007—2015）		√		
新加坡亚洲新南威尔士大学（UNSW Asia）（2007 年年初开始招生，开课不到一学期宣布关闭）	√	√		

（二）监管不力造成质量与信任危机

跨境高等教育治理面临的第二个挑战即是质量保证。为了吸引更多的跨境高等教育机构和项目，新加坡对跨境高等教育的早期监管采用最低控制型。尽管新加坡政府于 2003 年采取了新加坡素质级私立教育认证（SQC-PEO）和旨在保护消费者学费的教育认证（Case Trust for Education），但是这些监管举措相对宽松，并未有效遏制诸如私立学校兜售伪造的墨尔本皇家理工学院学位文凭等舞弊行为；监管缺失最终导致学生无法追回学费及获取学术补偿等严重后果，仅在 2004 年上半年就有 300 多例针对私立教育机构的投诉。[①] 教学质量不高、学生入学门槛要求低以及私营部门利润驱动的目标等是导致质量问题的深层原因。2009 年，新加坡议会通过的《私立教育法案（PEA）》进一步加强了对私立教育机构的监管，该项法案被认为是新加坡政府对跨国

① LO W Y W. Think Global, Think Local: The Changing Landscape of Higher Education and the Role of Quality Assurance in Singapore [J]. Policy & Society, 2014, 33 (3): 263—273.

高等教育发展方向及监管的重大调整。但是，该法案在对私立高等教育的最低入学标准、财务可持续性以及教育过程等方面的监管仍存在不足。当前，新加坡还没有统一的认证体系来监督跨境教育课程的内容与质量，主要依赖高等教育机构自身，这导致质量标准参差不齐，进而对学生和雇主产生负面影响，因为这两个群体可能会以不同的方式、指标解释、衡量一个学习项目是否高质量。

（三）跨境高等教育政策导致全球导向与国家中心导向之间的紧张

为了应对全球化挑战，新加坡通过引进外部资源提升高等教育竞争力，但是部分新加坡人怀疑这种拥抱全球化的做法限制了他们及其子女的机会，造成公共基础设施以及教育和就业等方面的压力。2011 年新加坡大选，人民行动党 60.14%的低得票率已经充分暴露出公众对拥抱全球化的“门户开放”政策心存芥蒂。进言之，跨境高等教育治理同时面临着来自全球一体化和地方反应性的双重压力。面对国内不断高涨的反移民情绪，新加坡不得不调整全球导向的跨境高等教育政策，减少国际学生的招生数量。如 2012 年，时任贸易和工业部长的林洪江（Lim Hng chiang）强调：“尽管教育部门仍是我们经济的重要组成部分，但全球校园计划将强调教育质量和与经济的相关性，而不是学生数量或国内生产总值的份额。”① 全球影响力与地方情绪之间的紧张关系勾勒出新加坡采用新自由主义管理理念的局限性。

（四）国家高度干预与跨境高等教育学术自由的矛盾

在吸引跨境分校和跨境人才的过程中，输入方不仅要提供慷慨的发展经费和薪酬，而且还要应对跨文化交流中的碰撞。如，很多外来人才关心他们在新加坡的学术追求是否能够“自由”地蓬勃发展。进言之，营造一个自由的学术氛围成为新加坡吸引外国人才的重大挑战。如，2005 年关闭的华威大学（Warwick University）主要源于对分校学术自由和新加坡人权状况的担忧。2010 年，新加坡国立大学与耶鲁大学签署谅解备忘录，拟建立融合东西方文化的文科课程，该项目开启了亚洲此类合作项目的先河。但由于不同社

---

① Back to school：Is the Singapore Global Schoolhouse Back in Business? [EB/OL].（2019－08－28）［2021－08－10］. https://www.businesstimes.com.sg/brunch/back-to-school-is-the-singapore-global-schoolhouse-back-in-business.

会文化对“自由教育”“民主”和“自由”的解读存在差异，最终导致项目在推进过程中步履维艰。新加坡耶鲁大学的部分教职员工和人权倡导者认为：一个致力于自由调查的文科教育与一个严格限制言论自由和集会自由的专制国家格格不入。[①] 此外，其他跨境分校也对这种国家高度干预高等教育机构的方式表示质疑，担忧新加坡的等级文化、纪律性以及创新驱动状态将对实验、冒险以及创新等方面造成不利影响。

四、新加坡跨境高等教育治理的应对策略

在新加坡，跨境高等教育治理问题表现出面向全球以市场为导向与面向本地以国家为中心的两重性特征。2009 年之后新加坡采取了“全球与地方之间的平衡举措取代驾驭全球化”的政策，这种转变是对跨境高等教育治理中新自由主义倾向的重新校准。这同样也证实了马金森（Marginson，S.）的观点，即政府在实施新自由主义话语和实践以及采用跨国学术资本主义过程中，不可避免地受到地方政治因素的制约，因为“政府不能放弃公共产品”，其还需要“用高等教育政策建设自己的政治资本”。[②]

（一）紧缩国际学生招生数量，调整跨境高等教育政策

“全球校园计划”带来日益激烈的竞争环境引发了国内公众反对高等教育商业化和国际化的情绪，人们对教育和就业机会的竞争表示担忧。这些公开的辩论和情绪迫使新加坡政府重新审查跨境高等教育政策。总体而言，新加坡跨境高等教育政策主要以 2009 年为分水岭。2009 年以前，国家战略的重点是如何应对全球化，从而使高等教育的发展与经济需要相一致。因此，这个阶段针对跨境高等教育的治理相对宽松。2009 年后的政策转变标志着新加坡政府以实现全球与地方之间的平衡政策取代了驾驭全球化。2011 年大选后，新加坡政府开始对私立高等教育的扩张按下暂缓键，将教育中心战略转向提

---

① Yale under Fire for New Campus in Restrictive Singapore [EB/OL]. (2012－12－28) [2019－03－10]. https://www.chicagotribune.com/news/nationworld/ct-xpm-2012-12-29-sns-rt-us-usa-education-yale-singaporebre8bs033-20121228-story.html.

② MARGINSON S. The Impossibility of Capitalist Markets in Higher Education [J]. Journal of Education Policy, 2013, 28 (3): 353－370.

高与行业相关的人力资源能力方面，这一政策变化表现为减少国际学生招生数量。如，2011—2014 年，拨出 2,000 名额外的大学学位给予新加坡市民，将高等教育的参与率从 26%提高到 30%；到 2015 年，将公立大学的国际学生数量控制在 15%左右。[①]《2015 年后大学教育途径委员会报告》也指出，“公立大学的公共责任将得到加强，到 2020 年，将全日制大学入学人数从每年 13,000 人增加到 16,000 人，即将就业前大学参与率提高到 40%，继续教育和培训参与率提高到 10%。提高留学生的学费并取消毕业后一年的求职期限等。如，理工学院国际学生的学费调整为每年 7,500 美元，比 2011 年高出 28%。此外，政府还对移民政策进行了调整，即利用教育枢纽项目作为吸引人才、保留人才、补充劳动人口的政策工具。政府对国际分校的公共补贴和赠款也提高了“门槛”。尽管新加坡政府继续鼓励国内高等教育机构与全球其他优质教育机构建立国际伙伴关系，但其未来更注重国内教育机构满足当地教育需求等内生能力的提升。

（二）强制私立教育机构参加质量保障计划

私立教育理事会（2009—2016）和未来技能理事会（The Skills Future Council）是当前新加坡私立高等教育的主要监管机构。2016 年 10 月，私立教育理事会更名为私立教育委员会（CPE），由新加坡未来技能（SSG）董事会任命，根据“私立教育法”履行与私立教育有关的职能和权力。2017 年 3 月，新加坡私立教育委员会（CPE）针对“提供外国学位项目以及衔接外国学位项目”的私立教育机构颁布了新的监管规定。要求这些机构必须参与“毕业生就业结果与高等教育离校生目的地匹配性调查（DLHE）”；获得四年教育信托认证；遵守最低入学标准；具备财务可持续性、强化信托标准等。私立教育委员会（CPE）将在网站公布“年度大学生就业调查”结果，这将使未来的学生获得更透明的报考信息，并且便于他们做出更好的职业选择。“强化信托标准”将更加重视学术流程和学生教育成果，责令那些不符合最低入学标准的私立教育机构在规定时间内修订项目录取标准。根据新规定，新成立的私立教育机构必须提供 10 万美元的实缴资本，私立教育机构必须获得

---

① WARING P. Singapore's Global Schoolhouse Strategy: Retreat or Recalibration? [J]. Studies in Higher Education, 2014, 39 (5): 874—884.

3级信用等级才能申请教育信托认证（EduTrust），所有的私立教育机构都必须在2017年6月1日之前达到最低信用等级。[①] 这项提升私立教育机构最低资金要求的举措将有助于保护学生不受财务困难的影响。2010年，新加坡私立教育机构约为1,000所，但到了2017年，这类机构锐减为291所。[②] 强制性新规解决了私立高等教育市场“劣币驱逐良币”的问题，进一步规范了私立高等教育市场。

（三）在面向全球/以市场为导向与面向本地/以国家为中心之间做切换

为了进一步缓解全球影响力与地方情绪之间的紧张关系、提升新加坡本土公民的竞争力，政府开始在提高国民高等教育入学率的同时，加强大学毕业生的就业能力。2016年，政府首次发起旨在提供各种资源帮助人们掌握职业技能，强调知识、应用和经验整合的全国行动——“未来技能”计划（Skills Future）。该计划主要包括三个部分：首先是未来技能研究奖，鼓励新加坡人发展和深化未来经济增长部门或需求领域所需的专业技能，同时支持已经具备精深专业技能的新加坡人发展其他能力；其次，未来技能职业生涯中期津贴计划，鼓励处于职业生涯中期的个人提升技能和学习新技能；第三，未来技能谋生和学习计划，主要为理工学院的毕业生提供毕业后的就业与发展机会，帮助他们顺利转入劳动力市场。[③] 其最引人注目的举措之一是“技能未来信贷”（Skills Future Credit），即25岁及以上的新加坡公民可获得500新元的信贷，用于投资个人成长，包括参加慕课和当地教育机构的继续教育及培训课程。此外，新加坡的国家技能门户网站My Skills Future帮助公民了解自己当前的技能，识别他们与目标职业之间的技能差距，并提供培训建议。

---

① Information Note-Singaporean Private Education Sector：Regulatory Reform [EB/OL].（2017—03—24）[2018—02—07]. https://www.cpe.gov.sg/for-peis/edutrust-certification-scheme/edutrust-certification-scheme.

② Singapore Introduces Regulation Overhaul for Private Providers [EB/OL].（2016—10—26）[2018—02—07]. https://thepienews.com/news/singapore-introduces-regulation-overhaul-private-providers.

③ SKILLSFUTURE SINGAPORE AGENCY ACT 2016 [EB/OL].（2016—09—22）[2018—02—07]. https://sso.agc.gov.sg/Act/SSAA2016.

2018 年，约有 28.5 万新加坡公民通过该项目提升了职业技能。[①] “未来技能”计划成为新加坡高等教育政策的一个新亮点。政府通过与个人、雇主、行业及教育者进行接触，建立了一个教育和培训的综合系统，以促进新加坡人教育和技能的终身化。

总体而言，在面对全球/以市场为导向的议程与以地方为导向/以国家为中心的双重境遇下，新加坡政府及时采取了平衡策略、做到适当切换。尽管新加坡不断宣传“全球校园计划”并投入大量资金确保其成功，但由于招生人数不足、质量保障监督不够、国内反移民情绪等内部因素以及母校高层管理者对国际分校在新加坡生存能力的质疑等外部因素，最终导致“全球校园计划”目标无法达成。2020 年 6 月还未“开门营业”的瑞士洛桑酒店管理学院提前获得了新加坡的四年教育信托认证，让新加坡“全球校园计划”重返公众视野。新加坡吸引国际分校、招收国际学生建设亚洲高等教育枢纽的经验与教训，为我国进一步推进中外合作办学发展以及建设区域高等教育枢纽提供重要参考。这种“原汁原味”跨境教育模式形成的“鲶鱼效应”将有助于我国高等教育优化办学理念、课程体系、教学方法和质量保障体系。制定招收国际学生的一系列稳定政策与完善各项支持服务是我国建设亚洲高等教育枢纽的重要保障。同时，合理引进、避免过度依赖外部优质教育资源；加强质量监控，提升本土高等教育内生能力至关重要。政府还需要引导跨国高等教育机构对开设课程的潜力及行业需求做深入调研，这样才能根据行业需求量身定制课程。如澳洲科廷科技大学新加坡分校的成功经验是将行业需求、大学优势、专业知识三者结合起来作为开设课程的依据。法国高等经济商业学院新加坡分校于 2016 年推出的金融硕士课程则是为金融领域的专业人士量身定制。此外，我国需要进一步促进民办高等教育参与中外合作办学，使其成为拓展国际教育服务贸易市场的重要补充。随着远程教育技术手段的日臻完善以及“新区域主义”的兴起，利用跨境远程教育“完成留学”的方式将会越来越受到青睐。建设跨境远程教育项目、完善包括图书数字资源在内的

---

① Technology and the Future of ASEAN jobs: The impact of AI on Workers in ASEAN's Six Largest Economies [EB/OL]. (2018-09-01) [2021-08-10]. https://www.cisco.com/c/dam/global/en_sg/assets/csr/pdf/technology-and-the-future-of-asean-jobs.pdf.

各种支持性服务将成为我国向“一带一路”沿线国家提供优质高等教育资源的一种重要跨境教育平台。

第三章 阿联酋高等教育高技能人才枢纽建设研究

第一节 阿联酋构建区域高等教育枢纽的路径与挑战

阿拉伯联合酋长国（简称阿联酋 UAE）是海湾合作委员会成员国（GCC），也是“一带一路”倡议中重要的海湾国家之一。根据世界经济论坛发布的《2017－2018 年全球竞争力报告》，阿联酋在全球 137 个经济体中位列第 17，仍位居阿拉伯地区国家之首。其中创新指标、高等教育与培训指标分别排名第 25 位和第 36 位。[①] 当前，该国正在通过如《愿景 2021 国家议程》等一系列“远景”战略，使其经济逐渐摆脱对石油和天然气的依赖，进而建立一个可持续发展的、高生产率和高竞争性的知识经济社会。高等教育的可持续发展成为助推经济模式变革的重要力量。近年来，阿联酋各酋长国通过提供先进的基础设施以及优惠政策等激励措施吸引国外著名大学在该国建立国际分校的模式改变了其高等教育资源匮乏的处境。跨国高等教育的迅猛发展，不仅满足了本国学生高等教育的需求，而且也加快了该国成为海湾地区高技能人才枢纽和知识创新枢纽的步伐。

当前，阿联酋拥有 100 多个各类高等教育机构，共招收 140,000 名学生。这些高等教育机构共包括四种类型，第一类是阿联酋联邦政府管理的阿联酋大学（UAEU）、扎耶德大学（ZU）和高等技术学院（HCT）；第二类是各酋长国管理的酋长国政府大学；第三类是阿联酋私立大学与国际分校；第四类

---

① The Global Competitiveness Report2017－2018 [EB/OL]. (2017－09－26) [2017－10－01]. https://www.weforum.org/reports/the-global-competitiveness-report-2017-2018.

是没有授予学位的职业技术教育中心。大部分公立大学提供预科、学士学位和硕士学位课程，阿联酋大学（UAEU）提供博士课程。公立大学大约招收43,000名学生，占全部招生人数的30%，且主要招收阿联酋籍学生。① 国际分校主要招收阿联酋境内的外籍人士以及周边国家的留学生。阿联酋是世界上拥有国际分校最多的国家之一，其跨国教育的主要模式是国际分校的交付，该国引进国际分校的原则是允许学生接受原汁原味的外国教育课程，这不同于中国、马来西亚和新加坡通过与国际分校建立合作伙伴关系提高本土高等教育能力的模式。无国界高等教育观察组织（OBHE）认为，国际分校是由外国教育提供者全部拥有或部分拥有的实体，以外国教育提供者的名义运作并提供一个完整的专业教学计划及现场教学，最后由这些外国分校颁发学位证书的机构。按照这个定义，OBHE认为阿联酋拥有31所国际分校。但是根据英国高等教育质量保障局（QAA）的报告统计，当前阿联酋实际上共有来自英国、美国、印度等11个国家提供的42所国际分校，其中来自英国的国际分校最多，共有13所。②

一、阿联酋建设区域高等教育枢纽的背景与动力

（一）转变国家经济发展模式的需要

阿联酋建设高等教育枢纽最主要动因是希冀通过发展高等教育，培养人才，提高本国在科学、技术、创新层面的能力，最终促使本国摆脱对石油经济的依赖，建立可持续发展的知识经济社会。其次，发挥教育枢纽本身的经济效益，通过吸引外国学生和高技能人才、机构和公司，创造一个充满生机的研究和创新环境，进而促进知识型经济的发展。

（二）满足国内大量外籍人员的高等教育需求

当前，阿联酋外籍人口高达85%，其子女对高等教育有大量需求。同时，

---

① COUNTRY REPORT：The United Arab Emirates [EB/OL].（2017－05－17）[2017－09－25]. http://www.qaa.ac.uk/publications/information-and-guidance/publication? PubID=3162#.WchRFPkQh8d.

② COUNTRY REPORT：The United Arab Emirates [EB/OL].（2017－05－17）[2017－09－25]. http://www.qaa.ac.uk/publications/information-and-guidance/publication? PubID=3162#.WchRFPkQh8d.

许多来自印度、巴基斯坦、澳大利亚、欧洲和附近国家的专业人士也需要通过获得学位、专业证书以及文凭来进一步提升他们的职业生涯。建立一个包含国际分校和专门区域的教育枢纽开展教育和培训恰恰可以满足这些需求。此外，阿联酋的公立高等教育机构不仅数量有限，而且一般仅提供一种以宗教为基础的教育经历，包括在迪拜的一些私立高等教育机构也聚焦在伊斯兰宗教和伊斯兰教法的学位课程。作为一种补充，国际分校提供的多元化课程可以满足种族多样性的外籍人士的需求。比如，迪拜的国际分校提供来自澳大利亚、比利时、法国、印度、伊朗、爱尔兰、黎巴嫩、巴基斯坦、俄罗斯、英国和美国等 11 个国家的课程。同样，这些机构和课程也可以满足部分阿联酋籍学生对不同教育形式的需求。

（三）塑造区域教育枢纽的重要角色

国际分校的引进是阿联酋面向外面世界释放日益增长的现代性的一种信号。越来越多的世界著名大学的国外分校相继在阿联酋落地生根，诸如来自美国的密歇根州立大学和印度 S. P. 贾殷全球管理学院的分校，这些国际分校的引进，不仅使得阿联酋越发受到更多的国际关注，同时也在向世界表明该地区举足轻重的国际地位及教育战略地位。此外，还可以向世界表明阿联酋的综合国力和多元化教育发展形势。

二、阿联酋建设区域高等教育枢纽的政策与制度环境

（一）颁布“愿景 2021 国家议程”，转变经济发展模式

2010 年，阿联酋政府颁布“愿景 2021 国家议程”（UAE Vision 2021 National Agenda）（简称“愿景 2021”），该计划涵盖环境监管、司法改革、经济多样化以及提高教育水平等方面，其核心理念之一是建设以知识和创新为基础的经济社会。通过发展多样化、灵活性的知识经济，将国家对石油的依赖降低到国民生产总值的 20%。[①] 阿联酋总统谢赫哈利法·本·扎耶德·阿

---

① Science, Technology & Innovation Policy in the United Arab Emirates [EB/OL]. (2015-09-01) [2017-10-10]. http://www.uaeinnovates.gov.ae/docs/default-source/pdfs/science-technology-and-innovation-policy-en.pdf.

勒纳哈扬提出：“创新、科学研究和知识经济将为我们的后代创造可持续发展的机会。新的科技、创新政策是我们前进和发展的转折点。”“愿景2021”强调：政府需要营造一个有助于企业家创新的友好商业环境，加强科学、技术、研究和开发领域的投资是提高生产力和竞争力的重要推动力，并确定了科学、技术和创新的诸多指标以及实现这些目标的具体措施。如，到2021年，将阿联酋在全球创新指数的排名提升到前10位，研究和开发支出增加3倍。鉴于人力资本在促进创新方面发挥的重要作用，阿联酋也提出将知识工作者的比例增加到总劳动力的40%；并将学生在数学、科学和阅读方面的排名提高到世界前20名。[①] 当前，阿联酋正在朝着这一目标迈进，2014年，非石油部门收入在国内生产总值中所占比重达到69%。迪拜的非石油部门的贡献更是占国内生产总值的96%。当前，在阿联酋经济多样化中发挥关键作用的部门是房地产和商业服务部门，其次是运输、仓储和其他通信部门。

（二）发布国家创新战略，实现“愿景2021国家议程”

为实现“愿景2021”，阿联酋副总统、迪拜酋长谢赫穆罕默德·本·拉希德·阿勒马克图姆发布了“国家创新战略”，该战略旨在通过激励可再生能源、运输、教育、卫生、技术、水资源和空间等七个关键领域的创新，最终使阿联酋成为世界上最具创新国家之一。该战略是实现“愿景2021”以及推动阿联酋成为最具创新能力国家的关键性工具。其通过加强监管框架、完善技术基础设施、提供支持服务、加大投资和奖励等举措确保国内友好的创新生态系统；同时，在个人、企业、公共部门之间营造创新文化；在联邦层面成立“科学、技术与创新委员会”，负责协调和领导内阁事务部、能源部、经济部以及教育部等七个主要部门的创新工作。在教育领域，该战略提出在学校和大学建立创新实验室，作为培养学生批判性思维、解决问题、创造能力、毅力和适应能力等目标技能的一部分。

（三）制定详细的科学、技术和创新政策（STI）

为了更进一步推动国家创新战略，阿联酋将2015年定为创新年。2015年

---

① Science, Technology & Innovation Policy in the United Arab Emirates [EB/OL]. (2015－09－01) [2017－10－10]. http://www.uaeinnovates.gov.ae/docs/default-source/pdfs/science-technology-and-innovation-policy-en.pdf.

11 月，阿联酋总统谢赫哈利法宣布了“国家科学、技术和创新最高政策”，计划投入 3,000 亿迪拉姆（约合 820 亿美元）支持知识经济和创新发展，并提出：科学、技术和创新政策（STI）是该国走向进步、实现经济多元化和繁荣以及为后石油时代做好准备的关键转折点。该计划主要包括教育、健康、能源、交通、太空和水资源、机器人、太阳能、知识产权保护、干细胞研究及生物科技等投资领域。此外，STI 也阐明了创新的主要推动者，包括人才、大学与支撑机构、投资与激励、制度与专利保护、伙伴关系和网络等方面。①

（四）营造良好的创新环境增强投资吸引力

近年来，阿联酋努力通过完善基础设施、经商环境等举措增强自身的投资吸引力。据世界经济论坛最新发布的《2017—2018 年全球竞争力报告》，阿联酋的基础设施指数在 137 个经济体中位列第 5，商业成熟度排名第 13 位。②阿联酋拥有的人力资本、研究基础设施、资本供应和高效政府等优势使其可以营造一个良好的科学、技术和创新环境。在人力资本方面，阿联酋逐渐成为世界各地人才就业的首选地，丰富的人力资源使阿联酋成为互动和创新的区域与国际枢纽。政府在可再生能源、空间和医疗保健等方面的创新举措以及高品质的生活进一步提高了该国对科学家、研究人员和创新者的向心力。在研究基础设施方面，阿联酋除了拥有几所高质量科学实验室之外，还在重要领域具有设立大学和专门研究中心的优先权，这极大地推动了阿联酋整个国家的科学研究。同时，在科技领域，阿联酋与世界许多主要国家和组织保持着良好的关系，并形成研究和创新项目的伙伴关系。在资本供应方面，该国已建立一些专门基金支持具有开拓性和创新性的项目，当前，阿联酋吸引了全球伊斯兰金融资产总额的 7%，雄厚的资本为阿联酋科学、技术与创新市

---

① Science, Technology & Innovation Policy in the United Arab Emirates [EB/OL]. (2015-09-01) [2017-10-10]. http://www.uaeinnovates.gov.ae/docs/default-source/pdfs/science-technology-and-innovation-policy-en.pdf.

② Science, Technology & Innovation Policy in the United Arab Emirates [EB/OL]. (2015-09-01) [2017-10-10]. http://www.uaeinnovates.gov.ae/docs/default-source/pdfs/science-technology-and-innovation-policy-en.pdf.

场的增长和发展提供了必要的资金保证。[①] 此外，为了便利市民运用技术随时随地获得政府的服务，阿联酋政府发起智能政府行动。智能城市和开放数据库行动也有助于鼓励公共和私人部门技术和创新的增长。

三、阿联酋建设区域高等教育枢纽的路径

（一）吸引国际分校，打造高等教育发展新引擎

1. 设立自由区，吸引国际分校

为了实施经济多元化战略，发展本国工商业，增强对外开放度，阿联酋成立了涵盖工业和物流、传媒、信息与通信技术、金融、航空、教育等领域的自由贸易区（简称自由区），在自由区入驻的各类机构一般被视为境外实体，其独立于阿联酋法律监管之外。当前，阿联酋共有 40 多个自由贸易区，大部分国际分校设立在自由区内。阿联酋 42 所国际分校主要分布在阿布扎比、迪拜和哈伊马角三个酋长国（见表 3-1）。

表 3-1 阿联酋国际分校主要分布情况表

地区	国际分校名称
阿布扎比（没有建立自由贸易区）（6 所）	巴黎索邦大学（Paris Sorbonne University）、英士国际商学院（INSEAD）、穆罕默德五世大学－阿格达尔（Mohammed V University-Agdal）、斯特拉斯克莱德商学院大学（University of Strathclyde Business School）、纽约理工学院（New York Institute of Technology）、纽约大学（New York University）
哈伊马角自由贸易区（PAK）（7 所）	比尔拉科技学院（Birla Institute of Technology）、阿巴斯大学（Abasyn University）、洛桑联邦理工学院（École Polytechnique Fédérale de Lausanne）、瑞士商学院（Swiss Business School）、巴斯泉大学（Bath Spa University）、英国博尔顿大学（University of Bolton）、英国西伦敦大学（University of West London）

① Science, Technology & Innovation Policy in the United Arab Emirates [EB/OL]. (2015－09－01) [2017－10－10]. http://www.uaeinnovates.gov.ae/docs/default-source/pdfs/science-technology-and-innovation-policy-en.pdf.

续表

地区	国际分校名称
迪拜朱美拉湖塔自由贸易区（JLT）（2 所）	维也纳模都尔大学（MODUL University）、莫斯科工业和金融大学（协同）［Moscow University for Industry and Finance（Synergy）］
迪拜硅谷城（DSO）（1 所）	罗切斯特理工学院（Rochester Institute of Technology）
迪拜互联网城（DIC）（1 所）	霍特国际商学院（Hult International Business School）
迪拜媒体城（DMC）（1 所）	迪拜美国大学（American University in Dubai）
迪拜医疗城（DHCC）（1 所）	爱尔兰皇家外科医学院（Royal College of Surgeons）
迪拜国际金融中心（DIFC）（2 所）	卡斯商学院—伦敦城市大学（Cass Business School-City University London）、伦敦商学院（London Business School）
迪拜国际学术城（DIAC）（10 所）	澳大利亚莫道克大学（Murdoch University）、S. P. 贾殷全球管理学院（S. P. Jain School of Global Management）、ESMOD 法国服装设计学院（ESMOD French Fashion Institute）、阿米提大学（Amity University）、比尔拉科学技术学院（Birla Institute of Technology and Science Pilani）、印度管理技术大学（Institute of Management Technology）、印度麦里普大学（Manipal University）、圣约瑟夫大学（University of St. Joseph）、沙希德贝利布托科学技术研究院（Shaheed Zulfikar Ali Bhutto Institute of Science and Technology）、赫瑞·瓦特大学（Heriot-Watt University）

续表

地区	国际分校名称
迪拜知识村（DKV）（9所）	SAE创意媒体大学（SAE Institute）、迪拜卧龙岗大学（University of Wollongong in Dubai）、伊斯兰自由大学（Islamic Azad University）、圣彼得堡国立经济大学（Saint-Petersburg State Economic University）、曼彻斯特商学院（Manchester Business School）、迪拜米德赛克斯大学（Middlesex University Dubai）、埃克塞特大学（University of Exeter）、布拉德福德大学（University of Bradford）、迪拜密歇根州立大学（Michigan State University in Dubai）
迪拜自由贸易区以外（Outside FTZs）（2所）	斯特拉斯克莱德商学院（University of Strathclyde Business School）、阿联酋航空大学（Emirates Aviation University）

{数据来源：根据 COUNTRY REPORT：The United Arab Emirates [EB/OL]. http://www.qaa.ac.uk/publications/information-and-guidance/publication? PubID=3162#.WchRFPkQh8d，2017—9—25. 整理而成}

2. 提供优惠政策，满足国际分校的利益诉求

从运行模式来看，国际分校包括独资、合作与战略联盟三种模式。阿联酋的国际分校属于战略联盟模式，即国际分校的运营资金主要由东道国政府或者来自于东道国和母国的私营公司或组织提供，同时允许母校保留对办学设施、课程以及学位授予等方面的管理权。为了吸引国际分校，阿联酋政府在基础设施及运营方面投入了大量资金。阿联酋的公共融资主要来自政府投资机构，如迪拜国际学术城等自由区主要通过迪拜酋长家族企业——信息科技和通讯投资公司（TECOM investments）投资基础设施和教育场所。2003年，该公司启动的迪拜知识村（DKV）通过对集聚其中的人力资源培养、管理与研发的机构提供高质量的基础设施、服务与支持，促进迪拜快速成为知识经济体。当前，迪拜知识村已成为世界上唯一专注于人力资源管理的集中地，其拥有450家涉及专业培训、人力资源咨询、资质评估等领域的商业伙伴。2007年，TECOM投资公司建立的迪拜国际学术城（DIAC）是世界上唯一专注于高等教育的自由区，其旨在发展该地区的人才库并将阿联酋建设成

为一个知识型经济体。这些自由区的建立减少了国际分校较高的前期资本投入。阿布扎比虽然没有设立专门的人才与教育自由区，但是其与一些著名大学分校签订了设施定制以及财政支持等协议。如，全资建设了纽约大学和巴黎索邦大学分校的校区供其免费使用，并承诺承担其未来的经营支出。哈伊马角也积极建立自由区吸引国际分校入驻，哈伊马角自由贸易区（PAK）以低于迪拜自由区近50%的生活费和学费吸引了来自印度、巴基斯坦和孟加拉国等南亚地区的1,500名国际学生。[①] 此外，自由区内的外国投资者享受“100%外资控股、100%资本和利润汇回本国、免除100%进口和出口税、50年无需缴纳公司税”等优惠政策。这些无疑满足了教育输出国的逐利需求。

3. 各个酋长国采取独立监管措施，确保国际分校办学质量

在阿联酋的联邦政府层面，高等教育与科学研究部（Ministry of Higher education and Scientific Research，MoHESR）下设的学术评审局（Commission for Academic Accreditation，CAA）负责管理国家范围内所有高等教育和科学研究相关事务，包括制定全国高等教育和科学研究的总体规划和综合发展要求，为私立大学的创办发放许可证，承认国外高等教育实体，确保其所授予的证书具有同等效力等。学术评审局（CAA）使用基于标准的认证过程，该流程首先认证机构，然后在候选校园认证项目，其许可证和认证标准规定了机构许可和许可更新、项目认证和认证更新的基本要求。当前，学术评审局（CAA）监管79个高等教育机构，这些机构共招收80,000多名学生，其中非阿联酋籍学生占55%。[②] 学术评审局（CAA）认证制度既有助于保证教育枢纽的质量，同时也有助于提高其竞争力。

在阿联酋，各个自由区内的国际分校可以免除联邦层面的监管，每个酋长国各自为自由区制定监管措施。如，迪拜2007年成立的迪拜知识与人力发展局（KHDA）以及其2009年成立的下属机构——大学质量保证国际委员会（UQAIB）负责对迪拜国际学术城和迪拜知识村的国际分校进行教育服务许

① COMMISSION FOR ACADEMIC ACCREDITATION [EB/OL]. (2018－02－24) [2018－02－24]. https://www.caa.ae/caa/DesktopModules/Institutions.aspx.

② COMMISSION FOR ACADEMIC ACCREDITATION [EB/OL]. (2018－02－24) [2018－02－24]. https://www.caa.ae/caa/DesktopModules/Institutions.aspx.

可，该委员会有权撤销没有达到质量标准的国际分校的办学资格。大学质量保证委员会邀请来自于澳大利亚、沙特阿拉伯、美国、英国、印度、南非、中国香港等全球范围的专家组成国际顾问团。2011 年 6 月，迪拜发布“第 21 号法令”以保证知识与人力发展局（KHDA）颁发认证的合法性，这进一步确保了迪拜自由区国际分校学位证书的质量。① 总体而言，迪拜对国际分校的监管追求与国外总校保持一致，即一种“等效模式”，相对缺少独立意识。2014 年，在英国高等教育质量保障局（QAA）的支持下，迪拜知识与人力发展局组织成立了一个非正式的国际质量保证机构——跨国质量保障组织（QB-BG），其主要是一个促进跨国教育质量保证的信息、数据和情报共享平台，成员主要包括迪拜知识与人力发展局、英国高等教育质量保证局、澳大利亚高等教育质量和标准局、香港学术和职业资格认证委员会、马来西亚资格认证机构、新加坡私立教育委员会、新英格兰学校协会、美国西部院校教育联盟（WASC）等。过去，阿布扎比的国际分校主要采用联邦层面学术评审局（CAA）的监管，2005 年之后，阿布扎比教育委员会（ADEC）开始与学术评审局共同负责监管国际分校。不同于迪拜和哈伊马角，阿布扎比对国际分校的选择更加严格，监管干预也更多。“特许经营”一直是哈伊马角自由区内国际分校的主要办学模式，其教育质量主要由输出机构的学术人员负责。2016 年，哈伊马角自由区开启了“分校许可”监管模式，要求所有的跨国教育提供者必须申请分校或机构的许可证，并与非学术基础设施提供商（NAIP）合作。同年，英国高等教育质量保障局（QAA）与新的哈伊马角经济区（RAKEZ）签署了一份合作意向书，双方合作监管经济区内的英国跨国教育的质量与发展问题。②

（二）构建知识与创新型枢纽

阿联酋一直以来都是创新的坚定支持者，其通过各类型自由贸易区的商业激励机制吸引大学、研究机构以及以研发活动为主的公司进驻，同时与本

① Fox W H，SHAMISI S A. United Arab Emirates' Education Hub：A Decade of Development [M]. International Education Hubs. Springer Netherlands，2014：63－80.

② COUNTRY REPORT：The United Arab Emirates [EB/OL].（2017－05－17）[2017－09－25]. http://www.qaa.ac.uk/publications/information-and-guidance/publication? PubID=3162#.WchRFPkQh8d.

地合作伙伴一起进行知识生产和创新，提高其创新软实力。这些知识与创新型枢纽的建设已经成为国家经济转型与发展的重要引擎。迪拜是阿联酋建设该类型枢纽较为典型的酋长国，迪拜正在寻求通过技术创新实现其世界上最智能化城市的目标（如表 3-2）。此外，2012 年阿布扎比政府和统治家族全资支持建设的世界第一个无碳自由区——马斯达尔城（Masdar City），未来将成为可持续能源和替代能源的国际研发交易中心之一，将吸引世界顶尖研究机构和实验室入驻。另据世界知识产权组织、美国康奈尔大学、英士国际商学院共同发布的 2017 年全球创新指数报告统计，阿联酋创新指数在全球 127 个经济体中位居第 35 名。其在创新投入次级指数（制度、人力资本和研究、基础设施、市场成熟度、商业成熟度）排名 23 位，在创新产出次级指数（知识和技术产出、创意产品）排名 56 位。[①] 数据表明，该国在创新产出方面还有很大提升空间。

表 3-2　迪拜建设知识与创新型枢纽情况表

枢纽类型	主要内容
信息技术枢纽	主要包括迪拜网络城（Dubai Internet City）、迪拜外包城（Dubai Outsource Zone）、迪拜硅谷（Dubai Silicon Oasis）。迪拜大力投资于信息和通信技术基础设施，为跨国信息技术巨头提供了极具吸引力的激励措施。
生物科技枢纽	迪拜生物科技园（Dubai Biotech Research Park），是全球首个生命科学自由区，旨在于推动迪拜向知识经济的转型。迪拜生物科技园目前正与著名大学、专科医院和国际监管机构积极构建合作联盟，辉瑞（Pfizer）、安进（Amgen）、默克雪兰诺（Merck Serono）和健赞（Genzyme）等国际巨头现已落户此地。 能源与环境园（Environment and Energy Park，Enpark），该自由区聚焦能源效率、可再生能源、绿色建筑和废弃物管理，提供可持续利用的房地产产品和促进行业及监管合作的平台，发掘商业良机，并与业内同行分享其在该地区经营的经验。目前已有 50 家跨国公司和初创企业进驻。

① The Global Innovation Index 2017Innovation Feeding the World [EB/OL]. (2017－06－16) [2017－10－16]. https://www.globalinnovationindex.org.

（三）加大对教育的财政投入与完善就业政策

政策与预算承诺是支撑国家教育系统增长的重要因素，同时政府在基础设施和人力资源方面的重点支持也至关重要。据阿联酋内阁事务部统计，2013年，为了提高大学的科研水平以及为阿联酋籍学生提供更多海外奖学金，促进联邦大学的建筑与设备升级，阿联酋政府分配给高等教育的经费高达10.6亿美元。[①] 2017年，阿联酋政府拨出联邦预算的20.5%用于教育领域，包括聘请合格的教师、加强教师的专业发展、启动智能学习项目以及改革学校课程等。[②] 吸引和留住高素质留学生是阿联酋通过教育枢纽培养熟练劳动力的关键目标。为此，联邦政府放宽了允许学生做兼职工作的劳动政策，这项政策使那些需要通过打工来缴交生活费和学费的学生受益。此外，还制定了居留签证政策（resident visa policies），允许自由区协助大学向留学生颁发学生签证。

四、阿联酋建设区域高等教育枢纽的挑战

（一）从知识消费国转变为知识生产国的挑战

阿联酋政府试图通过学术界从知识接受者向知识生产者的转变来缩小与发达国家的发展差距。政府期望国际分校可以在阿联酋向以创新为基础的知识生产型社会转变过程中发挥主导作用。但是一些学者认为大多数国际分校不是真正的校园，因为他们规模太小、专业性较强，提供的学术课程非常有限。国际化的反对者更是认为国际分校是一种新殖民主义，其在满足提供者商业利益的同时，却降低了接受国政府确保高等教育服务国家建设和公共利益的控制力。大量国际分校的出现引发了诸多关于价值观、本土对抗外来文化等问题的讨论。很多学者认为直接将“总校”的课程、服务和文化输入到阿联酋，导致了“水土不服”等问题。如，商业和高等教育中的英语、文化

① SANAA，ASHOUR，SYEDA，et al. Factors favouring or impeding building a stronger higher education system in the United Arab Emirates [J]. Journal of Higher Education Policy & Management，2016，38（5）：576－591.

② 阿联酋联邦国家议会通过2017年预算［EB/OL］.（2016－12－21）［2017－10－13］. http://www.mofcom.gov.cn/article/i/jyjl/k/201612/20161202304998.shtml.

和社会规则是以某些发达国家和地区的语言和文化标准来界定的，在母语非英语的国家，这样的文化和语言是否需要被保护？这种大量引入国际分校、并全盘接受的做法可能导致国家陷入知识消费者的陷阱。随着高等教育国际化水平不断提高，越来越多的阿联酋籍公民开始担忧阿拉伯文化和语言的传承问题，阿联酋国际分校的发展模式面临着总校大学的文化认同与当地文化认同及满足社会需要的互动等方面的挑战。如，至今还没有一所国际分校提供伊斯兰艺术史方面的学位课程。总之，通过引进外来教育资源构建教育枢纽的过程中，关注当地文化和国家认同是至关重要的。

（二）市场与利益驱动导致供大于需的无序发展

2005 年前后，阿联酋出现了国外大学创办分校的热潮，这种快速的发展步伐被称为“教育淘金热”。在利益驱动之下，有些分校并没有进行适当的市场调研，盲目创办导致出现了供大于需的情况。

据纽约时报报道，由于 2009 年 12 月阿联酋经济突然下滑，许多国际大学的分支机构报告反映，从第一年到第二年学生数量有了很大的下降。2008 年创办的密歇根州立大学，在 2009 年仅招收到 85 名学生，同样，2008 年创办的罗彻斯特理工学院，仅有 50 名学生登记注册。[①] 许多院校由于学生入学率低而不得不关闭。面临招生窘境，一些外国私立大学呼吁阿联酋的监管机构能够对高等教育的招生市场环境做出适当研判。当然，也有些大学，如赫瑞瓦特大学和卧龙岗大学，利用其强大的品牌效应以及阿联酋政府慷慨的财政援助生存下来。但是生源不足问题还是迫使一些国际分校降低了入学要求，缩减课程，导致学生无法共享同主校区一样的人才培养方案。那些无法继续开办国际分校的机构只能通过开设工商管理以及信息技术等职业导向鲜明的课程以换取苟延残喘。一方面，受市场驱动的阿联酋学术改革具有灵活性和适应性的优点；但另一方面，这种模式更容易受利益导向，同时易受金融风险的影响。事实上，国际分校的生源市场主要是那些有留学意愿但是又难以如愿的学生群体。他们选择国际分校的原因是基于这类学校可以提供物美价

① SANAA, ASHOUR, SYEDA, et al. Factors favouring or impeding building a stronger higher education system in the United Arab Emirates [J]. Journal of Higher Education Policy & Management, 2016, 38 (5): 576—591.

廉且与总校“无缝对接”的课程，因此，生源市场的预测与研判是创设国际分校的重要前提。此外，专业设置存在盲目追求短期效应，不考虑专业未来发展趋势和市场需求的问题。当前，阿联酋国际分校提供的各类商业课程接近50%，而教育、工程、科学和健康科学的课程数量非常少。无序发展导致了人才培养和市场需求的错位或者拟合度较低，出现了大学生失业或低就业率的状况。

（三）质量保障机构之间缺乏协调机制与质量不高的挑战

当前，阿联酋在吸引国际分校以及质量监管方面并没有联邦层面的计划或者协调的战略。自由区内的国际分校可以自愿选择是否接受学术评审局的认证，这意味着自由区内没有获得学术评审局认证资格的大学不能自动获得联邦层面的认可。事实上，联邦层面的认证缺失对国际分校毕业生在阿联酋的公共组织就业、抑或在学术评审局认证的机构继续求学以及获得海外资格认可等方面均有一定的影响。因此，对于以招收国际学生和阿联酋外籍学生为主的国际分校而言，其更需要一个受国际认可的联邦层面的认证。

由于私立学校大多面临财政挑战，因此，他们对运营成本与盈利的关心胜于质量。如，为了降低办学成本，一些规模较小的国际分校和私立大学雇佣兼职学术人员的比例越来越高，这导致无法保障高质量的教学和科研工作。此外，由于很多教师担心学生投诉、失去生源，随意给定学生分数的问题也非常突出，这在一定程度上掩盖了学生的真实学业评定。缺乏统一的教育政策以及认证和质量保证机制是国际分校质量监管面临的重要挑战。统一的教育质量保障机制的建立涉及酋长国和联邦政府之间的合作，其不仅是巩固阿联酋作为区域教育枢纽地位的重要步骤，而且也将开启酋长国与联邦政府之间新的关系和程序。

（四）大部分高等教育机构研究能力和投入不足

2012年，阿联酋高等教育数据统计中心（CHEDS）运用研究经费、博士课程注册、期刊论文发表、出席学术会议等评价指标对部分高等教育机构的研究能力进行评估。这些机构的财务数据表明，它们中的大多数没有科研方面的财务预算。其中，13个机构的研究预算大于27,000美元，41个机构没有报告他们的研究经费预算。另外，仅有8个被学术评审局认证的机构能够提供博士课程，接受评估的 12 个国际分校中只有 1 个提供博士课程。[①] 研究预算的缺失表明大部分高等教育机构研究投入不足、缺乏科学研究，这导致阿联酋无法实现从知识消费者向知识生产者的转变。在过去几年里，阿联酋的一些一流大学表现出对生产高质量、优秀研究成果的决心。如，阿联酋大学（UAEU）的目标是在未来五年内，提高其在区域研究和世界大学排行榜中的地位。然而，由于当时政府对其经费投入不足，导致该校在扩大研究项目、提供新的博士课程以及提升本科课程能力方面捉襟见肘。科研经费来源的单一性也是阿联酋高校研究经费不足的一个重要原因。在阿联酋，只有国家研究基金会、阿布扎比教育委员会以及酋长国基金会等少数机构为高等教育机构提供外部资金。就私立大学而言，他们大多没有资格获得公共研究补助金，而且能够获得的外部研究经费也非常有限。此外，研究人员的行政负担不仅减少了他们的科研兴趣，而且也限制了他们的研究时间。

五、阿联酋构建区域高等教育枢纽的应对策略

（一）重视教育在向知识创新型社会转变中的作用

阿联酋构建区域高等教育枢纽的类型不同于马来西亚的学生枢纽，其更倾向于人才枢纽和知识/创新枢纽。其重视技能型劳动力的人力资源发展、扩大技能型人才库、建立服务型经济或知识型经济、增加经济竞争力、提高相关劳动力的质量，留住国外学生和工人。如，阿联酋“2015 年度经济报告”强调：第一，支持职业技术教育的作用，并将其输出与劳动力市场的需要联系起来；第二，建立研究中心和技术孵化器，为思想和创新的成功提供适当的环境，并扩大科技领域高层次人才的培养；第三，通过大学和技术学院的扩展，将教育和经济发展连接起来，并把教育转变为研究和创新的源泉，通过扩大与国际大学和科研机构的合作伙伴关系，激励人们投入到科技领域；第四，建立科技服务机构，发挥其将科学研究转化为商品和服务方面的协调作用，鼓励行业和企业向大学和研究机构诉诸他们的需求及开展合作等；第

---

① Statistics (CHEDS). Indicators of the UAE higher education sector 2012: volume 1: abridged [J]. Center for Higher Education Data & Statistics, 2012.

五，建立新的经济城市和智慧村作为知识型城市，吸引知识产业和创新中心进驻。[①]

（二）重视国际分校的可持续发展

由于阿联酋引进国际分校的办学模式不同于中国、新加坡等国家的合作模式，其表现为一种战略联盟，因此，国际分校的可持续发展更依赖于总校的支持与承诺。如，其需要成为总校发展使命和战略的一部分；总校的学术和行政人员、财务、组织以及质量监管部门均需要对国际分校的发展做出相应的承诺。当前，“投资者模式”和“政府支持模式”是国际分校在阿联酋运行的主要财政模式。“投资者模式”，即国际分校有一个在财政上投资以支持其学术管理和学位课程的当地法定合伙人，如果投资合作伙伴干扰正常的招生以及教学，外部质量保证机构可以纠正或者惩罚这种行为。“政府支持模式”，即政府在引进国际分校过程中提供大量前期投入。如，哈伊马角酋长国政府支持自由区的创建以及为其境内的美国大学提供财政援助。同样，迪拜政府也投资数百万建立国际学术城和迪拜知识村吸引国际分校。

来自总校教师的数量以及占全部教师的比例成为国际学生判断国际分校教学质量的一个重要指标。因此，在阿联酋办学相对成功的国际分校一般会将来自总校的教师数量和符合总校认证标准的本地雇佣的教师数量比例控制在合理的范围内。此外，国际分校管理者在做决策时，需要在继承主校的优良传统与满足本地市场增长需要之间保持适当的平衡；国际分校开设的项目和课程需要注意“在地化”，即开设与当地发展需要相结合的项目，因此，提前开展与国际分校所在地发展需要相结合的项目将有助于国际分校的招生。如，瑞士洛桑联邦理工学院（EPFL）提前开展有关哈伊马角干旱环境下的建筑以及水资源问题等环境研究项目。再如，迪拜通信学院培养和培训该地区熟练运用阿拉伯语和英语的双语新闻工作者的项目、迪拜政府学院与哈佛大学合作为阿拉伯世界的政府官员提供 MPA 学位课程等都是满足当地发展需要

---

① United Arab Emirates Ministry of Economy Annual Economic Report 2015［EB/OL］.（2016—05—08）［2017—09—25］. http://www.economy.gov.ae/EconomicalReportsEn/MOE%20Annual%20Report%20English%20-%202015.pdf.

的典型案例。[①] 在质量保障机制方面，当前，阿联酋形成了学术评审局（CAA）与各酋长国独立监管的多样化监管机制。但是，为保证校园的活力与声誉，阿联酋还需要建立一个更加透明、稳健、统一的质量保障机制。

在构建区域高等教育枢纽的过程中，尽管阿联酋提出了“愿景2021”“国家创新战略”等一系列愿景规划，但各酋长国之间没有建立任何系统的协调机制，这导致教育枢纽建设出现无序发展。当前，阿联酋高等教育依旧面临着由外在移植转变为本土化的内生发展等重大挑战，这成为决定阿联酋由知识消费国向知识生产国转变的关键因素。

第二节 阿联酋跨国高等教育发展态势研究

阿联酋（阿拉伯联合酋长国）是“一带一路”沿线的重要国家，也是中国在西亚北非地区重要的战略贸易伙伴、最大的出口市场、海外投资和承包的重要市场。未来阿联酋也将成为我国“一带一路”教育行动的重要合作伙伴。加强阿联酋跨国高等教育研究，不仅有利于了解全球跨国高等教育市场的前沿，也将为中国教育“走出去”提供经验借鉴。

联合国教科文组织（UNESCO）和经济合作与发展组织（OECD）将跨国教育定义为“教师、学生、项目、机构或课程材料跨越国界”。中东和亚洲各国纷纷借助跨国教育来支持经济发展，提高当地竞争力，增加学生接受高质量教育的机会。[②] 跨国教育主要包括远程教育、特许经营、衔接协议、双联项目和国际分校等模式。其中国际分校主要指由外国教育提供商拥有（至少部分拥有）的实体，以境外教育机构名义经营的、至少进行一些面对面的教

① SANAA, ASHOUR, SYEDA, et al. Factors favouring or impeding building a stronger higher education system in the United Arab Emirates [J]. Journal of Higher Education Policy & Management, 2016, 38 (5): 576—591.

② CHAN D K. Internationalization of higher education as a major strategy for developing regional education hubs: a comparison of Hong Kong and Singapore [M] // The Internationalization of East Asian Higher Education. Palgrave Macmillan US, 2011.

学，并提供一个由外国教育机构颁发证书的完整的学术项目。[①] 当前，国际分校主要分布在欧洲、中东（西亚北非地区）以及东亚和东南亚。国际分校的主要目的国有中国（67 所）、阿联酋（50 所）、新加坡（19 所）、马来西亚和西班牙（均为 17 所）。

阿联酋跨国高等教育主要以国际分校的形式推进。据迪拜知识与人力发展局（KHDA）统计，截至 2020 年底，阿联酋共有 180 多所高等教育机构，其中国际分校 50 所，主要分布在阿布扎比（6 所）、迪拜（35 所，其中 33 所在自由区内）、哈伊马角（9 所）三个酋长国，共有来自 165 个国家的国际学生在国际分校学习。迪拜国际分校的注册人数达到 37,000 人，其中国际学术城（DIAC）和迪拜知识园（DKP）共招收来自 150 多个国家的 27,000 多名学生。哈伊马角经济区（RAKEZ）招收 1,600 多名学生。[②] 阿联酋是世界主要高等教育目的地中入境国际学生流动率最高的国家，国际学生约 80,000 人（阿联酋居民占 60%）。[③] 在阿联酋，国际分校不仅降低了青年失业率、解决了当地高等教育资源匮乏以及满足了私营部门的劳动力需求等问题，而且其较强的国际性也加快了该国建设区域高等教育枢纽的步伐。

一、阿联酋跨国高等教育发展的动因

从解释人口迁移原因的推拉理论模型看，创办跨国高等教育、国际分校的动力主要源于母国的推力（排斥力）与东道国的拉力（吸引力）以及一些相互关联的人口、政治、经济、社会和学术等中间因素共同作用的结果。

（一）东道国的吸引力——海湾合作委员会（海合会，GCC）的顶层设计

1981 年海湾合作委员会成立，其成员国希冀通过发展高等教育来促进科学进步，并将其作为满足劳动力需求和经济发展战略的一部分。随后，2001

---

① JASON E，LANE. Global expansion of international branch campuses：Managerial and leadership challenges [J]. New Directions for Higher Education，2011，2011（155）：5－17.

② SUGHNANI N. Access，Internationalisation，Economic Growth and Skills：The Impacts of TNE in Dubai [M] // Importing Transnational Education，2021：175－189.

③ UNESCO Institute for Statistics. Outbound internationally mobile students by host region [EB/OL].（2019－12－11）[2020－05－02]. http://data. uis. unesco. org/Index. aspx? queryid=172.

年12月31日海合会最高理事会第二十二届会议通过的海合会成员国经济协定规定："成员国应合作开发公共项目与课程、发展高等和技术教育，以确保高水平的科学内容""成员国应采取适当的政策和措施确保高等教育和科学技术研究成果与劳动力市场和经济发展需要相协调"。[①] 基于此，海合会成员国开始采取各种措施发展高等教育。如，建立大学、构建多样化的高等教育体系、与其他高等教育机构合作、引进跨国高等教育项目等。在过去二十年里，成员国的跨国高等教育项目在数量、范围和多样性上迅速发展。海湾国家高等教育最显著的特点是把美国高等教育视为重要的标准模式。当前，阿联酋和卡塔尔已发展成中东地区的高等教育中心，拥有来自美国、英国和法国的400多所大学的本科和研究生课程。

（二）国际分校母国的推力——西方高等教育机构拓展海外市场

随着区域高等教育服务贸易政策的开放，以及全球化时代教育国际化进程的加快，学生、教育工作者和机构的跨境流动日渐增多。加之教育的商品化和教育机构利润增长的驱动力、政府推行教育市场化改革、减少教育经费投入等因素，西方大学开始寻求跨越国界的"新市场"。尽管开设国际分校面临诸多风险，但这无法阻挡优质高等教育机构向外开拓市场的脚步。当前，全球共有487个国际分校，其中85%由西方国家的高等教育机构输出，其主要输出国有法国（122个）、美国（105个）、英国（73个）、澳大利亚（19个）、俄罗斯（19个）和瑞士（18个）。[②]

（三）人口、政治、经济、社会和学术因素共同作用

1. 阿联酋独特的人口结构

阿联酋的文化多样性和经济驱动力以及高比例的外籍人士引发了对国际分校的需求。当前，侨民占阿联酋总人口的88.5%，其中印度人约占35%，

① The Cooperation Council for the Arab States of the Gulf（GCC）Secretariat General. The Economic Agreement Between the Gulf Cooperation Council States（The Economic Agreement），2001 [EB/OL].（2001—12—31）[2021—01—08]. https://www.wipo.int/edocs/lexdocs/treaties/en/gcc2/trt_gcc2.pdf.

② Research Group "TRANSEDU". Global Geographies of Offshore Campuses [EB/OL].（2020—08—01）[2021—01—08]. http://ibc-spaces.org/wp-content/uploads/2020/08/Global_Geographies_of_Offshore_Campuses-11MB.pdf.

巴基斯坦人约占10%。由于阿联酋不允许外籍人士获得其公民身份，导致他们无法进入公立大学接受免费教育，这为海外分校的发展提供了天然土壤。为了避免未来教育无法衔接以及出国留学的安全、经济等问题，外籍人士子女在选择大学时表现出对其祖国（护照国）的归属感，他们期望能够获得与母国相同质量的高等教育。如，一个美国公民更倾向于选择来自美国的国际分校，印度人倾向于选择来自印度的国际分校。① 此外，国际分校也为那些出国旅游能力较差的女性提供了一个在“外国”大学学习的机会。

2. 政治、经济、社会和学术等因素的共同作用

政治方面，“9·11事件”之后，越来越多的海合会（GCC）成员国的学生决定留在本国接受西方国家的优质课程，这导致该地区高等教育的需求量激增，同时阿联酋越来越意识到让学生了解世界文化、掌握解决国家安全和外交政策问题等技能的重要性；经济方面，亟须培养国际化人才，促进国内经济发展并提升国际竞争力；社会文化方面，需要培养学生面对不同宗教、社会、伦理和教育背景的跨文化交际能力；学术方面，越来越重视培养学生广博的基础知识及可迁移的技能、批判性思维等博雅教育。这些中间因素成为推动阿联酋国际分校发展的重要内因。

二、阿联酋跨国高等教育的发展历程

跨国高等教育在中东地区有着悠久的历史，19世纪美国教会建立了大量具有高等教育性质的教会学校，推动了该地区高等教育的发展。20世纪90年代，在石油经济的推动下，海湾各国尤其是海合会成员国开始引入国际分校弥补公立高等教育的不足，其中阿联酋与卡塔尔最为典型，两国日渐发展成为中东地区的高等教育中心。阿联酋是首个授权设立私立高等教育机构的海合会成员国。

1992年，阿联酋建立了高等教育与科学研究部，负责制定全国高等教育

---

① NUZHAT S. Globalization of education in UAE：The local legislative education policies for international branch campuses and its tensions given the political，religious，and cultural differences [J]. Journal of Education，2021，201 (3)：236—247.

和科学研究的总体规划等事宜，其成立标志着阿联酋高等教育进入有序发展阶段。当前，阿联酋形成了由联邦高等教育机构、酋长国政府大学和私立大学构成的多类型高等教育体系，其中联邦高等教育机构包括阿联酋大学（UAEU）、高等技术学院（HCT）和扎耶德大学（Zayed University）等3所联邦政府大学，这3所大学在其他酋长国设有分校。私立大学包括阿联酋本土私立大学和国际分校。国际分校指在阿联酋设立并提供国际资格的外国院校的分校，通常设在自由贸易区（自由区）。联邦教育部负责阿联酋高等教育的监管和许可，而自由区内的院校则由各酋长国的监管机构颁发许可和监管，如迪拜和哈伊马角两个酋长国均有独立的教育监管机构。

1977年，迪拜建立了大型航运自由区杰贝阿里（Jabel Ali），自由贸易区开始逐渐被作为经济增长及扩张的催化剂。2001年，迪拜互联网城和迪拜媒体城成立，自由区的概念逐渐扩展到技术和媒体行业。自由区的设立不仅吸引了外国投资，而且其创造的就业机会吸引了大量外籍人士涌入迪拜，这些变化导致高等教育需求日益增加。为了满足外籍人士的高等教育需求，2003年，迪拜以建立迪拜知识村（DKV）（现称迪拜知识园，DKP）的形式打开了高等教育的大门。自由区法律免除了机构所需要的联邦许可和认证要求，办学机构可以使用其母国的认证建立校园。法律还允许机构“拥有100%的所有权，并允许公司将其资金和利润汇回国内，免除100%进口和出口税；50年无需缴纳公司税”等优惠政策，这与联邦法律规定当地投资者拥有51%的所有权形成了鲜明对比。迪拜知识园还为机构提供了完善的基础设施，从而消除了机构所需要的前期投入。这些特点使迪拜知识园逐渐成为外国高等教育机构的首选地，第一年便吸引了来自印度、英国、澳大利亚和美国等8所院校设立分校。[①]

2007年，迪拜致力于高等教育的第二个自由区——迪拜国际学术城（DIAC）建立，为入驻的国际分校提供了租赁土地自建设施的额外机会。随后，跨国高等教育扩展到其他自由区，包括迪拜国际金融中心（DIFC）、迪拜保健城（DHCC）和迪拜硅绿洲（DSO）。自由区内的高等教育机构增加了外籍

① SUGHNANI N. Access, Internationalisation, Economic Growth and Skills: The Impacts of TNE in Dubai [M] // Importing Transnational Education, 2021: 175-189.

人士和阿联酋公民接受高等教育的机会，同时也满足了迪拜经济多元化发展的人才需求。当前，在迪拜自由区注册的高等教育机构有33所，在校生超过3万人。跨国高等教育的快速增长逐渐改变了迪拜的高等教育发展战略，即从增加高等教育入学机会和留住人才向建立国际高等教育中心转变，发挥优质高等教育资源的集聚和辐射效应，重点吸引来自中东、亚洲和非洲的国际学生。

三、阿联酋跨国高等教育发展的特点

（一）政府主导：发展教育与推动经济转型

跨国高等教育发展的推动力主要来自国际、国家和高校组织三个层面。其中，国家层面的政策是影响跨国高等教育发展及国际学生增长的最大因素，如美国现行的签证规定和外交政策使部分学生放弃前往；英国脱欧也对来自欧洲大陆的国际学生生源造成一定的影响。阿联酋跨国高等教育的发展主要来自国家层面的战略推进，如2010年阿联酋政府颁布了“愿景2021国家议程”(UAE Vision 2021 National Agenda)。教育是阿联酋“后石油时代”的重要规划之一，其将“建立一流的教育体系”“培养世界最优秀的学生”作为重要目标。政府通过建立国际伙伴关系与资助国际学校，促进了跨国高等教育的迅速扩张。当前，阿联酋准备在跨国高等教育市场与中国、新加坡和沙特阿拉伯等国家展开竞争，吸引和留住更多的国际学生。如，迪拜知识与人力发展局与旅游部门大力合作，打造“在迪拜学习”品牌，聚焦中国、俄罗斯和非洲等留学市场。2017年，阿联酋教育部推出《2030年国家高等教育战略》，旨在建立和完善科学和职业教育的最高标准，建设一流教育系统，服务于阿联酋未来几代人，以满足知识、经济、创业和劳动力市场的整体发展需求。

鉴于较高的留学成本，2016年，阿联酋实施了一项慷慨的签证政策，即允许外国学生为指定雇主兼职。2019年，阿联酋实施了一项新的长期居留签证制度——黄金签证（10年居留签证）。新制度惠及投资者、企业家、各类人才、博士学位持有者，以及从各阿联酋大学毕业的优秀毕业生（GPA为3.8

以上)，他们可以在阿联酋生活、工作和学习，而不需要国家担保人，并且在阿联酋拥有 100%的企业所有权。[①] 2021 年 1 月，阿联酋内阁发布决议，允许外籍学生将他们的家人带到该国，并为他们提供担保，这些最新的居留和签证程序不仅展现了阿联酋宽容和开放的价值观，而且也将进一步巩固其作为首选教育和工作目的地的国际地位。此外，大学和政府机构也通过提供各种类型的奖学金吸引国际学生。

(二) 营造环境：安全、便捷的办学环境

阿联酋境内的国际分校通常以一种战略联盟的形式存在，即东道国为国际分校提供运营设施等，母校负责管理分校的设施安排、课程和学位授予。这种模式既减少了国际分校较高的前期资本投入，也在一定程度上保证了国际分校的教育质量。为了吸引国际分校，阿联酋政府在基础设施及运营方面投入了大量资金。阿联酋的公共融资主要来自政府投资机构，如迪拜国际学术城等自由区主要通过信息科技和通讯投资公司（TECOM investments）充当国际分校的“房东”，为这些机构提供广泛的服务，如基础设施、预建设施、签证事宜及与当地合作伙伴建立网络等。成立于 2010 年的纽约大学阿布扎比分校是中东地区较为成功的海外分校之一，尽管每年学费高达 6.5 万美元，但多数学生享有全额奖学金，雄厚的财政支持为海外分校的发展创设了良好的办学环境。

国际学生选择阿联酋作为留学目的地的三大因素是学习环境、成本问题和学校声誉。[②] 阿联酋在战略上把自己定位为一个安全、稳定、宽容、创新和国际化的国家，致力于向以知识为基础的可持续经济转型，优先考虑居民、游客和公民的健康与福祉。安全、高水平的生活和多元文化是吸引国际学生就读阿联酋国际分校的重要因素。其次，稳定的政治环境以及快速发展的经济、充分的就业机会也成为吸引留学生驻足的重要因素。此外，机构声誉

---

① BALASUBRAMANIAN S, AJAYAN S, PARIS C M. Examining the link between country-specific pull factors and international student mobility in the United Arab Emirates [J]. Anatolia, 2021, 32 (2): 321-324.

② AHMAD S Z, et al. An investigation of the factors determining student destination choice for higher education in the United Arab Emirates [J]. Studies in Higher Education, 2015, 42 (7): 1324-1343.

（教育质量、大学声誉和学位认可度）成为影响留学生选择的第三大因素。为保证高等教育质量，阿联酋鼓励国际分校参加美国工程技术认证委员会（ABET）、国际精英商学院协会（AACSB）、欧洲质量改进体系（EQUIS）等国际认证体系的认证。这些认证既增加了学位的可信度，又有助于学生在更广泛的地区就业。

在政治上，阿联酋为来自伊拉克、埃及、叙利亚等地区动荡国家的学生提供了一个“避风港”，加之可负担的学习费用、宽松的学生签证制度、相对繁荣的就业市场以及灵活的工作签证，阿联酋越来越成为这些地区国际学生热衷的留学目的地。

（三）市场调节：建立自由区发展跨国高等教育

阿联酋在自由贸易区（自由区）通过提供财政奖励、减免税收和关税来吸引外国投资和商业。同时依靠市场力量调节跨国高等教育发展，在自由区实行高度开放和市场化运作，政府不干预学校的具体办学行为。阿联酋设立了涵盖“通讯、运输、医疗、教育和金融”等多个领域的 40 多个自由区，其中 9 个自由区内设有国际分校。迪拜酋长国专设了以教育为主题的国际学术城（DIAC）和迪拜知识园（DKP）两个自由区。迪拜采取基于市场的方式，欢迎符合质量标准的机构入驻，金融风险通常由大学和/或其商业伙伴承担。迪拜知识园（2003 年）位于靠近迪拜金融区的中心位置，旨在为邻近的自由区媒体城和互联网城提供培训和人力资源。迪拜国际学术城（2007 年）位于迪拜东南边缘，位置较偏远，为国际分校建设独立完整的校园提供了大量空间。

在阿联酋，一些国际分校以特定外籍学生为招生目标。如，阿联酋拥有来自印度（5 个）和巴基斯坦的国际分校（1 个），这反映出印度（占阿联酋总人口 35%）和巴基斯坦（占阿联酋总人口 10%）两国公民在阿联酋总人口中占有较大比例。① 国际分校的专业设置也在一定程度上反映了私营劳动力市场需求。根据知识与人力发展局的数据，阿联酋拥有世界排名前十的商学院

① MACKIE C. International Branch Campuses Part Two：China and the United Arab Emirates [EB/OL]. (2019－06－30) [2021－01－10]. https://wenr.wes.org/2019/06/international-branch-campuses-part-two-china-and-the-united-arab-emirates.

（伦敦商学院和欧洲工商管理学院），商科是国际学生最喜爱的专业，主修商科的学生占全部在校生的一半以上；其次为工程、信息技术、媒体与设计、建筑与施工等专业。

在自由区，各高等教育机构采取了统一的方法进行招生宣传，如大多数招生网站发布了教育质量、机构声誉、学生经验和支持、毕业生的职业准备和前景、校园设施、学习环境和资源、校园所有权和机构实力、学科专业领域等信息。与此同时，这些机构也根据市场化需求，实施一系列不同的定位和差异化战略吸引国际学生。

（四）法制护航：甄审模式（validation model）

第三方认证机构、联邦教育部和酋长国教育机构通过机构许可证、项目认证、审查和检查等举措维护跨国高等教育的质量标准。

阿联酋对跨国高等教育的监管倾向于甄审模式，即以最小的干预保证国际分校提供与母校相同质量的认证课程。东道国坚持政府主导，设立专门机构对国际分校进行监督管理；内容上坚持“一致性”原则，确保母校与分校在质量监管和认证、专业设置标准、学习和研究支持等方面保持一致。[①] 当前，阿联酋主要跨国高等教育质量保障机构如下（见表 3-3）。

表 3-3　阿联酋主要跨国高等教育质量保障机构

机构	职能
学术评审委员会（Commission for Academic Accreditation，CAA）	负责机构许可和专业认证的联邦机构。任何不在自由区的大学都必须获得学术评审委员会的许可和认证

① 秦冠英，刘芳静. 海湾地区跨境高等教育发展状况及对中国教育“走出去”的启示［J］. 中国高教研究，2019（8）：39－46.

续表

机构	职能
大学质量保障国际委员会（University Quality Assurance International Board，UQAIB ）	该委员会是知识与人力发展局（KHDA）设立的外部质量保障机构（EQAA），向知识与人力发展局提供学术授权建议与项目登记。确保满足国际和酋长国双标准。大学质量保障国际委员会是国际高等教育质量保障组织（INQAAHE）的正式成员，并遵守其行为准则，同时遵守经合组织和联合国教科文组织有关跨国高等教育的质量条款。专门负责自由区内高等教育机构的质量审查
国际高等教育质量保障组织（International Network for Quality Assurance Agencies in Higher Education，INQAAHE）	高等教育质量保障领域内最具影响力的国际组织

学术评审委员会（CAA）是管理和监督阿联酋私立大学的认证委员会。除自由区外的私立大学必须接受学术评审委员会的认证，其认证标准是改良版的美国标准。在阿联酋，就读于未经学术评审委员会认证院校的毕业生将无法在公共部门任职。

在迪拜，成立于2007年的知识与人力发展局是监管跨国高等教育质量的重要机构，其主要负责私立高等教育的许可、发展和建立等监管工作，该机构促进了迪拜国际分校的良性增长。此外，其他酋长国也有自己的监管机构，如阿布扎比教育委员会（ADEC）、哈伊马角教育区（REZ）和沙迦教育区（SEZ）分别负责各自酋长国内国际分校的监管工作。由知识与人力发展局建立的大学质量保障国际委员会（UQAIB）确保国际分校的质量符合国际标准。在迪拜自由区内的所有高等教育机构都应接受大学质量保障国际委员会的监管，并确保分校提供的课程与母校相同。监管机构对引进国际分校、监管与评估国际分校以及招聘国际分校师资等方面有详细规定。如，在迪拜的任何国际分校实施母校政策之前，知识与人力发展局需要对该政策做一个全面的立法和背景评估。拟在迪拜办学的私立高等教育机构必须经过大学质量保障国际委员会（UQAIB）的批准，确保政策、实践和资源都与母校一致，以便为学生提供可持续的学习环境和条件。如果这些私立机构不符合大学质量保障国际委员会的评估标准，则需要在“调整期”后重新评估。

当前，迪拜是第一个公布国际分校质量评级的跨国高等教育中心。知识与人力发展局的高等教育分类系统对国际分校的教学、科研项目、就业能力、科研成果和国际化进行了评分，并将综合成绩评定为1星至5星，其中5星代表最高质量。2019—2020年，在17所被评估机构中，有6所获得了五星（4所来自英国的国际分校和2所来自印度的国际分校）。该分类系统参照QS星级大学评定方法，这种“强大且透明的评估方法”既有助于国际分校突出优势，也将为学生、家庭和雇主带来直接收益。迪拜实施严格的准入标准及对所有的申请进行审查，不仅提高了迪拜作为国际高等教育中心的声誉，而且使迪拜能够吸引质量更好、排名更高的高等教育机构。

（五）学生本位：再留学

阿联酋国际分校的生源依赖于“内部市场”，即在阿联酋工作和定居的外籍人士子女。为了满足阿联酋公民和外籍人士的教育需求，阿联酋国际分校为学生提供超值服务，即为学生拓展国际学习的途径，学生可以选择到国际分校的母校或姐妹学校学习，学校之间互认学分，学生可以无障碍继续学业。

如，在迪拜、孟买、新加坡和悉尼设有校区的SP Jain全球管理学院（SP Jain School of Global Management）围绕这类“留学”模式设计了整个课程。在本科学习的四年里，学生可以选择第一年在迪拜学习、第二年在新加坡，最后两年在悉尼。因为在澳大利亚有一项“学习后工作权（Post Study Work Rights）”的规定，留学生毕业后可以选择继续在澳大利亚停留两年。这种“留学”模式一般只要支付与阿联酋校区相同的学费，不会增加学生的经济负担。独特而灵活的在不同文化背景下的“沉浸式”学习，不仅拓宽了学习不同课程的途径，而且为学生的国际职业前景建立了网络。学生有机会学习不同国家的文化、商业惯例、经济和政治模式，这将培养具有全球智慧的学生

(Globally intelligent students)。[①]

同样，在迪拜罗切斯特理工学院（RIT Dubai），学生可以利用“留学”模式进入纽约州的主校区。学生可以体验美国的大学教育体系，他们可以选择继续学习国际分校的专业，也可以辅修主校区的机电一体化和生物工程学等优势专业，或者选择其他替代学习路径。由于学分互认，所以学生可以将所有相关学分转入接收专业。

四、阿联酋跨国高等教育发展面临的挑战

从史密斯公共政策执行模型看，政策本身、政策执行主体、执行对象和执行环境是影响跨国教育政策执行效果的四个主要因素。阿联酋执行跨国教育政策主要为弥补国内高等教育资源不足的问题，执行对象主要是阿联酋国内的外籍人士，执行环境是在高度自由的自由区内，但作为政策执行主体——国际分校和阿联酋联邦及各酋长国政府在政策执行方面存在偏差。事实上，国际分校无法完全将母校的办学理念、教学方法、教育影响等整体移植到其他国家，国际分校面临资源管理、文化及社会环境适应、质量监管、财务和声誉风险等挑战。在阿联酋的政治、宗教和文化背景下，国际分校的学术自由仍然面临着紧张局势。

（一）地方与联邦学术控制的紧张关系

当前，阿联酋高等教育被泾渭分明地划分为提供“学术评审委员会认证课程”的机构和“外国机构认证及知识与人力发展局认证课程”的机构。一般而言，阿联酋国民通常希望获得学术评审委员会认可的学位，而外籍人士则希望获得国际认可的学位。根据阿联酋立法，就读于联邦大学的毕业生可以不受限制地在阿联酋就业，包括在工资水平高、工作时间短的政府部门工作。由于联邦高等教育机构只招收阿联酋籍学生，因此为了跨越就业门槛，非阿联酋籍学生可以选择进入学术评审委员会认证的机构，但是有些著名大

① MASUDI F. Branch campuses in UAE offer students avenues for international study [EB/OL]. (2020－11－08) [2021－01－10]. https://gulfnews.com/uae/education/branch-campuses-in-uae-offer-students-avenues-for-international-study-1.75148453.

学的国际分校仅获得迪拜知识与人力发展局的认证，如在阿联酋教育市场上具有重要地位的英国伯明翰大学、澳大利亚科廷大学的国际分校。这意味着就读于未经学术评审委员会认证院校的毕业生只能在除联邦机构之外的地方工作。联邦政府对教育的学术控制使得那些计划长期留在阿联酋的毕业生很难在政府部门就业。与联邦机构毕业生相比，其他工作场所的“酋长国化”（即近年来阿联酋政府从法律层面规定阿联酋国民比非国民在聘用方面享有优先权）也一定程度减少了私立机构毕业生的就业机会。

（二）学术自由与阿联酋政治管制的冲突

阿联酋的政治体制属于共和贵族制，不允许成立其他政党。有学者认为建立国际分校可以加强母国与东道国之间的政治联系，同时也可以为东道国的经济和政治改革做贡献。但是，由于文化和性别的某些敏感话题，与阿联酋学生进行政治对话是具有挑战性的，如与国家政治观点相矛盾的言论，以及恐怖主义或性教育相关的话题，这些都可能成为被驱逐的理由。[①] 世界政治时事不宜在课堂上公开讨论，教师在公开谈论现有法律或社会政治价值观时必须非常谨慎。国际分校引入的教学内容可能在课堂上引起争议并造成紧张，影响师生的课堂互动与课堂效果。

（三）学术自由与阿联酋宗教管制的冲突

阿联酋的教育体系深受伊斯兰教的价值观和认识论影响。在教育方面，不遵守伊斯兰教的规则和价值观是违反法律的。相反，西方教育框架受到自由主义和世俗认识论的影响，在意识形态和对知识的态度方面不同于伊斯兰教育体系。因此，国际分校面临各国宗教差异带来的紧张关系。诸如进化论之类的话题可能会导致学生之间的紧张关系。此外，一夫多妻、吸毒和酗酒、猪肉、伊斯兰教法与世俗法等话题必须谨慎处理。这些文化和宗教敏感话题可能给课堂带来紧张气氛，因为阿联酋或穆斯林学生认为这与他们的宗教、文化信仰相矛盾，是一种冒犯。进言之，国际分校不是简单地将教育从一个国家移植到另一个国家，而是需要在海湾合作委员会语境下，同当地文化和宗教信仰进行协商。鉴于国际分校的课程和资料全部从母国引进，因此阿联

---

① DIALLO I. Emirati students encounter Western teachers: tensions and identity resistance [J]. Learning & Teaching in Higher Education Gulf Perspectives, 2014, 11 (2): 4—18.

酋非常重视授课之前的审查环节。这导致国际分校在调整课程内容、评估和教学方法等方面承受着一定的压力。由于国家的宗教规则和信仰，教师只有有限的学术自由，不能讨论与当地信仰相矛盾的问题，否则，他们可能被解雇。

（四）学术自由与阿联酋文化管制的冲突

阿联酋是一个以阿拉伯文化为导向的国家，在融合和鼓励包括西方在内的世界其他文化的同时，也面临着保护本土文化的挑战。阿联酋重视对国际分校的监管，根据阿拉伯联合酋长国决议第 19 条规定（Article 19 of the UAE resolution states），迪拜知识与人力发展局必须根据本国的国情来规范管理教育系统。他们可以随时检查课程材料、书籍或任何资源，以验证其是否符合决议。学术机构必须提交有关其学术、行政和财务状况的年度报告。该局可以对违反相关规定的学术机构采取行动。① 国际分校处于文化传播和文化引进的边缘，在借鉴母国的各项政策时，需要考虑可能出现的各种文化敏感议题。学术人员需要在课程内容和交付方面解决跨文化问题。在英语使用方面，尽管阿联酋的大部分公民及外籍人士子女具备阿拉伯语和英语双语学习技能，但一些家长和学校仍旧抵制国际分校、抵制同质化和西化，他们认为国际分校以及使用英语作为教学媒介语将对阿联酋的宗教和文化身份造成威胁，最终影响传统信仰。在阿联酋，国际分校很难在适应当地需求及教学媒介语的限制下，实施母校的教学质量管理。此外，在阿联酋文化语境下，教师实施国际分校的母校教学法也面临挑战，当地教师可能会对掩盖了当地文化信仰的西方案例研究方法感到不适应。也有学者认为，这种推行西式教育以及强迫学生以西方方式思维，是一种思想上的殖民。② 同样，对于从海外引进的外籍教师，由于缺乏关于阿拉伯社会的文化价值观、文化敏感性方面的培训，导致无法高效地完成教学任务。总体而言，“一致性”原则为海外分

① Knowledge and Human Development Authority.（2014）. Issuing the implementing bylaws for executive council resolution no.（21）of 2011 concerning higher education institutions in the free zones in the emirate of Dubai [EB/OL].（2014－11－08）[2021－01－10]. https://www.khda.gov.ae/CMS/WebParts/TextEditor/Documents/Bylaws%20for%20Executive%20Council%20Resolution%20no.%20(21).pdf.

② TIKLY L. Education and the new imperialism [J]. Comparative Education，2004，(40)：173－198.

校的发展提供了质量保障，但在阿联酋的社会文化环境下，过分强调海外分校与母校的一致性，则导致一部分国际分校难以适应，从而被迫退出阿联酋跨国高等教育市场。

当前，尽管国际分校原有的学术自由与阿联酋的政治、宗教和文化面临着紧张冲突，但阿联酋的国际分校数量依旧稳步增长。为了解决文化敏感性带来的挑战，阿联酋拟将其纳入课程或校园实践中，鼓励开展更多的国际学生交流项目和跨文化学习体验。此外，在阿联酋运营的国际分校也面临普遍缺乏创业孵化和创业文化方面的全球实践等挑战，这导致国际学生的创业参与度低于其他发展中国家。阿联酋政府呼吁国际分校与当地政府和私营部门合作，在校园内营造创业文化氛围。在学科专业方面，阿联酋国际分校正在从传统的学科专业领域转向大数据、人工智能、机器人技术、工程管理、社交媒体、金融科技、区块链等新兴学科领域。

第三节　跨国高等教育国际人才治理的经验

2020 年 6 月，《教育部等八部门关于加快和扩大新时代教育对外开放的意见》出台，明确提出打造海南国际教育创新岛、粤港澳大湾区国际教育示范区、雄安新区教育开放新标杆等一批教育对外开放新高地。加快和扩大教育对外开放，离不开国际人才的支持。国际人才管理成为跨国高等教育机构维持机构质量的关键手段。当前，“找不到”“引不来”“用不好”仍是我国大学国际人才工作所面临的现实问题。这些问题不仅反映了我国大学国际人才治理手段的低效，而且也暴露了大学国际人才治理体系的缺位。探讨其他国家跨国高等教育机构的国际人才治理经验，有助于提升我国中外合作办学的质量。

一、跨国高等教育与国际分校

跨国高等教育一般指高等教育中的人员、项目、机构、课程、研究和服务等跨越国家或区域管辖边界的流动。联合国教科文组织认为跨境高等教育是指：“在各种类型的高等教育学习项目或学习课程及教育服务（包括远程教育）中，学习者所在国家或地区与为他们提供教育、颁发证书或学位的国家不是一个国家或地区。”一般包括海外分校、特许经营或合作经营、衔接或双学位/联合学位、远程/虚拟教育、出国学习等五种形式。[①] 跨境教育通常有助于迅速扩大输入国的高等教育体系，增加高技能人力资本存量。20 世纪 90 年代以来，国际分校迅速发展，成为国际高等教育领域最引人注目的项目之一。截至 2020 年底，全球共有 263 家此类实体。国际分校是指：至少部分由某一特定的外国高等教育机构拥有的实体，该机构对分校的总体战略和质量保证负有一定的责任。分校以外国机构的名义运作，并提供以外国机构的名义编写的人才培养方案和学位。分支机构有图书馆、开放式计算机实验室和餐饮设施等基础设施。总的来说，分支机构的学生有与本土学生相似的学生体验。在国外设立分校需要大量的投资，而且是一项有风险的努力，面临着复杂和具有挑战性的环境。尽管这些校园在国外运营，但它们仍然与各自的母校有紧密的联系。因此，国际分校需要平衡不同利益相关者（母国和东道国监管机构、政府、学术院长、教职员工、学生和当地社区）经常相互冲突的要求。它们面临着诸多管理挑战，如怎样将学术质量提升到与母校一致的水平，以及如何适应和纳入东道国的质量保证框架。管理具有不同背景、文化、教学和学习风格的教职员和学生群体、留住人才、管理课程（教学内容、教学方法和评估），满足本地和全球机构的要求以及增加分校的价值。

---

① KNIGHT J. Education Hubs: International, Regional and Local Dimensions of Scale and Scope [J]. Comparative Education, 2013, 49 (3): 374-387.

二、国际分校国际人才的来源与工作动机

（一）国际分校国际人才的主要来源

国际分校聘用的学术人员主要有三种：从母校借调的人员、国际征聘的人员和当地征聘的人员。实际上，只有少数来自美国和英国的卓越大学采用从母校借调人员。如，2013 年耶鲁大学在其新加坡分校设有 21 个客座教授职位。[①] 然而，借调员工到国际分校区工作的情况相对较少，因为许多在母校的教授不希望移居国外，同时母校的学生和员工抗议分校区剥夺母校的资源。由于分校区的人员配置模式过于昂贵，耶鲁大学不得不在 2015 年关闭纽约大学蒂势艺术学院（Tisch School of the Arts）新加坡校区。[②] 在国际分校集中的地区，合格和有经验的教师非常短缺。此外，管理者和学生对"在母校所在国具有教育和工作经验，或者精通所在国的语言"的外籍教师"情有独钟"。例如，在阿拉伯联合酋长国（阿联酋），许多英国机构更喜欢招聘那些在英国高校取得博士学位并在英国有教学经验的来自埃及、黎巴嫩和约旦的教师。

为了降低办学成本，大部分国际分校招聘当地教师和兼职教师的比例较高。这些教师承担教授英语或者每周临时教授几个小时专业课程的教学任务。在阿拉伯海湾国家，大部分国际分校的教师队伍由外籍教师组成。例如，2016 年，迪拜卧龙岗大学的 410 名工作人员来自 53 个不同国家。[③] 在我国和马来西亚的跨国高等教育机构中，招聘当地教师的比例高于阿拉伯海湾地区。位于马来西亚教育城的马来西亚雷丁大学（University of Reading Malaysia）的外籍教师占比约 40%，马来西亚纽卡斯尔医科大学（Newcastle University

---

① KAMENETZ A. Should top U. S. colleges expand overseas? Newsweek [EB/OL].（2013—07—29）[2019—03—20]. http://www.newsweek.com/should-top-us-colleges-expand-overseas-62847.

② WILKINS S. Establishing international branch campuses：A framework for assessing opportunities and risks [J]. Journal of Higher Education Policy and Management，2016，38（2）：167—182.

③ University of Wollongong in Dubai.（2017）. Facts and figures：UOWD facts at a glance [EB/OL].（2017—07—20）[2019—03—20]. http://www.uowdubai.ac.ae/about-uowd/facts-and-figures.

Medicine Malaysia）的外籍教师占比约 85%。[①] 我国宁波诺丁汉大学外籍教师比例约为 75%。尽管存在差异，但国际分校聘用外籍教师的比例始终高于母校。因此，在外籍教师管理方面，国际分校面临着更多挑战。

（二）国际人才选择国际分校的动机和期待

在高等教育机构中，选择到国际分校工作的外籍教师大致可以分为四种类型：第一，探险家（the explorer），打算探索新国家和不同文化；第二，难民（the refugee），希望摆脱不利的情况，例如低薪的工作或不良的人际关系；第三，雇佣军（the mercenary），他们受到更高水平的薪水和经济利益的激励；第四，建筑师（the architect），认为国际工作经验将促进自身的职业发展。[②] 也有学者认为这些外籍教师可能同时受到一系列推拉因素的影响。如，个人可能希望通过获得更高的薪水、职业发展、冒险和新的文化经历来改善自己的整体生活环境，同时避免本国日益恶化的工作条件（定期合同和更大的工作量、恶劣的气候条件等）。[③] 对于高等教育机构的人力资源管理部门，了解求职者的工作动机非常重要，有研究已经发现这些动机与工作调整、工作绩效和工作满意度之间存在相关性。例如有探索者动机的人可以更轻松地适应新的工作环境并获得更高的工作满意度。[④] 相比之下，被归类为“难民”的人的工作绩效和工作满意度通常较低。[⑤] 也有研究表明：外籍人员调整适应主要包括工作调整适应、与他人互动的调整适应以及对新国家的调整适应等三个方面。

---

① WAN C. D., WEERASEN B. EduCity, Johor: A promising project with multiple challenges to overcome [EB/OL]. (2018－07－20) [2019－03－20]. https://www.amazon.com/EduCity-Johor-Promising-Multiple-Challenges/dp/9814818291.

② RICHARDSON J, MCKENNA S. Leaving and experiencing: Why academics expatriate and how they experience expatriation [J]. Career Development International, 2002, 7 (2): 67－78.

③ LI C, HALL C. Motivations, Expectations, and Experiences of Expatriate Academic Staff on an International Branch Campus in China [J]. Journal of Studies in International Education, 2015, 20 (3): 207－222.

④ SELMER J, LAURING J. Cognitive and affective reasons to expatriate and work adjustment of expatriate academics [J]. International Journal of Cross Cultural Management, 2013, 13 (2): 175－191.

⑤ TREMBATH J L. The professional lives of expatriate academics: Construct clarity and implications for expatriate management in higher education [J]. Journal of Global Mobility, 2016, 4 (2): 112－130.

（三）国际分校人才管理的现状

本文通过对霍特国际商学院（迪拜校区）、诺丁汉大学（马来西亚校区）以及宁波诺丁汉大学、东北财经大学萨里国际学院的比较分析，总结目前国际分校人才管理的现状。

表 3-4　国际分校及外籍教师比例情况表

国际分校	成立时间	东道国	来源国	母校	教师人数
霍特国际商学院（迪拜校区）	2008	阿联酋	英国	霍特国际商学院	27
诺丁汉大学（马来西亚校区）	2000	马来西亚	英国	诺丁汉大学	281
宁波诺丁汉大学	2004	中国	英国	诺丁汉大学	占总人数的 75%
东北财经大学萨里国际学院	2007	中国	英国	萨里大学	37 人，占总人数的 75%

迪拜校区是霍特国际商学院全球六个校区之一，其他校区分别位于波士顿、伦敦、纽约、旧金山和上海。各机构已发展到成熟阶段，各校区的人力资源战略目标完全一致。学术人员被视为霍特国际商学院品牌和声誉的基本要素，也是质量和认证的关键因素。学术人员人才管理是校园战略的核心，它符合霍特国际商学院的全球战略，其被认为是学校品牌和校园整体质量的关键驱动因素，仅次于教职员工的教学和研究贡献。在学术人员招聘方面，迪拜校区通过专业平台及个人推荐来吸引其他机构的人才，其目标是将该分校打造成最受欢迎的教学和研究校园。

在迪拜校区，校方主要通过绩效和业绩管理兼职教师。表现不佳的教师，将面临被解雇的风险。

表 3-5　霍特国际商学院（迪拜校区）外籍教师管理现状①

教学语言	英语
招募方式	社交平台和母校推荐。作为一所备受瞩目的商学院，它提供的薪水通常高于其他国际分校 对于特定主题领域（例如金融、衍生品、合并和收购）的招聘具有挑战性
学术人员类型	已在东道国生活的本地招聘的全职和兼职外籍人士 根据需要借调外派人员教授指定课程
合同条款和条件	1—2 年的本地合同 以课程为基础的短期项目 跨校区的套餐
发展	提供教学培训、掌握创新的教学方法 研究激励、支持和资助
绩效管理	工作业绩评价（学生和院长对课程和学术人员的评估） 研究成果
激励政策	有利于职业发展的活动 在其他霍尔特校区进行教学和研究的机会 研究奖励和资助

表 3-6　宁波诺丁汉大学外籍教师管理现状

1. 贵机构外籍教师占全体教师的比重？贵机构通过哪些渠道吸引和招聘优秀外籍教师？	占全体教师总数的 75%，主要通过学校网站，一些人力资源方面的专业招聘渠道。
2. 招聘和管理外籍教师是贵机构的重点工作吗？在贵机构是如何体现其重要性的？	是的。毕竟外籍教师是教学主体，首先工资待遇上有竞争力，其次为外籍教师提供住房、子女教育等补贴，还通过各类培训和相关福利吸引外籍教师。

---

① NERI S，WILKINS S. Talent management in transnational higher education：strategies for managing academic staff at international branch campuses [J]. Journal of Higher Education Policy and Management，2019，41 (1)：52—69.

续表

3. 贵机构为外籍教师提供了哪些入职和在职培训？这些培训的优势是什么？如何改进？此外，贵机构在培养外籍教师团队方面有哪些做法？	首先，教学类设施使用，学校规章制度的培训，以及中国文化培训、简单中文培训等。优势：大家一起平等沟通，信息共享，顺畅交流。随着培训以及工作的开展不断深入交流沟通。培养外籍教师，提供教学科研平台，协助参与或主持各级科研项目等。
4. 在生活和工作中，外籍教师遇到的最突出问题有哪些？	语言文化以及对于环境的适应性。如一些外籍教师不适应中国的气候环境。还有一些外籍教师面临思乡的困扰。
5. 在改进外籍教师管理方面，您有哪些建议？	如果可能的话，减免部分税费，成立教学科研联盟，以及举办各类活动，丰富员工工作学习生活。

（注：以上信息根据对宁波诺丁汉大学外籍教师管理部门的访谈整理而成）

在早期发展阶段，诺丁汉大学马来西亚分校在吸引和招聘教师方面，严重依赖从母校借调的教师，分校只能提供最低限度的培训以支持文化和环境的适应。随着校园的稳定发展，分校在吸引和招聘学术人员方面面临的挑战越来越少，现在需要进一步为越来越多的本地招聘员工提供均衡的教学和研究机会。分校不仅要遵循马来西亚关于学术人员人才管理的指导方针，而且其工资和晋升等问题也受当地合作伙伴政策的制约。

表 3-7　诺丁汉大学马来西亚校区①

教学语言	英语
招募方式	马来西亚和英国的各机构网站 通过当地和国际媒体渠道发布广告，本地招聘
学术人员类型	越来越多地在当地招聘全职学者 根据需要从母校借调学者

① NERI S，WILKINS S. Talent management in transnational higher education：strategies for managing academic staff at international branch campuses［J］. Journal of Higher Education Policy and Management，2019，41（1）：52—69.

续表

教学语言	英语
合同条款和条件	当地合同 招聘当地学者的条件包括 3—6 个月的试用期 借调学者的条件包括两年签证，不包括试用期
发展	丰富教学经验 增强跨文化意识和理解力 英语语言培训
绩效管理	根据工作业绩评价（教学和研究） 借调学者在整个合同期内都有可能被解雇，而当地签约学者只有在特殊情况下（超过试用期）才能被解雇
激励政策	母校品牌优势 均衡的教学和研究机会 研究经费

上述案例表明，国际分校招聘活动得到了专业和社交平台的支持，校园及其品牌以最低成本或零成本吸引潜在员工。

三、国际分校外籍教师的管理挑战

国际分校管理者认为其聘用的人才一般属于探险家、难民、雇佣兵和建筑师的混合体。因为国际分校各自的特点不同，其能够为国际人才提供的条件、福利以及吸引力也有诸多差异。如，阿联酋的机构能够提供相对较高的免税福利，更有可能吸引雇佣兵，而较贫穷国家的校园工资较低，更有可能吸引探险家或有利他主义动机的学者，例如一些希望为国家的人力资源和经济发展做出贡献的人。

（一）国际分校的师资以外籍教师为主

如今，大多数西方大学都拥有多元文化的教职员工，但总的来说，在国际分校，外派人员的比例甚至更高。在我们的调查中，位于阿联酋的所有机构都报告只雇用了外籍教职员工，因为阿联酋国民对追求学术生涯没有兴趣。

这些机构需要在全球招聘教师。阿联酋的一家机构提到，由于总薪酬和福利待遇大大优于英国提供的待遇，因此吸引外国人很容易，但很难吸引到与英国校园相同的工作人员。阿联酋的另一所机构表示，阿联酋或其他酋长国的外籍教学人员不足，他们不具备与国际学生团体进行以学生为中心的学习经验。该机构目前开展一个推荐计划，即现有教师可以通过引进新教师获得奖励。

在宁波诺丁汉大学，外籍教师的比例达到75%左右。此外，很多国际分校试图聘用国际分校母国的教学人员，因为这有助于增强该机构的身份。如，在英国分校的学生可能会期望教师中的英国人占一定比例，或者具有在英国学习或教学经验的其他国家的教师。马来西亚的一个机构提到，马来西亚政府建议国际分校中30%的学术人员应从母校聘用。但事实上，这家来自英国的国际分校中约60%的教师是马来西亚国民。也有一些发展中国家的国际分校提供较低的薪酬待遇，如加纳和越南，这导致学校无法招聘到合适的外籍教师。

很多国际分校依赖外籍教学人员。由于“飞行教学”成本较高，很多机构不采用这种短期密集的授课模式。尽管很多国际分校认为，大量的外籍教师可以将国际视野带入课堂，但是不可否认的是，他们也必须具有足够的本地经验，才能根据当地情况发表见解和权威。

（二）管理者需要应对外籍教师的各种不适应

由于大部分国际分校需要自筹资金，为了节约办学成本，国际分校会给教师分配更多的教学任务。分校班级规模较小，也一定程度上加重了教师的工作量。与分校区的本地招聘教师相比，外籍教师往往更擅长提供与母校课程相同或非常相似的课程。因此，外籍教师可能会带给学生一种在东道国不同和独特的学习体验。但由于语言、学习方法等方面的差异，分校教师需要不断调整自己的教学方法以及对学生进行更长时间的课后辅导。

除了工作差异的适应，在适应新国家方面，外籍教师面临着找不到合适的住处、子女入学困难、感到孤独或失去大家庭的支持，不能说东道国语言以及签证、熟悉法律等问题。也有教师对分校的管理产生不满，如分校对科研的态度以及缺乏学术自由等。

表 3-8 影响国际分校员工满意度和工作绩效的主要问题

调整问题	具体内容
适应工作差异	员工们经常对从事研究的机会和机构支持感到失望；教师对学生以前的学习经历和能力往往抱有不合适的期望；教师往往难以有效地实施以学生为中心的学习；一些员工发现很难满足分校和母校管理部门相互矛盾的需求和期望。
适应与他人互动	在工作中，有些教师不热衷或不愿意在课外与学生交流；在社交方面，许多人感到孤立，想念家里的大家庭和朋友。
适应新的国家	一些员工发现很难找到合适和负担得起的住处；一些员工发现很难为孩子们找到合适且负担得起的学校；如果员工不会说东道国的语言（国际大都市除外），他们更难适应新环境；在一些国家，签证和法律问题较为常见。

四、加强国际人才治理的主要策略

当前，“国际人才战”日益激烈，很多国家设立国际人才专门机构招揽国际人才。如，新加坡的“联系新加坡”、印度的“海外印度人事务部”等。与此同时，宽松的移民政策、较高的薪酬待遇以及税收优惠等各种政策工具也被运用到人才战的争夺中。在国际人才治理中，除了搭建吸引人才的各种平台和营造政策环境，其更需要建设有利于国际人才生活和工作的软环境，加快他们的文化适应。目前，关于外派人员的研究大多关注外派人员的选择、文化适应、跨文化培训和回国人员流失率。但在跨国高等教育机构中，外籍教师的满意度、工作绩效以及对机构学术质量、形象和声誉的影响更突出。面对国际分校的教学任务，外籍教师既要考虑当地雇主和监管机构的要求，也要考虑当地学生的学习特点。

大部分国际分校会设计一个系统的入职培训计划，让新员工了解机构的目标、价值观和政策。一些机构还举办了关于当地文化和习俗等问题的定制讲习班，但大部分国际分校未提供有关东道国语言方面的培训。有些国际分校还会将培训分为职前、在职等环节。表 3-9 是一些具体的支持和管理国际分校外籍教师的行动，这些举措有助于教师适应新环境和新工作，并改善个人和组织绩效。

表 3-9　国际分校支持外籍教师的一般行为[①]

主题	具体行动
入职前的准备	确认外籍教师的工作动机，以便为其提供帮助； 发布清晰、准确、定义明确的雇佣合同，这样每个人都能理解自己的权利和责任以及他们的工作条件，比如期望的教学工作量； 新员工更早地来到这个国家，这样他们就可以在开始工作之前适应新环境。
提供有效的引导	实施同伴导师/伙伴系统支持新教师适应环境； 为一些具体事务提供支持，例如获得签证/工作许可证，获得医疗保健/保险，寻找合适的住宿，获得驾驶执照、办理银行账户。
管理个人的期望	实施正式的职业规划流程，为现实的职业发展建立目标和策略； 将每个新员工视为一个独立的个体，并确定每个人的具体需求，特别是帮助解决“安置”问题； 实施支持性的绩效评估过程，该过程涉及设定和审查个人目标，但同时也要明确机构将为个人提供的支持。
提供持续的支持	管理人员应平易近人并给予支持，应听取个人的建议和问题，并在必要时进行跟进； 鼓励和支持教师进行研究，提供搜集资料和调研的机会； 为教师提供持续的个人发展机会，例如提供参加教学培训和会议的经费； 鼓励员工与母校进行互动（包括访问），以改善工作绩效并增强员工对机构的忠诚度； 运行定期的社交活动计划，以增强团队合作精神并避免个人感到孤立或孤独的感觉； 鼓励教师与学生之间的互动，例如通过旅行、探访和运动队。

① NERI S，WILKINS S. Talent management in transnational higher education：strategies for managing academic staff at international branch campuses [J]. Journal of Higher Education Policy and Management，2019，41（1）：52—69.

第四章　印度和越南高等教育国际化态势研究

第一节　印度高等教育国际化态势研究

随着印度综合国力的持续增长和高等教育国际化进程的加速推进，印度高等教育国际化发展取得长足进步。21 世纪以来，印度政府积极占据在高等教育国际交流与合作中的主导地位，主动开拓海外市场进行跨国办学，采取有力举措加大吸引海外留学生，并采取多种政策吸引留学生及海外精英回国，在引进国外优质教育资源的同时以积极主动的姿态走出去，扩大本国教育在国际教育体系中的话语权和影响力。随着印度经济的不断发展和中产阶级的逐步扩大，越来越多的青年学生选择国外的优质教育资源。当前，受印度学生青睐的主要留学目的国依然是美国、加拿大、澳大利亚和英国等西方发达国家，但由于受美国移民政策的不确定性以及英国脱欧等因素的影响，新西兰、爱尔兰、德国、中国、法国、阿联酋和俄罗斯等国家正在成为印度学生新的留学目的地。同时，印度也在积极招收国际学生，截至 2018 年 9 月，共有来自 164 个不同国家的 47,427 名外国学生报读印度的各类高等教育机构。[①]梳理剖析印度高等教育国际化的主要政策与目标、路径及其挑战，不仅可以为我国高等教育国际化的推进提供一定的经验借鉴，而且可以为“一带一路”倡议下进一步扩大中印高等教育交流合作提供参考。

---

① Government of India Ministry of Human Resource Development Department of Higher Education. All India Survey on Higher Education（AISHE） 2018－2019 [EB/OL].（2019－08－10）[2020－02－15]. https://mhrd.gov.in/statistics-new? shs_term_node_tid_depth=384.

一、印度高等教育国际化的主要政策

高等教育国际化是印度政府长期一贯的方针政策和发展策略。2002 年，印度政府在《第十个五年计划（2002—2007 年）》中提出将进一步加强教育领域与联合国教科文组织的合作与交流，参与教育交换计划，鼓励印度教育出口等，开启了加快推进高等教育国际化的步伐。同年，印度政府成立海外教育促进委员会（COPIEA），旨在负责印度教育的海外拓展以及外国教育机构在印度办学的监管工作。2012 年，印度政府出台《高等教育第十二个五年规划（2012—2017 年）》，制定了国际化推进的详细条款。如，为海外学生设立更多专项奖学金，吸引并留住国际和本土人才；建立“印度国际教育中心”等。[①] 虽然这一时期印度政府积极制定高等教育国际化发展战略，但由于受到政府官僚主义以及立法进程缓慢等因素的影响，其收效甚微。

2014 年以来，为了将印度打造成全球高等教育中心，纳伦德拉·莫迪（Narendra Modi）政府制定了一系列政策与规划加快高等教育国际化进程，逐渐将高等教育国际化提升到增强区域性经济地位和提高政治地位的国家战略的高度。印度的高等教育国际化意识和策略愈加明确。

（一）卓越大学计划（2017）

2017 年，印度人力资源发展部提出实施“卓越大学计划（2017）”（Institution of Eminence scheme），推动在科学、技术、工程及数学教育领域表现突出的 20 所优秀高等教育机构跻身世界著名大学前 100 名。2020 年，印度有 11 所大学进入泰晤士高等教育新兴经济体大学排行榜全球前 100 名。此外，印度政府也积极吸引世界名校“落户”印度。2010 年，印度内阁通过的《外国教育机构法案》对外国教育机构的准入、运营及监管等方面做出了明确规定，但由于联合进步联盟（UPA）政府的五年任期届满，该法案最终在

---

① International Mapping of National Tertiary Education Internationalization Strategies and Plans (NTEISPs) CIHE Perspectives [EB/OL]. (2019—05—01) [2020—03—18]. https://www.researchgate.net/publication/336613866_International_Mapping_of_National_Tertiary_Education_Internationalization_Strategies_and_Plans_NTEISPs_CIHE_Perspectives.

2014 年失效。当前，印度拟再次从法律上规范外国高校在印度的办学行为。继世界上最大的医疗保险计划（Ayushman Bharat）之后，莫迪政府下一个雄心勃勃的议程是让印度成为全球领先的高等教育中心之一，并提出建立一个国家研究基金会，用来资助、协调和促进科学研究，同时提供 40 亿卢比提升印度高等教育机构的国际排名。①

（二）印度留学计划

2018 年 4 月，印度政府提出“印度留学计划”（the Study in India Plan，SII），宣布将自己重新定位为主要留学目的地，以期通过吸引国际学生，为印度课堂带来多样性，最终增强印度软实力。该计划由隶属于人力资源发展部（MHRD）的印度教育顾问有限公司（EdCIL）负责执行，旨在吸引来自 30 个主要邻国和非洲国家（如尼泊尔、越南、哈萨克斯坦、沙特阿拉伯、尼日利亚、泰国、马来西亚、埃及、科威特、伊朗、斯里兰卡、孟加拉国、不丹和卢旺达等）的留学生；根据学业成绩，为学生提供全额或部分奖学金以及优先签证（最长可达 5 年）。如，为来自非洲的国际学生提供 1.5 万个奖学金指标；资助东盟国家优秀毕业生到印度 23 所理工学院攻读博士学位；等等。②印度政府计划到 2023 年吸引 20 万名国际学生。为了保障教育质量，国际学生主要入读“国家评估与鉴定委员会”认定的排名前 100 位的高等学校。③

（三）院士领导力计划

近年来，纳伦德拉·莫迪（Narendra Modi）政府主要通过“全球学术网络倡议”（the Global Initiative for Academic Networks，GIAN）、“促进学术与研究合作计划”（Scheme for Promotion of Academic and Research Collaboration）等举措打造外国学者人才库、提升高等学校人力资源国际竞争力。2019 年，印度人力资源发展部（MHRD）推出为期三周的旗舰领导力发展培

---

① Making India the global hub of higher education [EB/OL].（2019—07—25）[2020—03—18]. https://www.thestatesman.com › Opinion.

② 谭佳. 印度留学计划吸引国际学生 [N]. 中国教育报，2019—11—22（6 版）.

③ International Mapping of National Tertiary Education Internationalization Strategies and Plans (NTEISPs) CIHE Perspectives [EB/OL].（2019—05—01）[2020—03—18]. https://www.researchgate.net/publication/336613866_International_Mapping_of_National_Tertiary_Education_Internationalization_Strategies_and_Plans_NTEISPs_CIHE_Perspectives.

训项目——“院士领导力计划”（Leadership for Academicians Programme，LEAP），即人力资源发展部与甄选的外国大学合作，为印度公立高等教育机构的二级学术人员提供学术和行政领导力方面的国际培训，包括解决问题、处理压力、团队建设工作、冲突管理、发展沟通技能、理解和应对高等教育机构治理的复杂性及挑战及财务和综合管理，等等。①

（四）《国家教育政策草案（2019）》

2019年，印度人力资源发展部发布《国家教育政策草案（2019）》（the Draft National Education Policy，DNEP），强调建构一种独特的、系统的印度高等教育国际化路径。具体包括：通过“印度留学计划”拉动国际学生的内向流动；改善住宿条件、为国际学生融入社区提供帮助；为来自发展中国家的留学生提供专项研究奖学金；简化签证、外国人登记流程及留学生实习政策；提供专项经费支持印度大学为国际学生“量身定做”印度语言、艺术、历史、阿育吠陀、瑜伽等课程；鼓励结对、国际研究伙伴关系和更多相互承认学位的谅解备忘录；支持印度高等教育机构将远程开放学习（Open Distance Learning，ODL）及线上线下混合课程覆盖到其他国家，以满足国内外的教育需求；鼓励印度大学的本科生和研究生参加国际学期课程、短期实习、培训或项目工作，获得“全球沉浸式”体验；鼓励符合资格标准的印度公立和私立大学在发展中国家开设分校；允许世界排名前200位的卓越大学在印度开设分校；等等。② 尽管《国家教育政策草案（2019）》还处于讨论阶段，但其重要性不可低估。一些核心议题已经进入执行阶段。如“印度留学计划”已进入第二年，该项目的重点是将印度作为国际学生的首选留学目的地，进而提高该国的软实力。再如“高级研究合作访问学者项目”（Visiting Advanced Joint Research Faculty Scheme，VAJRA），该项目为海外科学家、教师和研发专业人员（包括海外印度人）提供兼职或访问学者身份，以便他们能够在印度政府重点资助的教学和研究机构进行高质量的合作研究，具体涉

① University Grants Commission，ANNUAL REPORT 2018－2019［EB/OL］.（2019－11－30）［2020－03－23］. https://www.ugc.ac.in/page/Annual－Report.aspx.

② 印度人力资源发展部编写.《国家教育政策草案（2019）》（the Draft National Education Policy，DNEP）2019：249－253［EB/OL］.（2019－11－30）［2020－03－23］. https://mhrd.gov.in/nep-new.

及能源、水、健康、安全、营养、材料和制造等领域。[①] 2018 年，印度艾哈迈德巴德管理学院与阿联酋的 BRS Ventures 签署了一项谅解备忘录，推动印度机构在海外办学。同时，也有报道称印度政府计划建设一个独立的“教育城”，吸引外国机构在印创办分校。

二、印度高等教育国际化的主要路径

印度高等教育国际化的路径主要包括促进国际学生流动、加强与国际组织和国外大学合作、开展远程与在线教育、举办短期交流项目促进跨文化交流，以及创办海外校园等。其中，促进国际学生流动是最显著、最重要的途径。

（一）促进国际学生流动

在外向型流动方面，印度出国留学人数不断增加，成为仅次于中国的第二大留学生输出国。印度学生普遍认为：在官方语言为英语的国家学习，不仅可以提高跨文化沟通能力、建立社交联系，而且可以优化专业知识结构、提升就业能力、改善生活质量。据预测，2024 年，将有 40 万印度学生前往国外留学。印度学生外向型流动的主要目的地是美国、英国、澳大利亚和德国。美国仍然是最受欢迎的目的地，2016 年共有 112,714 名印度学生在美国学习，约占美国国际学生总人数的 13.1%。[②] 此外，澳大利亚、加拿大和新西兰等国因为移民前景广阔逐渐成为印度学生的热门选择。总体而言，印度学生的出国留学目的地更加多元化。在专业方面，75%的印度研究生倾向选择“科学、技术、工程和数学（STEM）”等领域。近年来，选择攻读海洋工程、地球物理学、游戏设计与开发等非常规课程和人工智能等专业课程的学生逐渐增多。

在内向型流动方面，印度拥有来自全球 164 个国家的 47,427 名国际学

① Visiting Advanced Joint Research Faculty Scheme（VAJRA）[EB/OL].（2017－08－31）[2020－03－18]. https://indiabioscience.org/grants/visiting-advanced-joint-research-faculty-scheme-vajra.

② KUMAR N. Book review：Vidya Rajiv Yeravdekar and Gauri Tiwari，Internationalization of Higher Education in India [J]. Sociological Bulletin，2018，67（3）：376－378.

生。其中，文化亲和力、较低的留学成本、相对母国较好的教育基础设施以及英语作为教学媒介语等因素使印度逐渐成为南亚区域合作联盟（SAARC）的高等教育中心。2018—2019 学年，在印度学习的国际学生主要来自尼泊尔、阿富汗、孟加拉国、苏丹、不丹、尼日利亚、美国、也门、斯里兰卡、伊朗等国家（见表 4-1）。国际学生中本科生约占 73.4%，研究生约占 16.2%，非学历生约占 10.4%。其中，埃塞俄比亚和也门的留学生选择攻读博士学位最多，分别有 295 人和 149 人。从各州分布来看，国际学生主要集中在卡纳塔克邦（10,023 人）、马哈拉施特拉邦（5,003 人）、旁遮普邦（4,533 人）、北方邦（4,514 人）、泰米尔纳德邦（4,101 人）、哈里亚纳邦（2,872 人）、德里（2,141 人）、古吉拉特邦（2,068 人）和特伦甘纳邦（2,020 人）。[①] 为进一步提升竞争力，印度高等教育机构开始为国际学生"量身打造课程"。如，新德里的贾米亚·哈姆达德大学（Jamia Hamdard University）在 BBA 和 MBA 课程中为阿富汗学生开设了"特殊管理课程"。

表 4-1　2018—2019 年印度国际学生十大来源国

国际学生来源国	人数	占比（%）
尼泊尔	12,748	26.88
阿富汗	4,648	9.8
孟加拉国	2,077	4.38
苏丹	1,907	4.02
不丹	1,812	3.82
尼日利亚	1,613	3.4
美国	1,518	3.2
也门	1,518	3.2
斯里兰卡	1,252	2.64

① Government of India Ministry of Human Resource Development Department of Higher Education. All India Survey on Higher Education(AISHE)2018—2019[EB/OL].(2019—08—10)[2020—02—15]. https://mhrd.gov.in/statistics-new? shs_term_node_tid_depth=384.

续表

国际学生来源国	人数	占比（%）
伊朗	1,129	2.38

［该表根据 All India Survey on Higher Education（AISHE）2018—2019 的统计数据整理而成］

（二）加强与国际组织及国外大学合作

据印度人力资源部官网统计，印度已经与55个国家和地区签署了教育交流项目（EEPs）、谅解备忘录（MOUs）及联合声明（Joint Statements）。具体涵盖人员与机构的交流；举办各种研讨会；信息及出版物的共享；学历学位互认、互授；等等。2016年，印度部分高校与我国的北京外国语大学、清华大学、暨南大学、兰州大学等12所高校签署了谅解备忘录。此外，印度还与联合国教科文组织、英联邦学习共同体（COL）、金砖国家（BRICS）、南盟（SAARC）、印度—巴西—南非（IBSA）、东亚峰会（EAS）、东南亚国家联盟（ASEAN）、印度洋沿岸区域合作协会（IOR-ARC）、经济合作与发展组织（OECD）、欧盟（EU）等国际组织和多边机构开展教育合作活动。当前，在印度的外部援助项目主要有技术教育质量改进计划（TEQIP）、曼谷亚洲技术学院（AIT）、科伦坡计划技术教育规划学院（马尼拉）（CPSC）、沙斯特里印度加拿大研究所（SICI）、美国印度教育基金会（USEFI）及英联邦学习共同体（COL）。

大学拨款委员会（UGC）代表印度政府执行印度与外国机构之间的各种学术合作方案。该委员会与美国、英国、以色列、挪威和新西兰、德国等国开展联合研究计划，并通过匈牙利奖学金、拉曼奖学金（美国博士后研究）等形式资助印度学者学习和研究。当前共有600个外国机构与印度高等教育机构开展各种类型的合作。这些合作不仅有助于提升高等教育质量、提高高等教育入学率、拓展印度师生的对外交流，而且帮助学生节省了大量旅费、住宿费和生活费。其中比较典型的案例包括：与康奈尔大学合作的联合学位（Joint degree with Cornell）、与德国合作的联合项目（Joint Program with

Germany）及与英国合作的结对项目（Twinning Programs）。[①]

1. 与康奈尔大学合作的联合学位（Joint degree with Cornell）

美国康奈尔大学的农业和生命科学学院与印度的泰米尔纳德邦农业大学（TNAU）合作，该项目提供食品科学和植物育种学位。学生分别在康奈尔大学和泰米尔纳德邦农业大学学习一年，两校教师共同监督指导学生的课业。毕业生可以获得康奈尔大学的 MPS（master of professional studies）学位和泰米尔纳德邦农业大学（TNAU）的技术硕士学位（master's of technology degree）。

2. 与德国合作的联合项目（Joint Program with Germany）

印度西部的马尼帕尔大学（Manipal University）和德国不来梅应用科学大学（HB）开展联合项目。印度学生在马尼帕尔大学学习三个学期，在德国学习一个学期（课程学习和实习）。截至 2018 年，这个聚焦于师生交流的联合项目已经持续了十年。

3. 与英国合作的结对项目（Twinning Programs）

自 2009 年以来，孟买的圣泽维尔学院与英国巴斯大学开始开展结对项目。攻读理学硕士（MSc）学位的印度学生可以在圣泽维尔（St. Xavier）和巴斯大学分别进行 14 周的学习，然后在印度一家生物技术公司进行 20 周的实习。毕业生可以同时获得巴斯理学硕士学位和圣泽维尔的文凭。尽管以上合作取得了一些成绩，但由于印度政府担心过于活跃的外国教育机构会对本国高等教育机构造成威胁，因此，总体合作范围有限，进展较为缓慢。

（三）开展远程与在线教育

当前，印度不断通过远程教育网络进行海外教育拓展，其中英迪拉·甘地国立开放大学已经在非洲、中亚及波斯湾等地区的 38 个国家开设了近 300 个学习中心，提供面向印度侨民的海外课程。[②] 2016 年，印度版 MOOC——“有抱负青年主动学习知识的学习网站”（Study Web of Active-Learning for

① ENDOWING INDIAN HIGHER EDUCATION IN COLLABORATION WITH FOREIGN UNIVERSITIES [EB/OL].（2018－12－08）［2020－02－13］. http://erenet.org/publications/profile47.pdf#page=15.

② 刘婷. 印度高等教育国际化历史、现状及特点［J］. 世界教育信息，2016（18）：57－61.

Young Aspiring Minds，SWAYAM）”上线，该平台由印度人力资源发展部（MHRD）和全印度技术发展委员会（AICTE）共同开发，印度远程教育委员会对其进行监管。这为印度高等教育机构向其他国家提供教育服务搭建了平台。为了进一步增加访问量，SWAYAM PRABHA 项目通过 GSAT-15 卫星提供 32 个直接入户（DTH）优质教育节目频道。每个频道每天提供 4 小时的本科和研究生课程，循环播放。[①] 2019 年 1—5 月，各大学在 SWAYAM 平台上共开设了 58 门课程。截至 2019 年 3 月，已有 92 所大学接受该平台课程的学分转移。[②]

（四）举办短期交流项目促进跨文化交流

短期交流项目旨在促进跨文化接触，鼓励国际学生和印度学生在不同校园的流动。为了加强与海外印度人子女后代的联系及促进国际学生流动，2012 年，海外印度人事务部（MOIA）发起了“学习印度项目”（Study India Programme，SIP），该项目面向 18—26 岁的印度裔青年，每期大约 4 周。印度政府为入选者提供在印度高校学习进修的基本费用，包括食宿、课程签证费及部分往返旅费。印度共生国际文化中心也举办针对国际学生的“学习印度项目”，该项目是一个密集的、量身定制的三周学习计划，将学术与各种文化活动结合起来，包括管理、经济、法律、设计、工程、信息技术、传媒、人文、健康、沟通技能和文科等专业的短期课程，旨在让国际学生了解印度文化的多样性、复杂性及学习专业知识。如，以印度的城市和村庄、工作场所和礼拜场所为课堂，国际学生可以徜徉在印度的历史与文化中，与同行、当地人、学术和行业专家进行交流。[③] 此外，印度共生国际文化中心还通过组织国际学生参加多元的跨文化和体育活动推动国际化。

为了提高印度高等教育机构的教学与科研能力，印度各类高等教育机构积极吸引具有国际经验的“海外印度教授”。2011—2016 年，印度理工学院

---

① Kriti Dagar. Internationalisation of Indian Higher Education：A one-way traffic? [EB/OL]. (2017—11—14) [2020—03—13]. http://www.obhe.ac.uk/documents/view_details? id=1075.

② University Grants Commission，ANNUAL REPORT 2018—2019 [EB/OL]. (2019—11—30) [2020—03—23]. https://www.ugc.ac.in/page/Annual-Report.aspx.

③ Study India Programme [EB/OL]. (2015—03—24) [2020—03—13]. https://scie.ac.in/study-india-program.

(马德拉斯理工学院，IIT Madras和孟买理工学院，IIT Bombay)、阿姆利塔大学（Amrita University)、萨斯特拉大学（SASTRA University)、SRM大学（S. R. M University）和马尼帕尔大学（Manipal University）等高校分别从美国、英国、加拿大、德国、澳大利亚及其他欧洲国家聘请了168名、96名、198名、40名、36名和11名“海外印度教授”。[①] 为了进一步增加学术资源、改进质量、提升科学技术能力，2015年印度政府启动了“全球学术网络倡议（GIAN）”，主要吸引国际科学家和企业家，并鼓励高等教育机构之间的合作。作为该计划的一部分，来自世界一流机构的学者、企业家、科学家等应邀到印度高等教育机构进行短期教学。

（五）创办海外分校

据海外印度人事务部统计，截至2018年12月，海外印度人超过3,100万，分布于全球200多个国家和地区。[②] 莫迪政府非常重视海外印度人的作用，并通过开办海外分校加强印度与海外侨民的联系。印度已在阿联酋迪拜、新加坡、马来西亚、澳大利亚、毛里求斯、尼泊尔等国家创办了10多所海外分校，是海外分校输出最多的发展中国家。这些海外分校不仅提升了印度高等教育的国际声誉及国际竞争力，而且在一定程度上解决了印度高校激烈的入学竞争和自主发展问题。当前，印度政府鼓励符合指定资格标准的公立和私立大学在发展中国家创办分校。同时，印度海外分校也面临提升教育质量和其他国际分校的激烈竞争。

三、印度高等教育国际化的挑战

（一）国际学生内外流动不平衡

印度人力资源发展部（MHRD）对往返印度的学生流动性研究表明：印度学生流动主要是外向的。据统计，每年前往海外的印度学生为30万左右，

① Kriti Dagar. Internationalisation of Indian Higher Education: A one-way traffic? [EB/OL]. (2017-11-14) [2020-03-13]. http://www.obhe.ac.uk/documents/view_details? id=1075.

② 海外印度人事务部编制. 海外印度人口（Population of Overseas Indians）[EB/OL]. (2018-12-10) [2020-03-13]. http://mea.gov.in/images/attach/NRIs-and-PIOs_1.pdf.

而流入印度的海外学生为 47,427 人（2018－2019 年）（见表 4-2），且国际学生只占印度高等教育总注册人数的 0.14%左右，与澳大利亚的 21.4%和英国的 19.5%相比，该比例微乎其微。① 不平衡的流动性导致了教育服务贸易进出口之间的巨大差距，大量的收入与人力资本一起流出了印度。同时，印度在吸引国际学生方面也面临来自中国、新加坡和马来西亚等亚洲国家的挑战。尽管印度理工学院（IIT）、印度管理学院（IIM）、印度塔塔社会科学研究院（TISS）、印度塔塔基础研究院（TIFR）和全印度医学研究院（AIIMS）在全球享有盛名，但这些机构的总注册人数不到印度学生总数的 1%。因此，为了减少印度学生的外向型流动，需要进一步提高二级和三级机构的教育质量并扩大高等教育机构的招生规模。

表 4-2 印度国际学生内外向流动情况表（2013－2018）②

时间	国际学生内向流动（人）	印度学生外向流动（人）
2013	34,419	190,636
2014	38,992	215,953
2015	41,993	257,004
2016	44,766	304,013
2017	46,703	332,033
2018	47,427	NA

（二）缺乏吸引高层次外籍师资的激励机制

师资短缺问题是印度高等教育国际化面临的一大挑战。据印度大学拨款委员会的统计，在所有获批准的教学职位中，印度高等教师机构的教授职位空缺 35%、副教授职位空缺 46%、助理教授职位空缺 26%。当前，印度正试图吸引更多外籍教师到印度高等教育机构任教。大学拨款委员会允许具有较好声誉的大学雇佣超过教师总人数 20%的外籍教师。但这项倡议面临着低薪、

① WADHWA R. Pathways to Internationalization in Indian Higher Education: Reflections on Policy Options [J]. The Future of Higher Education in India, 2019: 307－328.

② International student mobility in tertiary education, UNESCO Institute of Statistics [EB/OL]. (2019－01－08) [2020－02－13]. http://data.uis.unesco.org/.

政府繁琐的规章制度、官僚主义以及基础设施不完善等挑战，这导致公共机构聘用外籍教师步履维艰。如，根据薪酬委员会的最新建议，印度理工学院的助理教授起薪为 17,622 美元，全职教授的起薪为 38,165 美元左右，该数据表明印度高校教师的薪酬并不具有全球竞争力；而且印度公立高等教育机构缺乏聘用国际教师的经验，处理外籍教师的学术任命及颁发研究补助金的程序冗长繁琐。此外，外籍教师需要无条件接受外交部和内政部的政治和安全审查。① 总体而言，在聘用国际化师资方面，不仅涉及工资和津贴方面的自由资金，还涉及大学现有治理结构和政府规章制度的改革。如果继续“墨守成规”，印度将很难吸引到顶尖人才。

四、印度高等教育国际化对中印高等教育交流与合作的启示

随着“一带一路”倡议的推进，来华留学逐渐成为印度学生国际流动的新方向。在 2018 年“一带一路”国别合作度国家排名中，印度在 71 个国家中排名第 15 位，中印合作属于逐步拓展型。2018 年印度来华留学生有 23,198 人，位居亚洲第四。据《全印度高等教育调查（2018—2019）》报告统计，在 2018—2019 学年，中国赴印攻读博士学位的学生有 13 人，硕士 32 人，本科 60 人，研究生文凭（PG Diploma）1 人，共计 106 人。② 在合作办学方面，截至 2019 年 12 月，与印度高等教育机构合作的中外合作办学项目有 3 项。中国在印度设立了 4 所孔子学院和 3 所孔子课堂。③ 中印两国还通过互设国别研究中心增进理解与沟通。如，北京大学、复旦大学、云南省社科院、苏州大学、广东外语外贸大学、深圳大学、华中师范大学等机构设立了印度研究中心。同样，印度也设立了印度中国研究所、德里大学中国研究所

---

① Philip G. Altbach, Eldho Mathews. Why India Will Fail to Attract Global Faculty [EB/OL]. (2019—09—17) [2020—03—18]. https://ejournals. bc. edu/index. php/ihe/article/view/11657.

② 印度人力资源发展部. All India Survey on Higher Education (AISHE) 2018—2019: table 16, Country-wise & Level-wise Foreign Students (based on actual response) [EB/OL]. (2019—08—10) [2020—02—15]. https://mhrd. gov. in/statistics-new? shs_term_node_tid_depth=384.

③ 国家汉办. 关于孔子学院与孔子课堂 [EB/OL]. (2019—12—30) [2020—03—18]. http://www. hanban. org/confuciousinstitutes/node_10961. htm.

等中国研究中心。此外，中印两国还通过“中印教育与科技联盟”“中印大学校长论坛”加强双边高等教育交流合作。

总体而言，中印在交流合作平台、合作办学、文化交流、师资交流等方面有较大的拓展空间，但两国高等教育交流合作平台多以非政府、民间力量搭建，层次不高，缺乏政府层面的支持，国际学生流动不平衡，存在巨大差距。构建中印高等教育交流合作的共生机制，加强政府层面的支持将成为中印两国高等教育交流合作的新方向。

（一）构建中印高等教育交流与合作的共生机制

“共生”（Symbiosis）概念源于种群生态学。共生单元是形成共生体或者共生关系的基本物质条件。共生单元之间的不同利益分配方式将会形成不同类型的共生模式，如寄生、偏利共生、互惠共生等。其中互惠共生模式可以通过共生单元之间的分工与协作产生一种新能量以及双向的利益交流机制。[①]作为新兴经济体中的金砖大国，中印两国在世界高等教育舞台中占据举足轻重的地位。为了进一步加深中印高等教育交流与合作，中印两国需要建立一种最有效率、最稳定、具有最大共生能量的对称互惠共生模式，即以对称互惠为前提，创新外在环境，使中印高等教育共生关系由低级模式向高级模式进化，进而减少或消除中印高等教育共生关系的阻碍。

一是充分发挥已有国际合作平台的作用，打造多样化的交流载体，完善双边交流机制。如，以印中教育方面联合工作组会议为契机，继续深入开展中印高等教育合作研讨会、中印大学校长论坛、新加坡—中国—印度高等教育对话论坛及大学联盟等。二是落实《国家汉办与印度中等教育委员会谅解备忘录》，加深双方在汉语教学方面的合作，并以孔子学院和孔子课堂为平台，加强中印两国青年的文化交流。中印两国可以签署涵盖在线教学的相互承认学历、学位的备忘录，在MOOC等在线教学领域开展合作与交流。三是加强国际学生流动。以印度留学计划（SII）为载体，推进我国学生赴印度短期留学计划。同时，我国可以通过“一带一路”奖学金计划侧重吸引印度留学生，将其培养成中印友好关系及经贸合作的推动者。四是借鉴印度海外分

① 袁纯清．共生理论——兼论小型经济［M］．北京：经济科学出版社，1998：7－14.

校的创办经验，鼓励“双一流”大学在印度创办分校。这不仅可以提高我国高校的知名度和美誉度，而且将进一步加深中印两国的教育文化交流。

（二）构建高层次合作交流平台，加强政府层面的统筹协调

自 2013 年以来，印度对待“一带一路”倡议的态度模棱两可，并未发出明确的回应信号。在纷繁复杂的国际环境中，教育外交能够成为维护国家间关系的内在“压舱石”。① 加强中印在高等教育领域的交流与合作，有利于中印两国的“民心相通”。学历、学位互认互授是高等教育交流与合作的重要政策保障。当前，中印双方可以在 1983 年《亚洲和太平洋地区承认高等教育学历、文凭和学位的地区公约书的协议》的基础上，进一步签订《中印相互承认学位、学历和文凭的协议》等文件，谋求中印高等教育领域的深度交流与合作。以《推进共建“一带一路”教育行动》为指导，密切关注《国家教育政策草案（2019）》（the Draft National Education Policy，DNEP）中有关高等教育国际化的最新动态，构建高层次的统筹协调机制。在政府层面，建立“中印高等教育部长级会议”“中印高等教育国际化论坛”等交流机制；在民间，双方需要高频开展短期文化交流周、高等教育展等活动，加深彼此在文化、教育领域的认知。

第二节　越南高等教育国际化态势研究

在越南《2011－2020 年经济社会发展战略》中，教育占据着重要位置，该战略旨在促进人力资本发展，提高高等教育入学率及推进教育现代化，希冀高等教育系统能够服务于国家社会经济发展目标和全球经济一体化。为了提升高等教育竞争力，越南政府在改革高等教育体系的战略和议程中越来越强调国际化活动和倡议。截至 2015 年，越南共有 357 所公立大学和学院，88 所私立高等教育机构，在校生大约 212 万名。其中，82 所大学和学院开设了

① 周谷平．推进教育外交，促进民心相通［J］．教书育人（高教论坛），2018（9）：3.

282 个联合和结对项目，同时还有 34 所大学和学院通过引进高级课程项目的形式与国外大学开展合作，学生外向流动达到 15 万左右。[①] 此外，政府还开启了卓越大学计划，通过新建或升级现有高等教育机构，建设 4 所与国际教育及研究标准接轨的研究型大学。历经 20 多年的发展，越南高等教育国际化取得了一些成绩，但也面临着诸多问题。梳理剖析越南高等教育国际化的类型、现状及其挑战，不仅可以为我国高等教育国际化的推进提供一定的经验借鉴，而且也将为“一带一路”倡议下进一步扩大中越高等教育交流合作提供参考。

一、越南高等教育国际化的政策与目标

21 世纪初，为了加快进入世界贸易组织的步伐，越南政府按照贸易服务总协定（GATS）规则，逐渐在高等教育领域实施贸易自由化。2005 年颁布的《关于 2006—2020 年越南高等教育基本及全面改革》（简称“2005HERA”）（第 14/2005/NQCP 号文）提出 2006 年至 2020 年全面改革高等教育体制的战略。强调高等教育改革与越南的社会经济发展战略相适应，并满足国内高技能劳动力和国际经济一体化的需求。到 2020 年，越南高等教育能够实现诸如“具有一定的竞争力，达到地区标准、接近世界先进水平，建成若干所世界一流大学”等目标。为了实现上述目标，越南政府围绕高等教育国际化制定了一系列具体政策：首先，政府执行国际协定和承诺，制定国际一体化和提高高等教育竞争力战略；第二，开设以英语为教学媒介语的课程、吸引国际学生、学习世界高级课程、与国际高等教育机构达成学位等值协议，鼓励联合项目和师资交流，促进越南侨民回国，增加留学项目；第三，在跨境高等教育方面，政府致力于为国际投资者和世界一流大学在越南开设国际分校或与当地大学合作创造条件和机制。[②] 随后，越南政府制定的《2012 年教育发展战略

---

① Education in Vietnam [EB/OL].（2017—11—10）[2019—12—12]. https://wenr.wes.org/2017/11/education-in-vietnam.

② HOANG L, TRAN L T, PHAM H H. Vietnamese government policies and practices in internationalisation of higher education [J]. Internationalisation in Vietnamese higher education, 2018: 19—42.

（2011—2020年）》及2013年越南共产党关于《教育和培训基本及全面改革决议》都进一步强化了“2005HERA”中有关高等教育国际化方面的政策。这些政策旨在扩大和提高国际教育合作的有效性。一方面，政府继续增加重点大学和国家研究机构派遣教师出国留学的预算；另一方面，将科学技术列为优先领域，鼓励地方大学与国际机构合作，提高管理、培训、科研及技术转让等方面的能力。为了吸引国内外高层次杰出人才，政府将集中精力建立少量优质现代化大学和研究中心。此外，为了实施“2005HERA”，2013年越南政府制订了实现教育和职业培训国际一体化计划。该计划详细阐释了2014—2015年和2016—2020年两个时期越南高等教育国际化的具体目标（见表4-3）。

表4-3　2014—2015年和2016—2020年越南高等教育国际化目标①

国际化类型	2014—2015	2016—2020
学生流动 教师流动	选派3,000名大学讲师赴海外攻读硕士和博士学位	选派7,000名大学讲师赴海外攻读硕士和博士学位
	每年接受300名国际学生、300名国际讲师、研究员	每年接受500名国际学生、400名国际讲师、研究员
	3所卓越大学的学生能够继续在本地区和世界各国学习或工作	5所卓越大学的学生能够继续在本地区和世界各国学习或工作
机构层面	拥有50个国际认证机构认证的项目	拥有150个国际认证机构认证的项目
国家层面	拥有3所卓越大学	拥有5所卓越大学

与此同时，为了进一步履行《服务贸易总协定》中的相关承诺，越南政府于2012年颁布了《关于外国投资与教育合作法令（第73/2012/NĐ—CP号）》，该法令对外国直接投资、与越南机构的合资企业、国际分校和外国代表处等高等教育国际化合作形式做出了规定。

① HOANG L, TRAN L T, PHAM H H. Vietnamese government policies and practices in internationalisation of higher education [J]. Internationalisation in Vietnamese higher education, 2018: 19—42.

二、越南高等教育国际化的类型

一般而言，高等教育国际化是方式和方向分类的有机结合。依据国际化方向和方式划分维度，高等教育国际化类型包括外向国际化与内向国际化，两种类型均包括了人员流动、项目流动和机构流动等方式。① 当前，越南高等教育国际化主要体现为内向国际化，即人员流出越南、项目及机构流入越南等。具体包括以学生流动为代表的人员层面的流动；以高级课程项目、联合/结对项目和国际分校为主的机构层面的互动；以及以建立卓越大学为核心的政府层面的互动。

（一）人员流动（Student Mobility）

2000 年，越南教育与培训部启动了“关于用公款在国外高等教育机构培训公职人员计划”（322 项目），旨在将年轻的教职员工和政府官员派往发达国家攻读硕士和博士学位。截至 2011 年底，大约有 4,590 名优秀人才被派往国外学习。② 在越南，人力资本被视为一种外交、社会政治和经济商品，以增加国家发展的竞争优势。高技能的人力资本有助于越南在国际市场和政治上扩大其作为“友好”共产主义国家的形象。《2012 年教育发展战略（2011－2020 年）》将“出境流动”定位为一项“帮助越南国民在世界先进大学培养技能、知识和特质”的战略。2012 年，越南政府启动了“911 项目”（第 911/2010/QD 号决议），该项目旨在资助越南高等教育机构的教师攻读博士学位，即到 2020 年资助 10,000 名博士生出国留学，每位学生每年最高可获得 15,000 美元的资助。该项目总经费高达 14 万亿越南盾，其中 64%用于海外留学，14%用于“三明治”项目（部分课程涉及海外留学），20%用于国内学习，2%用

① 叶琳，王增涛. 中国高等教育国际化：一个类型框架与评价［J］. 比较教育研究，2018（05）：45－54.

② Tin mới. Đề án 322：ứng viên được bảo lưu kết quả du học［EB/OL］.（2012－03－10）［2019－12－10］. http://www. tinmoi. vn/de-an322-ung-vien-duoc-bao-luu-ket-qua-du-hoc-01942761. html.

于获取其他资源。[①] 在海外机构就读的越南博士生不仅可以申请国内中央和省级政府提供的奖学金，而且还可以获得国外奖学金项目的资助。如，富布赖特项目（美国）、越南教育基金会（美国 VEF）、澳大利亚奖励奖学金（AAS）、奋进项目（澳大利亚）、埃菲尔项目（法国）、欧盟伊拉斯谟项目以及世界银行和亚洲开发银行项目等。[②] 2013 年发布的"599 项目"是另一个重要的国家资助奖学金计划，旨在 2013—2020 年期间使用国家预算在国外高校培训管理干部（第 599/2013/QD 号决议）。

当前，越南是全球最具活力的留学生市场之一，仅在规模上落后于中国和印度等大型留学生输出国。据联合国教科文组织统计研究所（UIS）的统计，2017 年，越南学生外向流动达到 94,662 人，越南官方的统计则高达 13 万人（见表 4-4）。1999 年至 2017 年，越南海外学位学生数量激增 680%，从 8,169 人增至 63,703 人。相比之下，中国的出国学位流动性同期增长了 549%，而印度的出国学位学生数量仅增长了 360%。[③] 越南国家资助的出国奖学金项目仅能惠及一小部分人，绝大多数越南留学生仍然需要自费出国。越南教育部颁发的奖学金主要提供给前往俄罗斯的留学生，而自费留学生更喜欢选择西方发达国家。越南学生外向流动主要集中在美国、澳大利亚、日本、法国、英国、俄罗斯、中国大陆、中国台湾以及新加坡等国家和地区（见表 4-5）。

表 4-4　近年来越南学生流动情况（人）（流动率%）

类型	2011	2012	2013	2014	2015	2016	2017
内向流动	3,717	3,996	3,608	2,540	2,874	5,624	4,162

① NGUYEN H. Đổi mới giáo dục đại học ở Việt Nam-thực trạng và giải pháp (Tertiary education reform in Vietnam: Realities and solutions. Giáo dục và thời đại (Time and Education) [EB/OL]. (2013—05—25) [2019—12—10]. http://www.gdtd.vn/channel/3005/201202/Doi-moi-giao-duc-DHo-Viet-Nam-thuc-trang-va-giai-phap-1958475/on May 25, 2013.

② PHAM H. Vietnam: Struggling to Attract International Students: University World News, 18 December 2011, Issue 202 [M] //Understanding Higher Education Internationalization. Brill, 2017: 203—205.

③ [International student mobility in tertiary education, UNESCO Institute of Statistics [EB/OL]. (2017—11—08) [2019—12—13]. http://data.uis.unesco.org/.

续表

类型	2011	2012	2013	2014	2015	2016	2017
外向流动	52,396	54,081	55,979	59,468	68,045	82,668	94,662
外向流动率	2.4	2.4	2.49	2.21	2.76	3.58	NA

数据来源：整理自 International student mobility in tertiary education，UNESCO Institute of Statistics [EB/OL].（2018—07—02）[2020—03—03]. http://data.uis.unesco.org/.

表 4-5　近年来越南学生主要留学目的地分布①

国家	学生数量（人）
美国	2018 年各类学生 19,336 人
澳大利亚	2018 年各类学生 14,491 人
日本	2018 年各类学生 10,614 人
法国	2018 年各类学生 4,860 人
英国	2018 年各类学生 4,146 人
俄罗斯	2012 年各类学生 5,000 人
中国	中国大陆：2018 年各类学生 11,299 人
	中国台湾：2010 年各类学生 3,283 人

数据来源：①2018 年来华留学统计 [EB/OL].（2019—04—12）[2019—12—20]. http://www.moe.gov.cn/jyb_xwfb/gzdt_gzdt/s5987/201904/t20190412_377692.html.

②International student mobility in tertiary education，UNESCO Institute of Statistics [EB/OL].（2018—07—03）[2019—12—20]. http://data.uis.unesco.org/.

从内向流动来看，除了学习越南文化和语言的学生之外，越南并不是国际学生的主要留学目的国，选择赴越南留学的外国学位学生主要来自邻国老挝（2016 年 1,772 名学生）和柬埔寨（2016 年 318 名学生）讲越南语的少数民族。②

① HOANG L，TRAN L T，PHAM H H. Vietnamese government policies and practices in internationalisation of higher education [J]. Internationalisation in Vietnamese higher education，2018：19—42.

② HOANG L，TRAN L T，PHAM H H. Vietnamese government policies and practices in internationalisation of higher education [J]. Internationalisation in Vietnamese higher education，2018：19—42.

（二）机构层面

1. 高级课程项目（Advanced Program）

为了提升人力资源能力和劳动力的国际竞争力，2005 年越南政府颁布《关于 2006—2020 年越南高等教育基本及全面改革》（第 14/2005/NQCP 号文），为越南高等学校引进国外先进课程提供了政策保障。决议明确鼓励越南高等教育机构从世界排名前 200 位的著名大学引进课程，并以英语为教学媒介语。2006 年引入的高级课程项目是越南高等教育国际化议程的核心，旨在通过跨境课程合作伙伴关系，改革高等学校课程，并将教学质量提高到国际认可的水平。越南政府认为这种包含课程设计、教学方法和评估等内容的全方位引进，是一条确保教学质量得到国际和地区认可的捷径。该项目可以一举两得，不仅可以培养精通英语的毕业生，而且也能够使学生学习一流大学的创新性课程。越南共有 34 所大学参与高级课程项目，涉及化学、数学、计算机科学、电气工程、金融、会计等 30 多个专业。外方合作院校共计 33 所，其中，美国高校 30 所、英国 2 所、澳大利亚 1 所。在高级课程项目运行过程中，不仅越方参与大学的图书馆、实验室与教室等硬件设施得到升级，而且大学师生也接触到国际认可的课程内容和学术环境，同时还有一部分教师被派往美国进行教学方法和管理方面的专业培训。高级课程项目提高了毕业生就业和继续深造的能力。到 2010 年，大部分高级课程项目的毕业生都得到了雇主的雇用和高度评价。①

2. 联合和结对项目（Joint and Twinning Programs）

越南的联合和结对项目涵盖证书和学位项目。这些课程可以使用外国课程，或者由外国机构和越南机构联合开发。政府规定这些课程的教学语言为英语。联合项目的学位和证书可以由外国机构和越南机构单独授予，或者两者共同授予；而结对项目的学位和证书则由外国机构授予。结对项目的学生分别在越南和合作的外国机构学习，通常被称为 3+1，1+1，1.5+0.5（其中第一个数字指学生在越南院校的学习年限，第二个数字指在外国院校的学

① Nguyễn Hùng-VũNgân. Đào tạo chương trình tiên tiến：Cơ hội rộng mở đối với sinh viên（高级课程项目培训：为学生提供开放机会）[EB/OL].（2011—06—22）[2019—12—19]. http://dantri.com.vn/giao-duc-khuyen-hoc/dao-tao-chuong-trinh-tien-tien-co-hoi-rongmo-doi-voi-sinh-vien-1308990229.htm.

习年限），具体比例由项目结构决定。

越南教育部国际教育发展局（VIED）和国际合作司负责监督联合和结对项目的设立和运作。据统计，截至2015年6月，越南82所大学共开设了282个联合和结对项目。这些项目大部分是学士或研究生层次（122个学士项目，占43%；115个研究生项目，占41%），其余为副学位（24个项目，占9%）和证书课程（21个项目，占7%）。[①] 就来源地而言，近一半的项目是与欧洲机构合作；四分之一的项目是与亚洲国家和地区合作，其中一半来自中国大陆，其余主要是中国台湾、中国香港、泰国和韩国。澳大利亚项目占12%，北美（美国和加拿大）占15%。联合和结对项目主要涉及商业、管理、会计、金融和银行等专业领域，占全部课程的66%（见表4-6、4-7）。

表4-6　越南联合和结对项目的主要合作地区

主要合作地区	数量（个）	比例（%）
亚洲	73	26
澳大利亚及新西兰	35	12
欧洲	132	47
北美洲	42	15
总计	282	100

表4-7　越南联合和结对项目的专业领域分布

研究领域	项目数量（个）	比例（%）
商业、管理、会计、金融和银行	185	66
社会人文科学	39	14
信息技术、计算机科学、技术、工程	49	17
其他	9	3
总计	282	100

［表4-6和表4-7根据越南教育部国际教育发展局（VIED）的统计http://www.vied.

① Vietnam International Education Development (VIED) 2015 [EB/OL]. (2015-08-11) [2019-11-15]. http://www.vied.vn/index.php? lang=vn#.

vn/index.php? lang=vn#. 这些数字不包括两所国立大学和三所地区大学的联合和结对项目，因为这些机构可以不经过越南教育部国际教育发展局（VIED）审核，直接开展国际合作项目]

联合和结对项目的学费每年大致在 0.25—2.8 亿越南盾之间（相当于 1,200—13,000 美元），平均每年约 9,500 万越南盾（约 4,300 美元）。其中，与北美和澳大利亚及新西兰合作项目的学费较高，平均每年约 1.2 亿越南盾（约 5,500 美元）。与亚洲地区机构合作项目的学费较低，平均每年 6,800 万越南盾（约 3,000 美元）。这些项目的学费水平远高于越南私立大学的学费，但低于国外留学成本。一些无法进入高级课程项目或办学质量较高的公立大学求学的学生倾向于选择联合和结对项目。

3. 国际分校（Branch Campus）

1993 年，泰国亚洲理工学院（AIT）与越南政府合作在河内创办了越南分校，该校以工程、先进技术、管理和规划闻名。2001 年，澳大利亚墨尔本皇家技术学院在越南开设分校（RMIT 越南分校，胡志明市），2004 年该校又在河内创办第二个分校区。2013 年，两个校区学生达 6,000 人，毕业生大约 4,000 人，成为全球招生最多的国际大学之一。[①] 该校提供包括文凭和本科、硕士、博士学位在内的四个层次的课程，专业涉及会计、经济和金融、创新与创业、信息系统、国际商业、物流管理等。同时，美国罗杰·威廉姆斯大学分校、阿波罗大学分校、英国大学越南分校也纷纷在越南“抢滩登录”。除了来自澳大利亚、美国和英国的合作伙伴外，2006 年，越南与前宗主国法国合作成立法国-越南工商管理中心（CFVG），并发起了一个巴黎工商会（CCIP），提供创业技能方面的法语商业课程（学制两年）。[②] 随后，韩国首尔国立大学、德国高校、荷兰高校也相继在越南开设分校。

（三）政府层面：卓越大学计划（Excellent University Project）

2006 年，前越南教育与培训部部长阮善仁（Nguyen Thien Nhan）主持

① 覃玉荣，毛仕舟. 越南跨境高等教育合作：政策、实践与问题［J］. 比较教育研究，2015 (03)：24—31+38.

② WELCH A. Ho chi minh meets the market：Public and private higher education in Vietnam ［J］. International Education Journal：Comparative Perspectives，2007，8 (3)，35—56.

启动“卓越大学”计划。该计划主要利用世界银行和亚洲开发银行赞助的4亿美元贷款以及发达国家的学术支持，通过新建或升级现有高等教育机构，建设4所与国际教育、研究标准接轨的研究型大学。4所大学具体包括：2008年在胡志明市成立的越南—德国国际大学；2009年成立的河内法国国际科技大学（越南—法国大学）；2013年由河内黎贵惇技术大学（Le Quy Don）升级的越南—俄罗斯大学；2014年成立的越南—日本大学（位于河内国家大学内）（见表4-8）。该项目的最终目标是到2020年，至少有一所参与大学能够跻身全球前200所大学之列。这4所大学按照发达国家的大学模式建立，在课程开发、教学管理与评估、培训等方面均与国际标准保持一致；并在一个专门的学术管理制度下运作，如，外国合作方安排教科书和课程，并向越南派遣教授和管理人员，接待越南的教师和学生进行实习或开展研究生教育。参与大学在管理、人事、教师聘用、教材使用等方面比其他大学享有更大自治权。如，在初创阶段，可以公开聘请外籍校务管理人员；50%～80%教师由国外合作机构教授担任；引进国外原版教材；并计划十年间逐渐聘请越南本土教师，使外国教师比例下降为30%；等等。[①]

表4-8 越南“卓越大学”计划情况表

机构	合作方	新建或升级	地点	成立时间	教育水平	招生（2015）
越南—德国国际大学	德国	新建	胡志明市	2008	学士学位 硕士学位	5000
河内—法国国际科技大学	法国	在越南科技研究所的基础上成立	河内	2009	学士学位 硕士学位 博士学位	NA
越南—俄罗斯大学	俄罗斯	由河内黎贵惇技术大学（Le Quy Don）升级	河内	2013	学士学位 硕士学位 博士学位	NA

① ASHWIL M Vietnam：A Rising Star on the U. S. Higher Education Scene [R]. Editor of World Education News&Reviews [EB/OL].（2010－08－01）[2019－09－12]. http:// wenr. wes. org/2010/08/wenr-julyaugust-2010-feature.

续表

机构	合作方	新建或升级	地点	成立时间	教育水平	招生（2015）
越南—日本大学	日本	越南河内国家大学支持下新建	河内	2014	硕士学位	NA

三、越南高等教育国际化的评价与反思

加拿大学者简·奈特（Jane Knight）将高等教育国际化定义为："将国际的、跨文化或全球的维度融入到高等教育的目标、功能（教学、研究、服务）和供给的过程。"[①] 如按该定义审视越南高等教育"国际化"，可以发现，其仍然处在初级发展阶段，即人员、项目、机构等层面的流动；尚未进入高等教育国际化的内涵式发展阶段，即将国际化的相关要素高质量地整合到学校办学的全过程，对提高高等教育质量起到持续性与实质性的作用。当前，越南政府将高等教育国际化视为提升教育质量、与国际标准接轨、增加技能型人力资本的关键战略。主要通过人员流动、高级课程项目、联合/结对课程、国际分校和卓越大学计划等举措推动高等教育国际化。在政府的支持性政策环境下，越南高等教育国际化也涌现出许多成功的案例。如，富布赖特经济学教学项目（Fulbright Economics Teaching Program，FETP），越南胡志明市国家大学（VNU-HCMC）的分子与纳米结构中心（MANAR）和越南 FPT 大学。但是，越南高等教育国际化并没有达到预期成效，对于提高国内大学教育质量的影响微乎其微。

（一）高等教育国际化缺乏严密的顶层设计

虽然政府在高等教育改革议程中重视国际化，并发布了推进国际化进程的系列政策，但这些政策似乎产生了好坏参半的结果。当前，越南政府缺乏指导国际化的明确概念和促进国际化实施的具体行动计划。在国家、地方

① KNIGHT J. Internationalization Remodeled：Definition，Approaches，and Rationales［J］. Journal of Studies in International Education. 2004，8（1）：5－31 .

（省、市）和机构层面缺乏统筹机制，对带头人、学者和学生缺乏参与国际化所需的相关专业发展和基础设施方面的支持。在机构层面，关于国际化的基本原理、规模、优先事项、行动计划和实施方式模棱两可。在跨国项目及合作关系中缺乏一个系统的、透明的质量保证和认证监管框架。此外，大部分合作项目面临着经费不足的窘境。在人员流动层面，外向学生流动持续递增，留学教育服务贸易存在较大逆差。除了各类国际奖学金计划，越南还通过政府资助计划派遣政府雇员和大学讲师出国留学，然而资助计划没有附加吸引这些人员或越南侨民回流的相关政策，导致人才流失严重。为了充分发挥高等教育体系在整个国家经济发展中的作用，越南政府需要重新定位其在高等教育国际化中的作用。如，包括重新定位各个机构所扮演的角色，创造一个支持性环境以激励个人和机构参与国际化。为了最大限度地吸引海外越南毕业生和专业人员回流，越南政府需进一步完善回流方案、创造积极的工作环境，协助他们应对逆向文化冲击。在投资和政策方面，还应加大力度吸引那些已经留在海外就业的越南国际毕业生回国服务。

（二）越南高等教育“国内国际化”程度不高

越南教育与培训部颁布的《2011－2020年越南教育发展战略》强调扩大国际合作，并将重点放在对外流动上，而帮助学生发展国际知识和全球能力的“国内国际化”被忽视。尽管越南高等教育本身出现了一个国际化市场，但越南目前依旧是高等和职业教育的接受者和进口国，其与外国机构的伙伴关系定位为被动的“借款人”和“次等”参与者，而不是在国际合作中具有代理权和自主权的伙伴。虽然教育部将国际化重新定位为越南教育和研究发展的基本举措之一，但国际化被称为“目标”，而不是“过程”，不能有效地融入国内教育和研究以及作为提高质量的可持续手段。越南跨境高等教育合作主要停留在人员流动、参与国际或区域组织、引入国外教育资源办学等狭义的国际化发展阶段，并没有将国际化融入到本土大学教学、科研和服务的各项工作中。如，尽管高级课程项目通常被称为课程国际化的重要战略举措，但其依然停留在课程的借用和转换，更侧重外国项目的整体移植，而不是将国外的先进经验和国内的民族特性结合起来，提高高等教育系统的整体质量。此外，国际化活动和项目仍然处于分散的、临时的和不平衡的状态。如，高级课程项目仅集中在选定大学的某些特定学科，分散且不一致地实施，导致无法对选定大学的整体发展产生影响。2014 年，越南外贸大学在三个校区共招收 3,200 名学生，其中只有 184 名学生参加了国际经济和国际工商管理高级课程项目。总体而言，由于大多数高级课程项目只授予毕业生越南国内学位以及入学英语要求较高等因素导致该项目的吸引力不足，影响范围有限。同时，高级课程项目的运行还面临着经费不足、教材短缺、师资匮乏等诸多问题。如，国内缺乏既有学科专长又能够娴熟使用英语的师资，新的教学方法和评估体系也给教师带来了一定的挑战。此外，联合和结对项目的录取通常不需要入学考试，且入学资格低于越南公立大学的标准，由此招致利益相关者对教学质量的广泛质疑。专业人才供需失衡问题（偏重商业和管理类专业）也导致联合和结对项目无法满足越南经济发展对高技能劳动力和高级管理人员的需求（技术、工程和医学类）。

（三）全面移植与本土化的问题

当前，越南高等教育国际化面临着如何将移植课程与项目本土化的挑战，移植后的国外学位课程如何与本土的高等教育融合、扎根？如何培养本土师资、提升本土高等教育的质量？进言之，作为发展中国家，越南高等教育国际化面临着如何从依附发展转向合理借鉴，避免掉入后殖民主义时代下文化殖民主义的陷阱，建立具有本国特色的、独立自主的高等教育体系等严峻考验。

据统计，越南有将近一半的高校与 32 个国家合作开设近 300 个联合或结对项目，但是越南政府似乎没有充分预见联合和结对项目的方向和影响。如，这些项目大多移植外国课程，并不是由越南机构和外国合作伙伴共同开发；由于越南教育部对学术项目监管过严，项目几乎没有创新和改革的空间；这些因素导致项目运行对越南高校改善自身课程、管理以及提高教育质量的成效甚微。此外，这些项目过度依赖合作院校的兼职师资力量，造成办学成本居高不下。如，美国学者的任教费用大约在 1—1.2 亿越南盾，相当于越南国内教师的年薪。一名亚洲学者的费用约为 5,000—6,000 万越南盾。[①] 外籍教师在越南院校的停留时间仅有 2 至 3 周，短时间无法保证高质量地完成一门课程的授课任务，更无法保障他们在科研方面的投入。同时，由于外籍教师与越南教师之间缺乏交流合作，很难评估越南讲师在这类项目中的收获。创建世界一流大学的“卓越大学”计划于 2015 年 8 月宣布结束，由于该计划的经费主要来源于越南和外国政府（德国和法国）的资助以及世界银行、亚洲开发银行等国际金融机构的贷款，其面临财务可持续的困扰。高等教育国际化的经验表明，高等教育国际化的本质需兼顾本土化与民族化的有机统一，走借鉴发展之路。[②] 因此，从长远来看，培养建设全日制师资队伍，吸引越南侨民人才回流，才能确保这些项目的可持续发展。

（四）高等教育国际化缺乏透明度、腐败行为严重

在越南，教育被认为是仅次于警察的第二大腐败部门。教育工作者待遇过低是助长腐败的主要因素之一。在高等教育领域，通过贿赂换取大学入学资格或优秀成绩变得不足为奇。其他被广泛报道的问题还包括抄袭、骗取学位、篡改预算及公共采购项目（教材和设施建设）的资金“外泄”等。[③] 2012 年，涉及 4 所院校的工商管理学士和硕士学位课程丑闻引发了公众对跨境教育市场的质量、腐败行为和法律风险的关注。公众批评的矛头直指入学要求扭曲、监管缺位、合作伙伴不合格等问题。同时，政府部门调查了 94 家外国供应商和 18 所越南大学之间的 118 个结对项目，在河内国家大学的 20 个结对项目中，有 16 个项目无法提供充分的文件证明合作机构的法律地位。此外，调查中还发现经费管理混乱问题，如在格瑞大学（Griggs University）仅完成合作协议中 30%—40%任务的情况下，越南合作机构已经将 1,778 亿越南盾（折合 812 万美元）通过新加坡的某第三方银行账户转入到格瑞大学，

---

① TRAN L T, LE THANH PHAN H, MARGINSON S. The ‘advanced programmes’ in Vietnam: internationalising the curriculum or importing the ‘Best Curriculum’ of the West? [J]. Internationalisation in Vietnamese higher education, 2018: 55—75.

② 骆四铭，阮氏贵. 法属殖民地时期越南高等教育的移植与评价 [J]. 高等教育研究，2018 (04): 104—113.

③ CHOW S, NGAD T. Bribes for enrolment in desired schools in Vietnam [J]. Transparency International, Global Corruption Report: Education (Routledge), 2013: 60—67.

但转移文件没有相关负责人的合法签名。[①]

腐败不仅与进口国有关，同样也与包括澳大利亚教育机构在内的国际教育出口商密切相关。尽管越南本土高校与海外合作伙伴为越南学生提供了丰富的高等教育资源和选择，但对所有利益相关者而言，跨境教育隐含着一定的不利风险。在越南，出口和进口机构之间的不当行为（如，最大限度地降低入学率、宽松的评价及不规范的监管）和模棱两可的合同协议将会危及双方的市场地位和声誉。这些弊端导致学生客户成为直接的受害者，甚至有些合作项目被戏称为“剪羊毛”行业的一部分。这些羊（学生）天真地进入合作项目，被（当地的越南和澳大利亚专业人士）剪掉，然后丢弃。部分学生的遭遇与光鲜亮丽的广告形成强烈对比。

四、“一带一路”视阈下中越高等教育的交流与合作

（一）越南高等教育国际化的经验启示

越南政府需要重新定位其在高等教育国际化中的作用，以便高等教育在整个国家经济发展中发挥作用。为了有效开展国际化活动，越南政府需要制订一项长期、透明、连贯和系统的战略计划以及有针对性的支持结构，把国际化的明确愿景和使命与越南当前的经济社会发展需要结合起来，并制订具体的行动计划和框架以促进国际化的实施。越南高等教育国际化面临着质量不高、高税收、漫长的审批程序和艰难的监管环境、过度依赖外援等诸多问题。我国可以借鉴和学习越南高等教育国际化的有益经验，避免重蹈覆辙。在推动国际化进程中，需要进一步做好顶层设计规划、明确高等教育国际化内涵式发展目标；处理好引进资源和国内需求的平衡；兼顾国际化与本土化等问题。将国际化全面融入到大学教学、科研和社会服务的各个维度，加强大学国际化精神、制度与文化的建设。[②]

---

① Tuoi Tre News. Không công nhận 2.000 bằng cử nhân, thạc sĩ（不承认 2000 个学士和硕士学位）[EB/OL].（2012－6－18） [2019－12－19]. http://tuoitre.vn/tin/giao-duc/20120618/khong-cong-nhan2000-bang-cu-nhan-thac-si/497406.html.

② 王英杰. 广义国际化与世界一流大学建设 [J]. 比较教育研究，2018，(07)：5－12＋88.

（二）进一步加强中越高等教育交流与合作

1. 推进教育外交，提升双方信任度

中越两国具有得天独厚的地缘优势，越南是“一带一路”沿线的重要国家。中越两国高等教育合作大多停留在语言学习、留学生和教师的互派层面，双方在科研、职业技术教育、远程教育、投资办学和资源共享等深层次方面的合作缺位。当前，双方合作交流存在信任度不高、语言教学师资队伍力量较为薄弱、合作交流形式化等主要问题。① 在纷繁复杂的国际环境中，教育外交能够成为维护国家间关系的内在“压舱石”。② 我国需要在深入解读越南高等教育国际化政策的基础上，构建高层次的统筹协调机制，落实《中越关于相互承认高等教育学历和学位的协定》的具体内容以及与就业相关的专业互认，进一步加深与越南的合作交流。针对学生交流、高校师资培养、校际合作、中高级管理干部培训等方面制定具体措施。

2. 加强学生交流和教师教育方面的合作

截至 2018 年，已经有 1 万多名越南留学生在中国 20 个省、自治区、直辖市，包括 40 个城市的 100 多所学校学习。越南在各国来华留学生数量方面排第 11 位，在“一带一路”沿线国家中排第 7 位。③ 根据越南的经济增长预测及高等教育国际化的进程，未来几年越南学生的外向流动将会持续增长。我国可以继续通过提供各类奖学金的方式侧重吸引越南留学生，将其培养成中越友好关系及经贸合作的推动者。此外，越南的师资培训市场潜力较大。2012 年，越南高等学校中拥有硕士学位和博士学位的教师分别占全体教师的 46%和 14%，2015 年的师生比为 1∶22.7。越南政府计划到 2020 年将拥有硕士学位和博士学位的教师比例提高到 60%和 35%，将师生比降低到 1∶20，但由于越南师资短缺问题突出，这一目标无法在短期内实现。中越两国高校可以进一步通过联合办学的方式培养硕士和博士层次的越南教师。

3. 在越南创办国际分校

---

① 覃艳娟，韩书争．“一带一路”背景下中越高等教育合作的成就、挑战与对策［J］．民族教育研究，2019（5）：66—72．

② 周谷平．推进教育外交，促进民心相通［J］．教书育人（高教论坛），2018（9）：3．

③ 张力玮，吕伊雯．“一带一路”重大倡议下中越教育合作交流——访越南驻华大使邓明魁［J］．世界教育信息，2017（10）：5—7＋12．

随着经济社会的发展，越南对优质高等教育资源的需求将更为紧迫。中越两国在教育体制和教育水平上存在较大差异，这严重影响了合作交流的内容和深度。当前，首先需要尽快从国家层面制定高校境外办学管理方面的政策法规，解决其办学无法可依的游离状态；其次，建立常态化合作交流机制、统筹规划与越南社会经济发展相契合的学科专业。再次，构建系统、规范化的质量保障体系，实现高等教育国际化内涵式发展。

第五章　中国建设亚洲高等教育枢纽研究

我国建设亚洲高等教育枢纽的主要路径包括促进国际学生流动、创办中外合作办学机构和项目、设立海外分校、开展国际合作、以孔子学院和孔子课堂为依托传播中国文化、支持海外华文教育、建设国际教育示范区等等。当前，我国高等教育枢纽建设存在缺乏顶层设计，国际学生流动不平衡、人才外流严重，教育资源输入和输出存在严重不平衡，教育软实力排名不高、高等教育系统尚未符合国际标准，如何维护好教育主权，来华留学生教育教学质量缺乏保障等问题和挑战。我国需要加强高等教育枢纽建设的顶层设计，建立世界一流的大学体系、实现高等教育的内涵式发展，优化中外合作办学政策，加强质量建设，做强“留学中国”品牌，加强与“一带一路”沿线国家的教育合作、创办国际分校等策略。

第一节　政策工具视角下中外合作办学政策文本量化分析

中外合作办学是中外教育机构在中国境内合作举办以中国公民为主要招生对象的教育机构或项目的活动，双方必须在办学条件、教育教学、管理等方面开展实质性合作，其核心是引进国外优质教育资源。中外合作办学是我国教育事业的重要组成部分和教育对外开放的重要形式。[①] 中外合作办学也是我国跨境教育的重要形式之一。近年来，我国政府实施了一系列政策工具推

---

① 教育规划纲要实施三年来中外合作办学发展情况［EB/OL］.（2013－09－05）［2019－06－08］. http://www.crs.jsj.edu.cn/news/index/80.

动中外合作办学的良性发展。当前，我国中外合作办学主要有中外合作办学机构和项目两种形式。截至 2019 年 10 月，中外合作办学机构和项目已经达到 2,400 多个。其中，具有法人资格的中外合作办学机构只有九所。本文通过构建“价值链—政策工具”二维框架，对 2003 年以来颁布的 21 份国家层面政策文本进行定量统计分析，剖析推动中外合作发展的相关政策工具存在的问题；并从政策工具理论出发，为制定合理、有效的中外合作办学政策提供一些参考。

一、研究对象与研究方法

（一）研究对象

本文通过对中央各部委门户网站和“北大法宝”数据库的检索，搜集有关中外合作办学的政策文献。本文选取 2003 年至 2018 年由国务院、教育部等部委颁布的各种中外合作办学政策文件，样本具有权威性、代表性。本文遵循文本主题为中外合作办学、发文主体为中央层级政府机关、文本内容体现政府政策等筛选原则，最终筛选政策样本 21 份（见表 5-1）。

表 5-1　国家层面中外合作办学政策文本汇总

序号	政策名称	发文机构	发文时间
1	中华人民共和国中外合作办学条例	国务院	2003 年
2	中华人民共和国中外合作办学条例实施办法	教育部	2004 年
3	教育部关于做好中外合作办学机构和项目复核工作的通知	教育部	2004 年
4	教育部关于启用《中外合作办学机构申请表》和《中外合作办学项目申请表》等事项的通知	教育部	2004 年
5	教育部关于启用中外合作办学许可证和中外合作办学项目批准书等的通知	教育部	2004 年
6	教育部关于设立和举办实施本科以上高等学历教育的中外合作办学机构和项目申请受理工作有关规定的通知	教育部	2004 年

续表

序号	政策名称	发文机构	发文时间
7	教育部、劳动和社会保障部关于印发《中外合作办学许可证编号办法（试行）》的通知	教育部、劳动和社会保障部	2004 年
8	教育部关于若干中外合作办学机构和项目政策意见的通知	教育部	2005 年
9	教育部关于当前中外合作办学若干问题的意见	教育部	2006 年
10	中外合作职业技能培训办学管理办法	劳动和社会保障部	2006 年颁布，2015 年修订
11	关于启用中外合作办学许可证和中外合作职业技能培训机构申请表等有关事项的通知	教育部	2006 年
12	教育部关于进一步规范中外合作办学秩序的通知	教育部	2007 年
13	教育部办公厅关于开展中外合作办学评估工作的通知	教育部	2009 年
14	关于进一步做好申请举办实施本科以上高等学历教育的中外合作办学项目形式审查和实质内容初审工作的通知	教育部	2009 年
15	国家中长期教育改革和发展规划纲要扩大教育开放	国务院	2010 年
16	教育部办公厅关于加强涉外办学规范管理的通知	教育部	2012 年
17	教育部关于进一步加强高等学校中外合作办学质量保障工作的意见	教育部	2013 年
18	各省级教育行政部门地方监管职责	教育部	2011 年
19	关于进一步加强中外合作办学监管工作的通知	教育部	2015 年
20	关于做好新时期教育对外开放工作的若干意见	中共中央办公厅、国务院办公厅	2016 年
21	关于明确中外合作办学等若干增值税征管问题的公告	国家税务总局	2018 年

（根据中央各部委门户网站和“北大法宝”数据库资料整理）

（二）研究方法

第一，基于“价值链—政策工具”二维框架的内容分析法。[①] 本文将筛选的具有权威性、代表性的中外合作办学政策文本作为内容分析样本。首先根据“价值链—政策工具”二维框架对政策文本进行具体编码，将政策文本分解成若干基本分析单元；编码完成后，再将与二维框架契合的分析单元归入到“价值链—政策工具”框架中进行统计与分析；最后对完善中外合作办学政策治理工具提出建议。第二，信度和效度。信度检验方面，选择具有内容分析法经验的课题组成员分别按照“价值链—政策工具”二维框架对文本进行编码，保证编码内容的一致性和科学性。效度检验方面，政策文本来源于国务院和教育部等国家机关，具有法定性、权威性。

二、中外合作办学政策“价值链—政策工具”二维框架的构建

中外合作办学政策是一个涉及扩大教育开放、教育国际化、利益相关者等多个要素的政策集合体。本文根据罗斯威尔（Rothell）和泽格菲尔德（Zegveld）提出的政策工具分析理论以及迈克尔·波特提出的价值链分析方法，[②] 构建“价值链—政策工具”二维框架中的X轴和Y轴。[③] 将中外合作办学政策文本内部各种政策目标、内容、方法归纳为供给型、需求型和环境型三种类型作为X轴，将中外合作办学的价值要素集合体——基本活动与支持性活动的价值链设计成Y轴。在文本编码分析过程中，如有某项政策文本涉及多个政策工具，只选择最契合的一种。

（一）X维度：中外合作办学政策工具维度

政策工具是将一系列政策目标转化为具体行动的路径与体制。[④] 根据政策

---

① 曹盛民，史万兵. 基于价值链—政策工具二维框架的我国高校体育政策研究［J］. 东北大学学报（社会科学版），2018，20（06）：61－67.

② 根据政策产生影响的着力面不同，罗斯威尔（Rothell）和泽格菲尔德（Zegveld）将政策工具分为供给型、需求型和环境型三种类型，认为只有这三种政策工具平衡使用，张弛有力，才能保证政策的合理性和科学性。

③ ROTHWELL R，ZEGVELD W. Reindusdalization and technology ［J］. Logman Group Limited，1985：83－104.

④ 张成福，党秀云. 公共管理学：（修订版）［M］. 北京：中国人民大学出版社，2007：61.

工具的影响层面，罗斯威尔（Rothell）和泽格菲尔德（Zegveld）将政策工具划分为供给型工具、需求型工具和环境型工具。供给型政策工具主要通过公共服务、基础设施建设、资金投入、信息支持、教育培训、人才激励等手段，提供和改善中外合作办学的支持性活动和基本活动，推动中外合作办学全面发展；需求型政策工具主要通过示范工程、海外交流、服务外包、公共技术采购、贸易管制、价格补贴等手段和方法，拉动中外合作办学发展。环境型政策工具主要通过法规管制、目标规划、技术标准、金融支持、税收优惠、平台建设等手段或方法，营造良好的发展环境，影响并促进中外合作办学发展。三种政策工具合理使用、形成合力，才能真正实现中外合作办学目标。

表 5-2　中外合作办学政策工具分类及内涵

政策工具类型	次级政策工具	具体内涵
供给型	公共服务、基础设施建设、资金投入、信息支持、教育培训、人才激励	政府相关部门在公共服务、资金、教育培训等方面提供支持，改善中外合作办学相关要素的供给，推动其发展。
环境型	法规管制、目标规划、技术标准、金融支持、税收优惠、平台建设	政府相关部门运用法规管制、目标规划、技术标准等手段和方法，改善办学环境，促进中外合作办学的发展。
需求型	服务外包、公共技术采购、示范工程、海外交流、贸易管制、价格补贴	政府相关部门利用服务外包、公共技术采购、示范工程、海外交流等方式，拉动中外合作办学的发展。

（二）Y 维度：基本活动和支持性活动的价值链维度

迈克尔·波特于 1985 年首次提出价值链的概念。波特认为，企业进行各种活动的集合体都可以用一个价值链来串联。同样，当中外合作办学满足人们的各种需求时，从事各种活动的部落式集合体就是中外合作办学价值链的主体。[①] 本文把中外合作办学内外价值活动分为基本活动和支持性活动，基本活动涉及办学宗旨、质量管理（招生和学籍管理、教学管理、教学质量监督、文凭证书管理）、师资队伍、教学组织等四个维度。支持性活动涉及机构设立

① 常桦. 迈克尔·波特：竞争战略之父［M］. 北京：中国物资出版社，2010：86.

(申报、审批、变更与终止、法律责任)、制度与机制(监管、评估和认证)、规范办学环境(办学资源引进、政策引导、扩大教育开放)等三个维度。基于X轴和Y轴的具体内容,本文构建了中外合作办学政策的二维分析框架(如图5-1)。

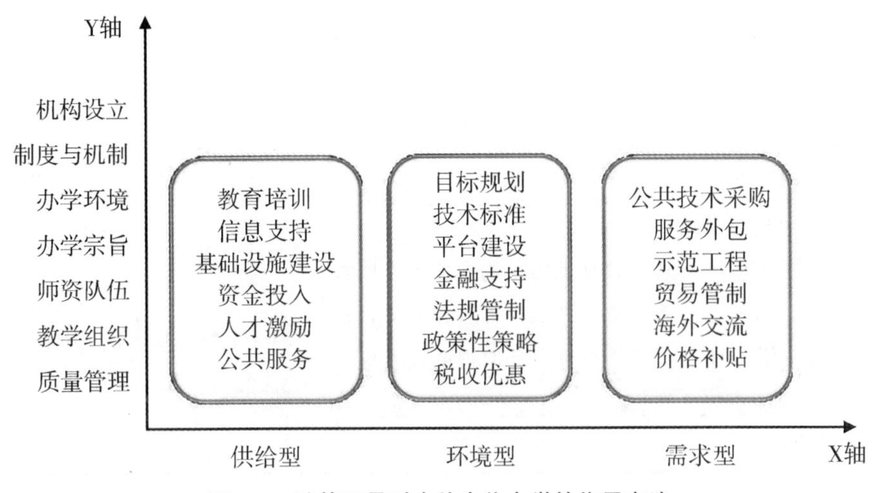

图5-1　政策工具对中外合作办学的作用方法

三、中外合作办学政策文本单元编码与数据分析

(一)文本单元编码

本文的分析单元是指中外合作办学政策文本与"政策工具(供给型、环境型和需求型)—价值类型(基本活动和支持性活动)"两个维度相对应的有关语句或条款。2003年,国务院颁布了中外合作办学领域的第一部行政法规——《中华人民共和国中外合作办学条例》,标志着中外合作办学步入规范建设阶段。本文运用内容分析法,按照"章节、条款、语句"的格式对2003年以来国家层面颁布的21份政策文本内容进行编码(文本引言和附则部分不做统计),共形成了230个文本分析单元。其次,将分解后的文本分析单元遵循"价值链—政策工具"框架进行归类,形成文本分析单元编码表(见表5-3)。最后,按照上述二维分析框架,对文本内容分析编码进行统计、归类、计算比例(见表5-4)。

表 5-3　中外合作办学政策文本内容分析单元编码（节选）

序号	政策名称	分析单元	编码	政策工具	价值类型
1	中华人民共和国中外合作办学条例	国家对中外合作办学实行扩大开放、规范办学、依法管理、促进发展的方针。	1-1-2	目标规划	办学宗旨
	……	……	……	……	……
21	国家税务总局关于明确中外合作办学等若干增值税征管问题的公告	境外教育机构与境内从事学历教育的学校开展中外合作办学，提供学历教育服务取得的收入免征增值税。	21-1-1	税收优惠	办学环境

表 5-4　中外合作办学政策文本中政策工具选择频数分布表（节选）

<table>
<tr><th></th><th></th><th>机构设立</th><th>制度与机制</th><th>办学环境</th><th>办学宗旨</th><th>师资队伍</th><th>教学组织</th><th>质量管理</th><th>合计</th><th>占比一</th><th>占比二</th></tr>
<tr><td rowspan="5">供给型</td><td>公共服务</td><td>1-2-4
1-2-7
1-2-10
……
17-1-5</td><td>1-1-8
2-4-7
5-1-1
……
20-1-10</td><td>9-1-7
10-1-3
15-1-3
20-1-12</td><td></td><td></td><td></td><td>1-4-7
2-4-3
10-1-34
……
17-1-11</td><td>39</td><td>83</td><td rowspan="5">20.5</td></tr>
<tr><td>教育培训</td><td></td><td></td><td></td><td></td><td>2-3-4
2-5-3
……</td><td></td><td></td><td>5</td><td>10.6</td></tr>
<tr><td>信息服务</td><td></td><td>17-1-14</td><td>20-1-7</td><td></td><td></td><td></td><td></td><td>2</td><td>4.3</td></tr>
<tr><td>基础设施建设</td><td></td><td></td><td></td><td></td><td></td><td></td><td></td><td></td><td></td></tr>
<tr><td>资金投入</td><td></td><td></td><td></td><td></td><td>20-1-11</td><td></td><td></td><td>1</td><td>2.1</td></tr>
</table>

续表

		机构设立	制度与机制	办学环境	办学宗旨	师资队伍	教学组织	质量管理	合计	占比一	占比二
环境型	目标规划				1-1-1 1-1-2 9-1-1 12-1-1 12-1-2 17-1-1		2-3-5	1-4-4 9-1-4 12-1-4	10	6	72
	技术标准	1-2-5 1-2-6 1-2-8 1-2-9 …… 16-1-3	2-3-3 2-4-4 …… 20-1-6	1-5-3 12-1-3		1-3-5 1-3-7 10-1-29	4-1-1	1-4-5 1-4-6 …… 16-1-2	55	33	
	平台建设	4-1-1	7-1-1 10-1-7 11-1-1 …… 20-1-1				2-5-7		9	5	
	法规管制	1-2-1 1-2-3 1-2-12 …… 10-1-40 10-1-49	2-3-1 2-3-10 2-3-12 5-1-3 …… 19-1-1 20-1-8	1-5-2 1-5-4 1-5-5 9-1-2	1-1-5 1-1-6 1-1-7 2-3-8 10-1-37	1-3-6 1-3-8 1-3-9 2-3-2 16-1-6	1-4-1 1-4-2 1-4-3	2-5-1 2-5-2 2-5-6 10-1-30 10-1-45 10-1-48 …… 18-1-4	71	43	
	金融支持		2-3-11 10-1-38	10-1-2					3	2	
	税收优惠			1-1-4 1-2-2 21-1-1					3	2	
	策略性措施	1-6-6 3-1-1	2-3-6 2-3-7 2-3-9 2-4-2 …… 10-1-32	1-5-6 17-1-6			2-4-8	2-5-4	15	9	

续表

		机构设立	制度与机制	办学环境	办学宗旨	师资队伍	教学组织	质量管理	合计	占比一	占比二
需求型	示范工程		1-5-1 17-1-17 17-1-20	15-1-2 17-1-3 20-1-2					6	35	7.5
	海外交流	2-2-1 2-2-10		1-1-3 9-1-3 10-1-1 …… 20-1-4				9-1-5	11	65	

（二）统计分析

根据“价值链—政策工具”二维框架，将内容分析单元逐一归入相应的分析工具，可以呈现详细完整的中外合作办学政策二维分布图（见表5-4和表5-5）。

从三种政策工具的使用比例来看，我国政府主要采取环境型政策工具推动中外合作办学发展，占比72%；其次为供给型政策工具，占比20.5%；需求型政策工具仅占7.5%。由此可以看出相关部门更偏好运用环境型政策促进中外合作办学，这也是环境型政策工具出现过溢的主要原因。环境型政策工具中，法规管制71条，占比为43%，其次是技术标准55条，占比为33%，金融支持和税收优惠相对较少，仅有6条，共占比6%。具有简单和直接等特点的法规管制和技术标准在中外合作办学规范建设阶段发挥了重要作用，但随着中外合作办学发展进入提升完善阶段，过度使用法规管制会束缚办学机构或者办学项目的“手脚”，导致其灵活性不够。从数据统计来看，在制定新政策时会重新提及之前没有得到贯彻的政策，这在一定程度上导致法规管制工具过溢的问题。金融支持和税收优惠是中外合作办学发展的重要保障和有力推手，但国家层面相关优惠政策较少，这将影响中外合作办学的生命力和可持续发展。

在供给型政策工具使用方面，公共服务以83%的占比位居首位，教育培训占比10.6%，而信息服务和资金投入相对较少。政府及教育主管部门倾向使用公共服务工具推进中外合作办学。但教育培训方面的政策工具明显不足，师资问题一直是禁锢中外合作办学发展的突出问题。

需求型政策工具在 230 条文本分析单元中所占比例最小，其中，海外交流占比为 65%，示范工程占 35%。需求型政策工具是拉动中外合作办学发展最直接、有效的手段。要实现中外合作办学提质增效、服务大局的目标，需要进一步扩大教学组织、师资队伍与质量管理层面的海外交流，同时扩大办学规模，吸引国际学生；加强发挥中外合作办学的示范性作用，通过理论研究探讨经验分享机制。

观察表 5-5 可以发现，整体上，中外合作办学价值要素覆盖面较全，但各个要素占比相差较大。机构设立、制度与机制的比重比较高，两种要素之和占总数的 60.4%，而办学宗旨、师资队伍、教学组织和质量管理四个要素占比仅为 31.3%。以上价值要素分布表明，在开展中外合作办学过程中，机构设立、制度与机制以及规范办学环境等支持性活动占主导地位，其影响和作用较大；而在办学宗旨、质量管理（招生和学籍管理、教学管理、教学质量监督、文凭证书管理）、师资队伍、教学组织等基本活动方面的政策工具明显不足。

表 5-5　价值链—政策工具框架下中外合作办学政策工具选择频数分布

政策工具 价值策略	公共服务	教育培训	信息服务	资金投入	目标规划	技术标准	平台建设	法规管制	金融支持	税收优惠	策略性措施	示范工程	海外交流	合计	占比(%)
机构设立	14	0	0		0	30	1	23	2	0	2	0	2	74	32
制度与机制	13	0	1		0	11	7	20	1	0	9	3	0	65	28
办学环境	4	0	1		0	2	0	4	0	3	2	3	0	19	8.3
办学宗旨	0	0	0		6	0	0	5	0	0	0	0	8	19	8.3

续表

政策工具 价值策略	公共服务	教育培训	信息服务	资金投入	目标规划	技术标准	平台建设	法规管制	金融支持	税收优惠	策略性措施	示范工程	海外交流	合计	占比（%）
师资队伍	0	5	0	1	0	3	0	5	0	0	0	0	0	14	6.1
教学组织	0	0	0		1	1	1	3	0	0	1	0	0	7	3
质量管理	8	0	0		3	8	0	11	0	0	1	0	1	32	14

四、研究结论

（一）中外合作办学政策工具 X 维度

尽管中外合作办学政策兼顾了供给型、环境型和需求型政策工具的运用，涉及办学宗旨、质量管理、师资队伍和教学组织等四个价值要素，但三种政策工具的使用不均衡，四个价值要素形成的价值链不协调，最终影响中外合作办学的顺利推进。

第一，环境型政策工具分化明显。统计分析表明：法规管制和技术标准两项占环境型政策工具的 76%，而目标规划、平台建设、金融支持、税收优惠和策略性措施等合计共占环境型政策工具的 24%。如，在《中华人民共和国中外合作办学条例》中有 51 条政策文本属于环境型政策工具，其中，法规管制和技术标准 43 条，而涉及的优惠政策仅 2 条，这表明金融支持、税收优惠等激励工具匮乏。从宁波诺丁汉大学和西交利物浦大学的办学经验可以看出，多样化的经费来源渠道和地方政府的大力支持是中外合作办学发展的坚实经济基础。为此，国家层面应进一步规范金融支持和税收优惠方面的政策工具，以免因投入过多或不足而造成合作夭折。

第二，供给型政策工具占总体的 20.5%，显现弱势。在内部具体手段运用方面，教育培训、信息服务、基础设施建设与资金投入等明显不足。而占比较高的公共服务主要围绕机构设立、制度与机制、办学环境等支持性活动展开。

第三，需求型政策工具明显缺位，仅占总体的7.5%。统计表明，贸易管制工具运用空缺，这与我国进一步扩大教育开放的目标相违背。当前，需要进一步加强需求型政策工具的运用，如示范工程、海外交流等方面的政策支持，加大引进包含外方合作高校的课程结构、教学内容和教学方法及教学管理等教学模式。如此，中外合作办学才能满足学生“不出国门的留学”需求以及提高学生的满意度。

（二）中外合作办学价值链Y维度

通过对中外合作办学政策文本的归类统计得知，自2003年以来，我国共颁布了国家层面政策文本21份。在中外合作办学价值链维度Y轴中，清楚发现构成价值链的各个价值要素分布并不均衡。统计结果显示，师资队伍、教学组织和质量管理等要素明显不足，占比仅为23%。这与当前扩大开放、提质增效、加强能力建设的中外合作办学主线不适应。当前，中外合作办学面临着师资、学生、管理机制、课程教学、沟通合作、人才培养、知名度及办学特色等诸多问题。[①] 具体而言，飞行教学、师资培训、课程设置、教学组织、教学质量管理等问题比较突出。很多中外合作办学机构和项目引进的核心课程及外方师资不足三分之一。[②] 课程、师资与教学是中外合作办学引进优质教育资源的核心构成，这些构成价值链的各要素不协调将导致学科专业能力不强，缺乏内涵式发展机制等问题，进而造成教学质量不高、学生满意度低，机构和项目难以可持续发展。[③]

---

① 刘琪. 本科层次中外合作办学项目发展困境及对策［J］. 现代教育管理，2018（4）：25－30.

② 李阳. 区域高等教育中外合作办学：现状、特点与发展定位［J］. 重庆高教研究，2018（2）：27－37.

③ 中外合作办学遭遇“冰火两重天” 提质增效成为可持续发展关键［EB/OL］.（2018－08－15）［2019－03－08］. http://www.xinhuanet.com/2018-08/15/c_1123275445.htm.

五、政策建议

中外合作办学是一种成分、结构复杂的经济文化利益共同体。合作办学双方在动机、利益需求与资源水平等方面存在诸多差异。中方学校需要从能力建设、办学投入、质量保障、教学改革、师资培养等基本教育要素出发，实现提质增效、强化能力的目标。

（一）强化基本活动建设，促进中外合作办学价值链协调运转

引进国外优质的课程和先进的教学方法，促进高校内部课程质量和教学水平的提升，是新时期中外合作办学的重要目标。因此，需要进一步优化师资队伍、教学组织和质量管理等方面的政策工具，加强中外合作办学的基本活动建设，促进办学价值链协调运转。如，制定中外合作办学教师专业标准体系、外籍教师资格认证体系，建立健全师资准入制度；通过政策工具调整、优化师资结构；加强合作双方师资的深入合作与培训交流等。[①] 健全、加强跨境教育的质量监管体系是跨境教育治理面临的重要挑战。新加坡在跨境高等教育治理中一般采用合作双方和第三方在内的多元共治主体。当前，西交利物浦大学等中外合作示范机构已经形成了包含中外合作双方以及国际专业组织认证在内的多元主体共治的外部质量保障体系。[②] 今后应进一步完善质量监管政策工具，构建涵盖教育行政部门、中外合作办学双方和第三方评估机构的多元评估主体。

（二）优化办学环境等支持性价值要素，引进优质教育资源

中外合作办学服务大局主要表现为推进中外人文交流、服务“一带一路”建设；同时发挥推动我国教育体制机制创新，助推世界一流大学和一流学科建设的“辐射作用”。[③] 因此，需要通过优化办学环境等支持性活动价值链，

---

① 张烁. 中外合作办学如何提质增效［EB/OL］.（2017－12－7）［2019－03－08］. http://ex.cssn.cn/jyx/jyx_zdtj/201712/t20171207_3772284_1.shtml.

② 李梅、赵璐. 多元共治下中外合作办学机构的质量保障体系——以西交利物浦大学为例［J］. 大学教育科学，2019（2）：114－121.

③ 郭伟，张力玮. 新时期中外合作办学发展趋势：提质增效、服务大局、增强能力——访厦门大学中外合作办学研究中心主任林金辉［J］. 世界教育信息，2016（15）：6－11.

进一步扩大教育开放，有针对性地引进优质高等教育资源，发挥中外合作办学的示范性和引领性作用。为此，我国可以借鉴新加坡的成功经验，以政府邀请的形式有条件地适当引入国际分校，开展研究生层次教育。如，新加坡政府通过“十所顶级大学计划（TOP10）”和“全球校园计划”吸引优质教育资源和全球顶级人才增强其高等教育多样性的供给能力。这种“原汁原味”跨境教育模式形成的“鲶鱼效应”不仅有助于高等教育优化办学理念、课程体系、教学方法和质量保障体系，而且也将推动我国“一流学科”和“一流大学”的建设。

（三）均衡环境型政策工具，增加税收优惠等激励政策的使用频度

适当减少法规管制和技术标准等环境型政策工具的使用频率，这类工具适用于中外合作办学的规范建设阶段。在提升完善阶段，需要适当增加投入，加强金融支持和税收优惠等环境型政策工具的运用。新加坡、马来西亚、阿联酋等国家建设区域高等教育枢纽的经验表明，设立自由贸易区、提供优惠政策等举措是吸引国外优质教育资源、满足国际分校利益诉求的重要法宝。如，新加坡政府不仅甄选优秀合作伙伴，而且也为这些优质教育机构提供贷款和补助金，同时还通过提供财政援助以及就业机会等举措吸引国际学生。国内中外合作办学示范校——昆山杜克大学和西交利物浦大学的成功经验也表明强有力的政策支持和财政支撑是其成功的重要外部保障。当前，国家层面有关中外合作办学的优惠政策比较笼统，如《中华人民共和国中外合作办学条例》中有关于“中外合作办学机构依法享受国家规定的优惠政策”等条文，但并没有具体的优惠政策条目。在中外合作办学的早期发展阶段，政府不仅需要甄选境外优秀合作伙伴，而且也需要在软硬件建设方面给予贷款和补助；同时，运用政策工具明确中外合作办学双方在核心价值和利益分配等方面的权益。为进一步扩大来华留学教育规模，建立相适应的来华留学工作与服务体系，加快我国建设亚洲高等教育枢纽的步伐，当前需要加强目标规划等环境型政策工具的运用。一方面，加强国家宏观调控机制与市场运作机制协同作用下亟须专业方面的引进。另一方面，在治理结构、人才培养模式、课程开发与科学研究等方面加强与外方合作，学习拓展海外市场的经验，为教育“输出”提供经验借鉴。在教育输出方面，随着远程教育技术手段的日臻完善以及“新区域主义”的兴起，利用跨境远程教育“完成留学”的方式将会越来越受到青睐。建设跨境远程教育项目、完善包括图书数字资源在内的各种支持性服务将成为我国向“一带一路”沿线国家提供优质高等教育资源的一种重要跨境教育平台。

（四）加强供给型政策工具的推动作用和需求型政策工具的拉动作用

应该加强供给型政策工具的运用，在信息服务、资金投入、平台建设以及教育培训等方面提供政策支持。把以教育“输出”为主的境外办学纳入到中外合作办学的框架，在“一带一路”沿线国家开展中外合作办学，实现两者之间的互动。此外，国内的中外合作办学应承担招生本土公民和国际学生的双重使命。高等教育的国际化体验不仅来自于教学理念、教师与教材，还需要一定规模的国际学生。

强化需求型政策工具的运用。制定招收国际学生的一系列稳定政策与完善各项支持服务，是我国建设亚洲高等教育枢纽的重要保障。同时，合理引进、避免过度依赖外部优质教育资源；加强质量监控，提升本土高等教育内生能力至关重要。我国需要进一步促进民办高等教育参与中外合作办学，使其成为拓展国际教育服务贸易市场的重要补充。通过示范性政策工具开展名师工程、精品课程、一流专业、一流学科、国际合作机制等方面的建设，发挥示范引领作用，推动教学与人才培养机制改革，有力促进高等教育管理体制机制的改革与创新。

总之，为了实现新时期中外合作办学提质增效、服务大局、增强能力等目标，应适当降低法规管制等强势工具的运用，大幅提升海外交流、示范工程等需求型弱势工具以及加强金融支持和税收优惠等供给型政策工具的选择与应用，保障中外合作办学各价值要素快速、高效发展，最终完成扩大教育开放、促进中外人文交流的重要使命。

第二节　粤港澳大湾区建设国际教育示范区的路径与挑战

2019年2月，中共中央、国务院印发《粤港澳大湾区发展规划纲要》（以下简称《规划纲要》），明确提出“支持粤港澳大湾区建设国际教育示范区”的重要目标；2020年6月，《教育部等八部门关于加快和扩大新时代教育对外开放的意见》（以下简称《意见》）出台，更是明确提出将着力打造粤港澳大湾区国际教育示范区与海南国际教育创新岛等一批教育对外开放新高地。

一、粤港澳大湾区建设国际教育示范区的政策支撑

从其他国家建设区域高等教育枢纽的经验看，政策层面的支持至关重要。2017年7月1日，在中央统一部署下，粤、港、澳签署了《深化粤港澳合作推进大湾区建设框架协议》，拉开了建设粤港澳大湾区的序幕。2019年，中共中央、国务院颁布《粤港澳大湾区发展规划纲要》，提出建设国际科技创新中心。深入实施创新驱动发展战略，深化粤港澳创新合作，构建开放型融合发展的区域协同创新共同体，集聚国际创新资源，优化创新制度和政策环境，着力提升科技成果转化能力，建设全球科技创新高地和新兴产业重要策源地。2020年6月，教育部等八部门出台《关于加快和扩大新时代教育对外开放的意见》，提出按照《海南自由贸易港建设总体方案》，扎实推进《关于支持海南深化教育改革开放实施方案》，支持海南建设国际教育创新岛。与此同时，将支持粤港澳大湾区建设国际教育示范区，支持长三角地区率先开放、先行先试，支持雄安新区打造教育开放新标杆。《意见》明确提出将着力打造粤港澳大湾区国际教育示范区等一批教育对外开放新高地，这为我国建设国际教育示范区提供了政策保障。2021年3月发布的《中华人民共和国国民经济和社会发展第十四个五年规划和2035年远景目标纲要》又专门强调“支持北

京、上海、粤港澳大湾区形成国际科技创新中心”。国际科技创新中心的建设需要高层次人才的支撑，这对大湾区的高等教育发展提出了更高要求。新冠肺炎疫情给留学市场带来了重大影响，国内很多留学生采取了“本土留学”模式，即在中外合作办学机构，或者国外高等教育机构与中国合作的院校学习。构建具有中国特色以及符合国际高等教育市场标准的国际教育示范区，将有助于我国减少人才和资本的外流，同时吸引“一带一路”沿线国家的国际生源。

二、粤港澳大湾区国际教育示范区的内涵与定位

很多学者认为港澳大湾区当前不适合建设类似于马来西亚的“学生枢纽”，一方面湾区的核心产业不是教育创收，另一方面由于英语不是湾区高校的主要教学媒介语，因此很难吸引一定规模的留学生。作为非资源型区域的粤港澳大湾区，其更聚焦于满足国内高等教育需求。当前，科技创新是粤港澳大湾区与其他国际一流湾区的最大差距，其比较类似于新加坡和美国的旧金山湾区，适合建设知识/创新枢纽，即建设成创新湾区和科技湾区。有学者根据该区域的发展特点，提炼了“粤港澳大湾区国际教育示范区”的五点“示范作用”，如卓越的学术型和应用型人才培养、科技创新、产教融合、文化传承创新以及国际交流合作等方面。[①] 针对大湾区建设，《大湾区规划纲要》中第一条即指出“实施创新驱动发展战略，完善区域协同创新体系，集聚国际创新资源，建设具有国际竞争力的创新发展区域”。《规划纲要》的真正用意是强调粤港澳大湾区应以国际科技创新中心的建设带动制造业中心和金融中心的升级和协同，形成多元化的产业中心。为了建设创新湾区和科技湾区，大湾区应吸引优秀国际生源，为湾区发展培养高技能人才和高素质的创新人才。

---

① 陈先哲，文黎晖. 粤港澳大湾区建设国际教育示范区：使命、定位与路向［J］. 大学与学科，2020，1（02）：102—110.

三、粤港澳大湾区建设国际教育示范区的路径

（一）推动粤港澳大湾区高等教育集群发展

高质量的高等教育集群发展是大湾区国际教育示范区建设的重要表征和国际科技创新中心建设的有力支撑。比如，国际科技创新中心建设需要高等教育培养高素质的创新人才和提供高水平的科技创新产品来支撑。而国际教育示范区也需要通过大学为国际科技创新中心培养高素质的创新人才和高水平的科技创新产品来彰显其示范性。

建设国际科技创新中心，将推动新兴产业和技术创新，进而促进大湾区的高等教育集群发展。如在旧金山湾区，新兴产业和电子技术的发展驱动了更为广泛的高等教育群体参与，逐渐形成了加州大学、加州州立大学、加州社区学院以及斯坦福大学等高等教育集群，满足了湾区产业对多层次人才的需求。当前，应围绕现有的双一流高校、中外合作办学机构以及优质的职业院校资源，推动粤港澳大湾区高等教育的集群发展。湾区内部高等教育集群发展可以为外部产业发展、科技创新提供技术支持。湾区内有很多内地与港澳台以及国外高等教育机构的合作项目，这些项目不仅满足了国内对高质量高等教育的需求，而且也增强了我国高等教育的国际竞争力。

1. 优化类型层次结构：加强顶层规划，促进高校分类协同发展

大湾区需要制定区域高等教育发展的总体规划，形成研究型大学、教学型本科院校以及职业技术学院的高等教育分类发展，并建立不同类型学院之间的院校管理沟通以及学生转学等相关规定。虽然湾区内高校在地理空间上临近，但三地高校在制度和理念层面上都存在较大差异，仍旧处于“集而不群”的状态。[①] 大湾区需坚持高等教育优势互补、错位发展的办学理念，满足大湾区内区域协同创新发展的人才需求。

---

① 陈先哲，陈雪芹. 多中心之下的融合创新：粤港澳大湾区高等教育集群的挑战与出路［J］. 苏州大学学报（教育科学版），2019，7（02）：13—19.

表 5-6　粤港澳大湾区国际教育示范区内的优质高等教育机构

双一流高校	中外合作办学机构 （含内地与港澳台地区合作办学机构）	职业技术学院
香港大学	香港中文大学（深圳）	深圳职业技术学院
香港中文大学	北京师范大学—香港浸会大学联合国际学院	顺德职业技术学院
香港科技大学	广东以色列理工学院	番禺职业技术学院
香港城市大学	深圳北理莫斯科大学	
香港理工大学	北京师范大学一香港浸会大学联合国际学院	
中山大学	中山大学中法核工程与技术学院	
华南理工大学	暨南大学伯明翰大学联合学院	
南方科技大学	东莞理工学院法国国立工艺学院联合学院	
	天津大学佐治亚理工深圳学院	
	华南农业大学广州都柏林国际生命科学与技术学院	
	哈尔滨工业大学深圳国际设计学院	
	华南师范大学阿伯丁数据科学与人工智能学院	

2. 统筹规划、组建大湾区教育行政机构

粤港澳大湾区高等教育集群发展的长效治理机制和政策环境尚未建立，当前尤其需要研究突破粤港澳大湾区高等教育从各自地方性的行政管理到共同治理的难点和路径。[①]

首先，构建大湾区内部政府间协同机制，协调三地高等教育集群发展中的政策支持、产学研合作、研发投入等关键性问题。此外，为推动粤港澳大湾区高等教育集群发展，需要建立一个由国家层面、地方层面联合组成的教育行政机构，打破原有的行政壁垒，沟通、协调、规划大湾区教育发展，推动三地高校在资源共享、学科建设、专业规划、科研发展等方面实现互惠共

① 卢晓中，陈先哲. 粤港澳大湾区高等教育集群发展：理论审思与实践策略［J］. 大学教育科学，2021（04）：12—19.

生、协同合作。

在国家层面，主要通过《粤港澳大湾区发展规划纲要》等自上而下地推动大湾区国际科技创新中心建设与高等教育集群发展。为自下而上调动高校自主办学的积极性，需要进一步扩大高校的办学自主权，自下而上推动高等教育集群发展。香港高校是独立的社会法人团体，学校在学科专业设置、课程开发、经费管理与使用、招生、科学研究、教职工选聘及薪酬待遇等方面拥有较大的自主权。在高等教育管理层面，香港和澳门的大学有较强的自治性，香港政府主要通过“大学教育资助委员会”间接管理高校，“教资会”对大学的教学、科研进行评估。[①] 由于内地高校在以上方面缺乏办学自主权，导致自下而上的推动高等教育集群发展的积极性低，内生动力不足。因此，需要尽快建立扩大三地高校办学自主权的协调机制。如，学科专业集群化是高等教育集群发展的核心。根据经济社会发展需要，动态调整专业和学科布局，加强对交叉学科、基础学科的支持力度。只有三地高校建立合作协调机制，才能在此基础上搭建跨区域交流平台，推动高水平大学形成“创新集群”。

（二）推动高校的基础科研和产业应用形成同频共振

为了实现区域经济可持续发展，需要进一步推动高等教育与经济发展的良性互动、建立协同发展模式。高水平大学基础科研与企业研发难以形成有效互动。大湾区需要探索一种创新型高等教育模式，这种模式需要大学的基础科研和产业应用产生更好的同频共振作用。

高校基础科研是大湾区经济增长、产业转型升级的发动机。但受学术本位传统思想影响，综合型大学更重视学术性的高等教育创新以及学术论文发表等。高校的基础科学研究与企业内部的研发工作没有得到有效链接与互动。一方面，高校的基础科学研究难以实现成果转化；另一方面，高校也无法为企业转型升级提供科研支持。在粤港澳大湾区，不同类型的高等教育机构需要根据区域和地方的核心产业发展，确定发展方向，实现专业和产业的协同发展。如，港澳地区和广州的高水平大学的基础科研应与珠江东岸的科创业和金融业同频共振，应用型本科和高等院校应为珠江西岸制造业提供技术和

---

① 卢晓中，秦琴. 高等教育集群发展视域下粤港澳大湾区高校办学自主权研究［J］. 中国高教研究，2021（04）：55－63.

人才保障。

为了解决高等教育机构和行业缺乏有效合作问题，高等教育机构需要加强与行业的融合发展。如，马来西亚高等教育机构积极与行业专家建立新型伙伴关系，以满足不断变化的国家和全球经济发展需要。高等教育部推出“CEO@Faculty”计划，任命当地和国际顶尖CEO以及行业参与者为马来西亚大学的“兼职教授”。这些首席执行官通过分享知识、经验和最佳实践来改进现有课程，大学通过整体学习曲线制订新的综合评估计划。该计划旨在通过提高学生的学习体验，增加学生的相关知识学习，以满足行业需求，从而提高毕业生的就业能力。大学还将通过多条职业道路吸引、招聘和留住最优秀人才，特别是来自行业从业人员。2016年，该项目共引进60多位首席执行官（包括高级公职人员和私营部门官员）。为了促进学生“在工作和学习中学习”，一些公立大学开始实施2u2i（2年大学和2年行业实践）和3u1i（3年大学和1年行业实践）计划。该计划不仅可以帮助大学毕业生接触行业或实践知识，还可以帮助他们通过技术知识组建公司或创业。2u2i或3u1i计划旨在提高学生的学习体验、通过综合累积平均绩点（iCGPA）全面评估学生以及向马来西亚大学毕业生灌输创业精神，并鼓励他们从求职者变成工作创造者。

四、粤港澳大湾区建设国际教育示范区的挑战

（一）如何解决高校“集而不群”的挑战

大湾区内部涉及“一个国家，两种制度，三个关税区”，同时由于粤港澳三地高等教育的发展水平、国际化程度、发展模式都存在较大差异，因此实现三地高等教育机构的良性互动以及和谐互惠共生状态、推动高等教育集群发展面临着诸多挑战。粤港澳地区的世界顶尖高校主要集中于香港，广东入选顶尖高校数量较少。粤港澳大湾区高校数量增长与经济增长不相匹配。从发展规模看，粤港澳地区高校数量从62所上升至183所，增加了约2倍，占全国比例由2.3%上升至6.7%，但是相比京津冀和长三角两地区，其占比仍然较低。从教育经费支出看，粤港澳地区高等教育经费支出增长与比例滞后

于该地区的人口比例和经济增长。2018年，全国（含港澳地区）高等院校数量为2,722所，其中京津冀高校数量270所，占全国10%，地区GDP和人口占全国比例均为8%。长三角GDP占全国23%，高校数量458所，仅占全国17%，与人口比例接近。粤港澳高校数量最少，为181所，仅占全国7%，该比例仅为地区GDP比例的一半，也略低于人口比例。[①] 在粤港澳地区，研究生比例小、高职高专比例大。粤港澳地区研究生比例远低于京津冀地区，2018年粤港澳地区普通高等学校在校生中研究生比例为8.1%，而京津冀地区为26.2%，长三角地区为11.7%。其中，广东高等教育呈现出研究生比例小而高职高专比例大的特征。香港特别行政区和澳门特别行政区研究生比例高于20%，分别为23.7%和26%，广东省研究生比例仅为6.1%。[②] 广东优质高校数量和占比都较小，如"世界一流大学"建设高校在广东仅有2所，占广东全部高校数量的1.3%。

此外，政府是高等教育集群发展的重要外部推动者，但"一国两制"下的香港、澳门和广东省在法律制度、行政管理权方面存在较大差异，这些体制性障碍、共享机制、平台的缺失将影响三地高校的深度互动。三地高校的跨境流动以师生之间的学习和交流为主，就业流动还存在诸多障碍。

（二）如何解决科技创新的瓶颈

建设国际科技创新中心，大湾区需要解决科技创新的一系列挑战。如，湾区内企业研发投入偏低、高科技人才短缺、创新主体之间缺乏协调机制等问题。在科技创新投入方面，根据《粤港澳大湾区金融发展报告（2018）》的统计：粤港澳大湾区的研发经费支出占GDP比重的2.7%，而旧金山湾区为6.1%，纽约湾区为3.1%，东京湾区为3.7%。[③]

---

① 《粤港澳、京津冀、长三角地区高等教育与经济发展报告》发布［EB/OL］.（2020－06－17）［2021－05－08］. https://baijiahao.baidu.com/s?id=1669794054431124006&wfr=spider&for=pc.

② 《粤港澳、京津冀、长三角地区高等教育与经济发展报告》发布［EB/OL］.（2020－06－17）［2021－05－08］. https://baijiahao.baidu.com/s?id=1669794054431124006&wfr=spider&for=pc.

③ 深圳市资产管理学会. 粤港澳大湾区金融发展报告（2018）［EB/OL］.（2019－04－29）［2020－05－08］. http://www.szasset.org/m/Show/?Cid=258.

五、完善粤港澳大湾区建设国际教育示范区的对策

（一）通过联合办学、深化交流合作

南方科技大学粤港澳大湾区高等教育大数据研究中心与深圳报业集团深新传播智库联合发布《粤港澳、京津冀、长三角地区高等教育与经济发展报告（2021）》，该报告显示，尽管广东的高等教育发展水平比起经济发展水平和人口密集程度仍相对较低，广东高校在三大地区中的研究生教育发展水平、学术科研能力，以及师资力量也较为薄弱，但广东近年来生均经费环比增长率在三大区域中最高，在校生数最多且校均人口规模最大，专任教师人数增长率也最高。高等教育对区域发展的贡献度之一体现为高层次人才对产业升级的支撑。《粤港澳、京津冀、长三角地区高等教育与经济发展报告（2021）》基于高校毕业生的就业跟踪调查数据，发现广东对高层次人才具有“双核吸引”特征，既通过本地高校培养，也吸引外地毕业生流入。如，广东省94.8%的本科毕业生留在本地就业，省外本科毕业生在广东的就业占比为50.9%，高于京津冀（49%）和长三角地区（31.2%），广东对大学毕业生的人才虹吸效应十分显著。① 不同于长三角的中外合作办学路径，粤港澳大湾区借助区域内的教育资源发展合作办学和联合培养项目，目前已有9所港澳高校在广东办学，以此提升区域整体高等教育水平和学术发展速度。随着《粤港澳大湾区发展规划纲要》以及《关于支持深圳建设中国特色社会主义先行示范区的意见》等纲领性文件的出台，广东省应利用好发展契机，加强与港澳地区高校的联合办学、深入合作，在师资、招生等方面加强互动。

（二）发挥政府主导作用、加强产学研合作

比较而言，在科研机构和企业等创新主体数量上，粤港澳大湾区具有一定的优势，其财税支持力度较大、对外开放度较高，但是存在企业研发投入水平偏低、高素质人才欠缺、创新主体之间的合作存在阻碍、人才培育和引

① 广东对高校毕业生的虹吸效应显著［EB/ OL］.（2021－11－26）［2021－11－29］. https://baijiahao.baidu.com/s? id=1717731574597627258&wfr=spider&for=pc.

进力度较为薄弱、内部协同创新机制不完善等问题。[①] 新加坡在打造知识/创新枢纽的过程中，形成了以政府为主导的产学研合作模式，新加坡政府是研究开发和基础科研的主要出资者，在促进高校和企业之间的合作互动方面发挥着主导作用。粤港澳大湾区应继续加大对高等教育机构和企业研发的投入，构建与经济发展相匹配的产学研合作制度和体系，培养复合创新型技术人才，提升高校科技成果转化效率。

第三节　“一带一路”视阈下海外华文教育发展的动力机制与策略

海外华文教育不仅经历了从华侨教育到华文教育的历时态演变过程，同时也再现了移民社会多民族国家的国家认同与民族认同的共时态问题。近年来，海外华文教育的变迁与发展在一定程度上折射出海外华人在国际化与全球化趋势下坚持母语教育与融入主体社会的矛盾问题及重新寻求自我定位的真实心理。此外，由于海外华文教育生存的社会文化环境迥异，比如在东南亚，是一种“优势客地文化”的语言文化环境；而在欧美，则是一种“弱势客地文化”的语言文化环境。因此，不同地域的海外华文教育所呈现的特点、面临的问题也迥然不同。进入 21 世纪，中国的国家发展战略越来越重视和认可“文化软实力”的作用，海外华文教育的发展有助于促进海外华侨、华人、住在国民众对中国的知晓、认同和亲善，进而提高中国的知名度和美誉度。随着国家对外传播理念的转变，中国开始通过改革外交理念、拓展公共外交等多种形式在世界范围内树立起正向而丰满的中国国家形象。作为保持华人民族性及传承中华文化的海外华文教育是拓展中国侨务公共外交、提升“中国文化软实力”的重要载体。当前，中国正在全面推进“一带一路”建设，海外华文教育也将迎来多元发展驱动以及新的转型与升级。

① 杨静，赵俊杰. 四大湾区科技创新发展情况比较及其对粤港澳大湾区建设的启示［J］. 科技管理研究，2021，41（10）：60－69.

一、“一带一路”视阈下海外华文教育的内涵与外延

海外华文教育肇端于海外华侨华人社会，是华侨华人在住在国对华裔青少年开展的民族语言及中华文化教育。就教育功能而言，海外华文教育突出了保持华人民族性及维系华侨华人与祖籍国情谊纽带的作用；就教育对象而言，其主要为海外华侨华人子女；就教学语言而言，其主要介于母语教学和第二语言学习之间并强调语言与文化并重。概言之，海外华文教育与对外汉语教学（汉语国际教育）在历史起源、教育对象、办学宗旨、语言学特征、教学形式、课程设置、师资队伍及办学经费等方面都存在明显不同。随着中国经济的崛起及对世界经济的引领，“一带一路”沿线国家开始对汉语教学、华文教育给予史无前例的关注。如，马来西亚、新加坡、印度尼西亚和菲律宾等国家开展的以华裔为主的融入主流教育的华文教育以及以非华裔为主的汉语教学。基于族群文化传承与国家发展战略的不同视角，本文认为东南亚各国在本国国民教育体系中开设的中文课程或者创办的中文系，是将汉语作为一门外语的教学，因此，把这种类型称为“汉语教学”。此外，截至2018年年底，我国在东南亚共建立了37所孔子学院、35间孔子课堂。这些变化促成了海外华文教育、汉语教学、汉语国际教育三者之间新的交叉与融合。总体而言，中国推进的汉语国际教育与东南亚各国开展的“汉语教学”皆是出于各自国家利益的考虑，而海外华文教育的实质是海外华侨华人传承族群文化与加强族群身份认同的一种文化自觉。今天的海外华文教育依旧是一个与国际关系、族群问题及住在国国内的政治生态同音共律的复杂集合体。① “一带一路”视阈下的海外华文教育发展遇到了前所未有的多元驱动力，如内生驱动、政治和经济驱动、“一带一路”发展的区域驱动、华文教育发展与汉语国际传播的投资驱动、科技驱动和民间力量发展驱动等。

---

① 王焕芝. 世界“汉语热”背景下马来西亚华文教育发展的困境与出路 [J]. 华文教学与研究，2017 (2)：10—18.

二、“一带一路”视阈下推动海外华文教育发展的动力类型

从系统动力学的视角看，推动海外华文教育发展的动力类型主要包括海外华文教育发展的微观动力，如华裔子弟对学习华文及中华文化的需求程度等方面的内生动力；海外华文教育发展的中观动力，如来自教育实践者（华人社团、华文教师）的动力；海外华文教育发展的宏观动力，如来自住在国政府及祖籍国政府的动力。

具体而言，推动海外华文教育发展的宏观动力主要来自住在国政府及祖籍国政府的支持。祖籍国对于侨民教育时期海外华文教育的支持既有政治上的考量，同时也有一种支持本国国民学习民族语言与文化的义务担当。今天，祖籍国更希望通过对海外华文教育的支持，来巩固海外华侨华人同祖籍国情谊的联系纽带；同时通过中华文化的传播来促进世界文化的交流，也即希望海外华文教育成为当前中国开展侨务公共外交的重要载体。纵观历史，住在国政府对华文教育的态度经历了从漠视、限制、排斥与支持的变化。这些变化的深层原因更多与住在国政府建构民族国家的自身利益息息相关。比如，东南亚国家民族政策的取向大致包括同化与融合两种不同的政策类型，前者以印尼、菲律宾、马来西亚、越南等为代表，后者主要以泰国、新加坡等为代表。这些民族政策成为各国制定文教政策的圭臬。此外，来自于住在国政府与祖籍国政府的宏观动力的原动力又与不同时期的国际关系密切相关。20世纪50年代，意识形态成为影响国家间关系的重要因素，华文教育受到意识形态对立所形成的尖锐矛盾的冲击与洗礼。东南亚各国纷纷对华文教育进行不同程度的打压、限制与排斥，华文教育也因此走向式微。20世纪90年代以后，意识形态的对立状态随着经济与科技在国际关系中地位的提高而逐渐淡化，世界经济与政治朝着多极化的方向发展；与此同时，随着中国综合国力的提升及东南亚国家与中国经贸往来的日益密切，特别是“一带一路”的推进，海外华文教育的境遇也开始出现大幅度的改观。当前，华文及中华文化的显性价值得以释放，“一带一路”建设需要大量的基本交际型通用汉语人才

以及精通中文并具有专业特点的复合型高级汉语人才。[①] 东南亚各国官员开始在公开场合阐释华文对于本国经济发展的重要性，并号召本国的华人子弟及其他族群子弟学习华文。这种观念的转变成为推动海外华文教育发展的重要外部动力。

海外华文教育发展的中观动力主要来自华人社团及华文教师。华人社团不仅解决了华侨华人在住房、工作与社会支持等方面的基本需求，更在满足其子女接受华文教育方面发挥了重要作用。长期以来，华社民资举办是海外华文教育的主要办学形式，华文教育的发展与推进同华人生存境遇的改变及竞争力的提升休戚相关。华人社团为海外华文教育的发展提供重要的资金保障，而华文教师是华文教育的实践者，尽管华文教师在专业性方面依然不尽如人意，但是海外华文教师的奉献精神及对华文教育抗争与坚守的毅力着实让人钦佩不已，他们是传承华族文化的生力军、发展华文教育的中坚力量。

海外华文教育发展的微观动力是华文教育发展的原发驱动力（内生性动力），华文教育的最终发展要看华人自身（接受主体）在保持本民族语言和文化方面的需要或主观愿望（海外华人的文化认同）以及汉语的使用需求。就华裔青少年而言，学习华文的态度已经慢慢从华人主流社会的“要我学”转变为“我要学”，他们越来越表现出对族群的归属与爱的需要，这即是一种族群传承文化的自觉。另外，中国及其他国家和地区的华人族群在现代化上的成功也将进一步增强华人对本族群文化认同的自信心。这在一定程度上增强了这种文化自觉的生命力。在现代性的全球化趋势下，华人族群自然而然地会寻求建立一个属于华族的现代文化身份与认同。[②] 这种转变成为推动海外华文教育发展的重要内生性动力。

---

① 何亮.“一带一路”需要国际汉语人才［EB/OL］.（2016－02－02）［2016－03－29］http://www.cssn.cn/yyx/yyx_gsjj/201602/t20160202_2856204.shtml. 2016－02－02.

② 金耀基. 大学之理念（增订版）［M］. 北京：生活·读书·新知三联书店，2008：125.

三、推动海外华文教育发展的动力机制及其演变历程

“机制”一词，原意是指有机体的构造、功能及其相互关系；机器的构造和工作原理。本文藉此认为，海外华文教育发展的动力机制是指推动华文教育发展的各种因素或动力之间的相互关系及其运行方式。推动海外华文教育发展的宏观、中观、微观动力以及这些动力之间的相互关系、运行方式构成了推动海外华文教育发展的联动型动力机制。在东南亚，这些动力又与该地区民族独立解放运动之后的国家认同、民族认同的建构交织在一起，这导致影响联动机制的因素更加多元、多变。

（一）内生性动力与祖籍国宏观动力为主的侨民教育时期

海外华文教育是大规模跨国界的人口迁移即国际移民的产物。有学者曾提出：华人无论走到哪里，学校、神庙和会社（秘密结社）总是如影随形。的确，一定程度上，这些组织成为早期华人在侨居地生存的法宝。“有海水的地方就有华人，有华人的地方就有华文教育。”这句话可以说是对这种普遍性教育现象最为贴切的概括。侨民教育时期的华文教育是华社在祖籍国支持下对侨民进行的中国语言及文化教育。华侨无论创办私塾、书院还是新式学堂，抑或是现代学校，其首要任务无外乎提高侨民子弟的文化素质、为华侨社会培养人才，进而在海外弘扬中华文化，使中华文化能够薪火相传。这也是防范侨民子弟数典忘祖、保持自身民族性的最有效方式。尽管今天的华文教育已经转变成住在国华人华侨的民族语言文化教育，其教育性质、教育对象、归属与管理体制都与此前有着质的变化，但是其塑造华裔青少年的民族文化素质、传承中华文化的教育宗旨并没有改变。纵观华文教育百年发展历程，无论是从发展兴衰的视角，抑或是认同转换的视角，传承中华文化、保持华人民族性始终是华文教育发展的内生性动力。在侨民教育时期，当这种民族文化教育启蒙产生的内生性动力邂逅了辛亥革命及抗日战争所激起的侨民强烈的爱国主义意识之后，新一轮海外华文教育的办学高潮也随之产生。

（二）居住国政府消极宏观动力与华人社会中观动力博弈时期

20 世纪 50 年代中期以后，东南亚各国掀起了一场带有全局性、普遍性的

大规模反华、排华浪潮。大多数国家以激进的立法形式从经济到社会生活的各个方面对华侨进行排斥、限制，剥夺他们的正当权益。如泰国追随美国采取“反共反华政策”；菲律宾提出“菲律宾第一”的“菲化”浪潮；马来西亚奉行“马来人第一”的政治经济文教政策；印尼对华侨实行强制、彻底的同化政策。东南亚各国政府的消极宏观动力与华人社会的积极中观动力的博弈结果决定了各国华文教育的形态。民族社会学家马戎认为：“在民族国家创建过程中，如果政府实施了以特定族群为目标的政策（如公民权法律、国家土地使用分配、语言使用规定等），将会增强该国的族群意识并激发以族群动员为基础的集体性社会运动。”[①] 当“族群”成为政府进行利益分配的圭臬时，获得政府支持的族群在族群与国家认同方面获得了双赢；相反，受到政府歧视的族群，在与不平等政策抗争的过程中强化了族群自身的凝聚力，却弱化了国家认同。换言之，在民族与国家构建的过程中，如果国家秉持族群平等原则，那么在国家认同与族群认同之间产生的张力可以逐渐消除。此外，由于语言是族群社会分野最为清晰直观的边界，也是族群认同和文化传承的核心要素。为此，在民族—国家内部，如果国家对“原生性”特点比较鲜明的族群采取歧视性语言政策，并在公共领域对使用少数族群语言设置制度性障碍，那么将会导致族群冲突。以马来西亚为例。建国初期马来西亚政府实行马来人的政治偏向以及民族同化并行的政策，这不仅导致族群认同与国家认同之间形成了紧张张力，而且也使得马来西亚华文教育形成了“语言飞地”与“语言文化传承反向动力”现象。[②] 20世纪50年代至80年代，海外华文教育的发展处于住在国政府宏观动力与华人社会中观动力的博弈状态，其发展同新兴独立国家的国家认同与民族认同问题及华人保持自身民族性的内生性动力交织在一起。

（三）“一带一路”视阈下的多元动力机制

所谓多元动力机制，是指海外华裔子弟学习华文及中华文化空前高涨的内生性动力、华人社团中观动力与祖籍国政府及住在国政府给予华文教育强

---

① 马戎．民族社会学——社会学的族群关系研究［M］．北京：北京大学出版社，2004：533.

② ［马］YEAP CHUN KEAT（叶俊杰）．马来西亚华文教学研究［D］．中央民族大学博士学位论文，2012.

有力支持的宏观动力之间形成了一定程度的合力。

就祖籍国而言，当前中国政府越来越重视针对海外华文教育发展的顶层设计。如，将保持华人民族性的海外华文教育纳入到国家对外汉语（汉语国际教育）的整个战略布局中来推进，同时成立国家海外华文教育工作联席会议协调与推进华文教育的发展，注册成立“海外华文教育基金会”，动员各方力量支持华文教育。中观层面，在隶属于国务院侨办的两所华侨高等学府开办华文教育本科专业，以提高海外华文教育的办学水平。同时，在海外华文教育的师资培养、培训及华裔青少年内生性动力提升方面（比如华裔青少年的寻根之旅等活动）给予重点支持。尽管中国政府在华文教育推广方面取得了一定的成绩，但其也面临着诸如如何满足不同族裔学生群体的需求及怎样协调民族性和国际化等问题。此外，为了满足东南亚地区的汉语教育需求，中国政府积极与东南亚各国开展教育合作。如，国家汉办与菲律宾高教委于2003年签署了《中菲高校汉语教学合作备忘录》，并以菲律宾雅典耀大学孔子学院和菲律宾大学孔子学院等为依托，开展汉语教育。华人社团始终是海外华文教育发展的重要推动力。当前，印尼华文教育主要以华人创办与主导的民办教育机构——“三语学校”为主，这类学校除了以印尼文为主要教学媒介外，还设置了华文与英文课程，因此一般把此类学校统称为“三语学校”，包括幼儿园、小学、中学，甚至华人创办的大学。[①] 在菲律宾，华教中心、菲律宾华文学校联合会（校联）、菲华商联总会（简称商总）是推动华文教育的三股社会力量。[②]

总体而言，“一带一路”视阈下华文学校、孔子学院、主流学校、商业培训机构逐渐成为海外华文教育市场的“四驾马车”，推动海外华文教育发展的多元驱动机制正在形成，如，“一带一路”发展的区域驱动、内生驱动、祖籍国和住在国政府的政治和经济驱动、华文教育发展与汉语国际传播的投资驱动、科技驱动和民间力量的发展驱动等。但由于海外华文教育的组织与管理具有碎片化特征以及住在国政府责任缺失等问题，其在文化传承与保持华人

---

① 施雪琴．印尼华文教学的发展现状：基于雅加达三语学校的调研分析［J］．八桂侨刊，2015（2）：29－34．

② 沈红芳．菲律宾华校的嬗变及其诱因探析［J］．华侨华人历史研究，2004（2）：36－44．

民族性方面依旧困难重重。

四、“一带一路”视阈下推进海外华文教育可持续发展的策略

尽管中国政府为推进海外华文教育的发展做出了从宏观到微观等一系列举措，但是其仍然存在较大的开拓空间。当前，在东南亚的大多数国家，华社民资（侨社捐资和学费）依旧是华文教育的主要办学模式，住在国政府对保持华人族群民族性教育行为的支持有限；但随着“一带一路”建设的不断推进，沿线国家的汉语人才需求越来越多元化，如急需基本交际型通用汉语人才、精通中文并了解中国文化的高级汉语人才、具有专业特点的复合型汉语人才等，这将进一步推动住在国政府加大对主体民族学习中文课程的支持。“一带一路”视阈下的“汉语热”根源于中国经济崛起蕴含的无限商机，但其实质是汉语作为一种语言工具，并没有升级到文化热层面。① 中国国际汉语推广在某些国家和地区的遭遇，再次使得文化入侵、中国威胁论甚嚣尘上。进言之，这在一定程度上将会对华裔新生代的教育选择和教育需求产生影响，华文教育的文化传承功能也将随之弱化。因此，在海外华文教育与汉语国际教育建立一种共生关系，即在两者之间创新外在环境诱导机制、构建内在共生动力机制，减缓共生阻尼机制，是“一带一路”视阈下推动海外华文教育可持续发展的重要策略。

（一）汉语国际教育与海外华文教育之间的共生关系

共生单元是形成共生体或者共生关系的基本物质条件。共生单元之间的不同利益分配方式将会形成不同类型的共生模式，如寄生、偏利共生、互惠共生等。其中互惠共生模式可以通过共生单元之间的分工与协作产生一种新能量以及双向的利益交流机制。② 汉语国际教育与海外华文教育之间需要建立一种最有效率、最稳定、具有最大共生能量的对称互惠共生模式。

尽管过去双方在历史起源、教育对象、语言学特征、教学形式、教材内容、办学资金、师资队伍、学科建设等方面存在较大差异，但随着侨情的变

① 刘芳彬．当前海外华文教育发展之处境与对策分析［J］．八桂侨刊，2015（2）：34—39.

② 袁纯清．共生理论——兼论小型经济［M］．北京：经济科学出版社，1998：7—14.

化，汉语国际教育和海外华文教育的共生单元可以涵盖办学经费、教师教育、教学质量保障、教材开发、扩大生源等方面。这些共生单元之间的利益分配态势形成了共生单元之间的共生模式。

（二）汉语国际教育与海外华文教育之间的共生机制

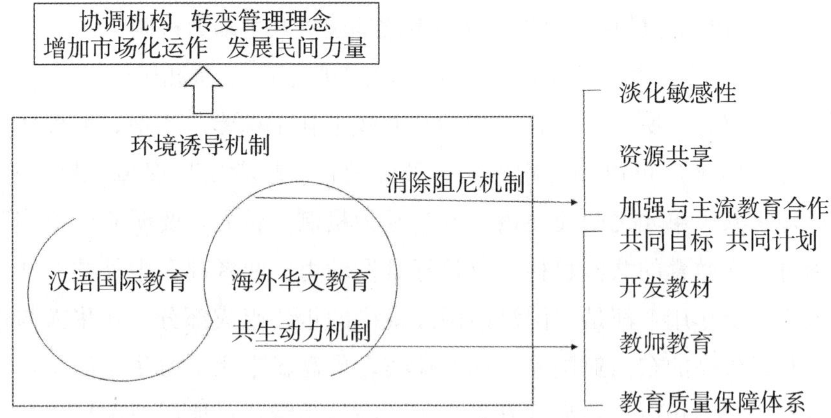

图 5-2　“一带一路”视阈下汉语国际教育与海外华文教育的共生机制

1. 在汉语国际教育与海外华文教育之间完善环境诱导机制

华侨华人创办的民间华文学校和国家汉办创建的孔子学院是开展海外华文教育和汉语国际推广的重要载体。民间的华文学校承担中华文化“传承”的使命，孔子学院承担中华文化“传播”的使命。① 因此，两者的根本矛盾在于使命、定位和服务对象不同。打破壁垒，构建双方共生的环境诱导机制迫在眉睫。当前，“一带一路”倡议与《推进共建“一带一路”教育行动》为双方建立良好的环境诱导机制提供了政策保障。首先，成立海外华文教育与汉语国际教育的管理与协调机构，为双方形成资源配置互补、优势资源共享、良性互动与和谐相处搭建平台，均衡双方的政策扶持力度。同时，在东南亚华文教学研讨会与东南亚孔子学院联席会议之间架设沟通桥梁。其次，转变管理理念。淡化孔子学院的官方色彩，即转变对孔子学院“划桨”式的治理，

① 麻卓民. 巴塞罗那华教人士：关于海外华文教育的再思考 [J]. 海外华文教育动态，2016 (3)：36—40.

变直接管理为间接管理，变微观管理为宏观管理。[①] 加强与海外华文教育的合作，缓解孔子学院市场化运作动力不足，资源获取渠道单一，缺乏自主性和灵活性等问题。最后，从中国语言文化走向世界的高度引导、支持与规范、服务和帮助民间力量参与汉语国际推广，促成海外华文教育与汉语国际教育共生共荣、资源互补的新环境。

2. 在汉语国际教育与海外华文教育之间建立共生动力机制

截至2018年年底，我国已在东南亚地区建立了37所孔子学院、35间孔子课堂，但仅有5所华文教育机构参与共建了孔子课堂。当前，海外华文教育与汉语国际推广可以在办学经费、教师教育、教学质量保障、教材开发、扩大生源等共生单元之间建立内在共生动力机制。首先，要明确汉语国际教育与海外华文教育的共同目标，以目标激发动力。两者都在中外共有知识建构中发挥重要作用，都是中国汉语国际推广的重要组成部分。在华人与住在国融合程度较高的东南亚国家，如菲律宾，华裔新生代学习华文的特点与非华裔具有一定的相似性，都具有第二语言的教学特征；他们对中华文化乃至中文的情感和兴趣因为对祖籍国认同的渐行渐远而失去逻辑归依。因此，在汉语国际教育与海外华文教育服务对象一致性较为突出的国家和地区，共同研制汉语推广行动计划，同时加大对华文教育的支持，把纯粹针对外国人学习汉语的优惠政策扩大至海外华人华裔。其次，华文教师教育作为华文教育事业的“工作母机”，其重要性毋庸置疑。双方可以在华文教师教育方面建立联合培养机制。汉推可以借鉴侨务部门的经验，增加有关华社、华教及主流社会情况方面的介绍。侨务部门可以借鉴汉推的师资培训方式以及汉语教师资格认证制度，提高华文师资水平。再次，华文教育与汉语国际教育都面临着教材针对性和适用性较低的问题，双方可以在教材、工具书和经典读物编写等方面整合力量。最后，汉语国际教育与海外华文教育可以在教育质量保障体系方面加强资源共享。2016年，国务院侨办成立了“华文教育工作专家指导委员会”，这进一步推动了海外华文教育的“标准化、正规化、专业化”建设，促进华文教育转型升级，这些为双方的合作奠定了坚实的基础。

---

① 严晓鹏. 孔子学院与华文学校发展比较研究［M］. 杭州：浙江大学出版社，2014：144－145.

3. 减缓汉语国际教育与海外华文教育之间的共生阻尼机制

尽管华文教育是汉语国际传播战略的重要组成部分，但是由于双方发展目标、服务对象和功能定位的不同，导致两者之间壁垒森严。如，在资金方面，汉语国际教育的“财大气粗”与海外华文教育的“捉襟见肘”形成了鲜明对比。祖籍国对汉语国际教育的投入及派遣志愿者行为使部分华人族群产生被“抛弃”的错觉。另一方面，当前海外华文教育与汉推的敏感性依旧存在，对于海外华文教育的援助必须保持谨慎的态度，要充分了解住在国政府的华文教育政策，做到因地制宜，有的放矢。在大多数国家，住在国政府的华文教育政策缺位及财政支持不足是东南亚华文教育发展的主要困境之一。在个别国家，汉语国际推广依旧被视为“文化扩张”和“文化侵略”，政府应加强与这些国家主流教育之间的汉语教学合作，减少汉语国际推广中的不利因素，进而推动华文教育融入主流教育。再如，马来西亚的华文教育已经形成了从幼儿园到高等教育完备、规范的教育体系，这使其在保持华人民族性和传承族群文化方面，明显与国际汉语教育的诉求不同。因此，双方需要建立沟通机制，打破在服务与办学区域、招生等领域“分庭抗礼、各自为政”的局面。

在强化华裔新生代文化认同方面，需要继续以侨务部门、中华全国青年联合会、侨界青年联合会为载体，深入开展“海外华裔青少年夏令营”以及“中华文化寻根之旅”等文化活动，培养华裔新生代对自身族群身份认同的文化自觉。最后，中国高等教育需要抓住“一带一路”的契机，进一步扩大教育开放，吸引更多华裔新生代留学中国，进而加深其对中国发展模式的理解与支持。

第四节　我国建设亚洲高等教育枢纽的路径与挑战

“枢纽”强调对于不同区域的联络作用和区域之间及制定区域与外部区域

的流通。[①] 加拿大著名高等教育专家简·奈特及美国跨境教育团队（C-BERT）认为教育枢纽是跨境教育的第三代类型，旨在通过本国教育与国外教育的融合，为国内外学生提供高质量的教育和培训，国家吸引国际学生、高技能人才、科研项目和机构、研发公司等投资本国的教育、培训和知识产业，最终建立享誉区域的知识/创新枢纽。构建教育枢纽也是一个国家从全球或区域的视角提升本国战略地位的重要举措。[②] 高等教育枢纽一般具有开放性、高度整合性以及创新、创业等特点。[③] 当前，马来西亚、新加坡、阿联酋等国主要通过吸引国外优质教育资源、扩大招收留学生规模、完善留住高层次人才政策、建设高新科技园区、自贸区、加强国际合作等举措建设区域高等教育枢纽。

尽管我国当前并没有明确提出建设“高等教育枢纽”这一政策术语，但是来华留学发展空间巨大，“一带一路”沿线国家成为来华留学生源增长的发力点。因此，重点谋划高等教育在“一带一路”建设中的布局调整和行动策略成为教育服务“一带一路”建设的重中之重。

一、我国建设亚洲高等教育枢纽的政策及其目标

虽然我国没有明确提出“高等教育枢纽”的概念以及相关政策，但为进一步扩大留学生招生规模，我国提出，到 2020 年，全年在内地高校及中小学校就读的外国留学人员达到 50 万人次，接受高等学历教育的留学生达到 15 万人，使我国成为亚洲最大的留学目的地国家；并推进一批汉语和英语授课品牌课程，办好 10 个来华留学示范基地。[④] 这些目标表明我国正在积极通过吸引国际学生，将中国建设成为亚洲地区的“学生枢纽”。此外，2020 年，

---

① 卓泽林. 粤港澳大湾区高等教育枢纽建设：基础、困境与对策 [J]. 国家教育行政学院学报，2019 (12)：41—47.

② Educational Hubs [EB/OL]. (2016—11—22) [2020—05—06]. http://cbert.org/?page_id=32,2016—11—22.

③ 卓泽林. 粤港澳大湾区高等教育枢纽建设：基础、困境与对策 [J]. 国家教育行政学院学报，2019 (12)：41—47.

④ 杨启光、陈栋新. 中国 70 年我国学生全球流动政策发展逻辑 [EB/OL]. (2020—01—22) [2020—06—08]. http://news.cssn.cn/zx/bwyc/202001/t20200102_5069562.shtml.

《教育部等八部门关于加快和扩大新时代教育对外开放的意见》正式印发。《意见》指出：支持海南建设国际教育创新岛，支持粤港澳大湾区建设国际教育示范区，支持长三角地区率先开放、先行先试，支持雄安新区打造教育开放新标杆。这意味着我国已经开始积极建设知识创新枢纽。

在推动高等教育枢纽建设进程中，中国政府扮演着重要角色。首先，政府是高等教育枢纽战略的顶层设计者；其次，政府是主要资金的提供者；第三，政府也是高等教育枢纽建设的主要监管者。当前，中国高等教育枢纽建设战略的总体目标是：第一，通过更好地监管出国（境）流动机构，打造“中国留学”品牌，加快发展出入境留学，提高出入境留学质量；第二，通过改革项目审批制度及加强中外合作办学项目的评估与认证，支持和加强跨境教育的发展，并鼓励中国高等教育机构和职业院校向海外扩张；第三，提高中国高等教育体系的国际地位和竞争力，发展世界一流大学和学科，包括与世界一流大学建立国际研究伙伴关系，参与重大国际科学项目，建立联合研究中心；第四，积极参与国际和区域组织，促进更广泛的国际教育合作和人员交流机制，发展双边和多边高级别会议，增加对发展中国家的教育援助，加强与金砖国家的教育合作；第五，通过建立“丝绸之路”中国政府奖学金，吸引“一带一路”沿线留学生并促进与相关国家的教育合作。

（一）以“双一流”大学建设项目为契机，提升高等教育综合实力

2015 年，中国教育部发布了世界一流大学 2.0 版计划，也被称为“双一流”建设计划。该计划以 1990 年代中期的 211 工程和 985 项目为基础，并按五年周期运行。该计划将与国家安全有关的学科、对支持行业和区域发展至关重要的学科以及新兴学科和跨学科等学科放在优先地位。选定的机构将每五年进行一次重新评估，以便将资金转移到执行效果更显著的机构。作为双一流建设计划的结果，预计未来将有更多的大学合并和重组，以使教育资源合理化，提高国家和国际竞争力，同时加强双一流大学与国外一流大学之间的国际合作。

（二）颁布来华留学生教育教学管理政策

我国政府积极制定并完善国际学生流动政策、中外合作办学政策以及对外交流与合作方面的各类国际化政策。为了进一步提高来华留学生教育管理

水平，2017年，教育部、外交部、公安部联合制定了《学校招收和培养国际学生管理办法》，对国际学生的招生管理、教学管理、校内管理、社会管理以及监督管理做了明确规定。2018年，教育部又印发《来华留学生高等教育质量规范（试行）》，对来华留学生的人才培养目标、招生录取、教育教学、管理与服务支持等方面做了明确规定。此外，我国也通过每年向“一带一路”沿线国家提供1万个政府奖学金名额等方式吸引留学生。

（三）颁布鼓励高等学校拓展海外教育的相关政策

《中国教育现代化2035》提出，为了提升来华留学质量，进一步建立并完善来华留学教育质量保障机制；加快国际分校建设以及鼓励优秀职业院校在海外建设“鲁班工坊”；等等。为了进一步扩大教育对外开放，我国对境外办学的管理逐渐从以行政审批为主的直接管理转向政策指导的间接管理。2015年，教育部废止了《高等学校境外办学暂行管理办法》，并于2019年发布了由中国高等教育学会组织编写的《高等学校境外办学指南（试行）（2019年版）》，该指南旨在对高等学校境外办学提供实操层面的技术指导，最终促进境外办学的健康可持续发展。2019年2月，中共中央、国务院印发《粤港澳大湾区发展规划纲要》（以下简称《大湾区规划纲要》），提出打造教育和人才高地。支持大湾区建设国际教育示范区，引进世界知名大学和特色学院，推进世界一流大学和一流学科建设。2020年，《教育部等八部门关于加快和扩大新时代教育对外开放的意见》正式印发。《意见》指出：按照《海南自由贸易港建设总体方案》，扎实推进《关于支持海南深化教育改革开放实施方案》，支持海南建设国际教育创新岛。与此同时，将支持粤港澳大湾区建设国际教育示范区，支持长三角地区率先开放、先行先试，支持雄安新区打造教育开放新标杆。该意见表明我国将进一步加快和扩大新时代教育对外开放。

二、我国建设亚洲高等教育枢纽的主要路径

我国建设亚洲高等教育枢纽的主要路径包括促进国际学生流动、创办中外合作办学机构和项目、设立海外分校、开展国际合作、以孔子学院和孔子课堂为依托传播中国文化、支持海外华文教育、建设国际教育示范区，等等。

(一)促进国际学生流动

1. 外向型流动以 OECD 国家为主

当前,我国依然是国际学生的主要输出国,中国留学生的国际流动影响全球国际学生的流动态势。美国、加拿大、英国、澳大利亚、日本、韩国等 OECD 国家成为我国学生的主要留学目的地。

表 5-7 2016 年中国学生主要留学目的国分布情况①

国家	该国留学生占世界国际学生比例	中国留学生人数	中国留学生占该国国际学生比例	中国留学生在该国国际学生中的排名
美国	25%	328,547	31.50%	1
英国	12%	94,995	19.1%	1
法国	8%	28,043	9.1%	2
澳大利亚	7%	97,984	27.3%	1
俄罗斯	7%	20,209	13.4%	4
加拿大	6%	83,990	31.8%	1
德国	6%	30,259	10.1%	1
日本	—	74,921	41.6%	1
韩国	—	66,672	62%	1
新西兰	—	16,520	32.7%	1

全球化智库(CCG)与西南财经大学发展研究院共同研究编著的《中国留学发展报告(2020—2021)》反映了我国留学发展的最新情况,解读了新冠肺炎疫情下国内外留学发展的最新趋势,分析了我国留学回国人员发展的新状态。在目前的国际局势下,我国留学呈现出以下趋势:第一,受发达国家留学相关政策影响,留学目的地国呈现更加多元化发展态势,赴美留学人数或遇拐点。第二,在美博士留学生比例大幅下降,其他国家和地区将可能迎来高层次人才竞争的新机遇。第三,疫情造成国际学生跨境流动受限,留

---

① 2017 年中国出国留学发展趋势报告[EB/OL].(2017—01—22)[2018—06—08]. https://www.eol.cn/html/lx/report2017/yi.shtml.

学及相关产业面临严重危机。我国出国留学人数继续保持正增长，新冠肺炎疫情并未明显影响出国留学的实际需求。第四，自费留学仍然是我国出国留学的最主要群体。第五，中外合作办学在疫情期间发挥了重要作用，“在地留学”将可能迎来新的发展机遇。第六，留学人员回国人数持续增加，拥有国际视野成为海归群体新的核心竞争力。①

2. “一带一路”沿线国家成为内向型流动的新增长点

在中国高等教育国际化进程中，内向学生流动性发挥了非常重要的作用，其既证明了中国高等教育的实力，也反映了中国文化的影响力。2001 年，全球共有 61,869 名学生在中国留学，其中来自亚洲的学生有 46,142 人（约占 75%）。到 2016 年，这一数字增长了七倍，达到 442,773 人，其中来自亚洲的有 264,976 人（约占 60%），来自欧洲的有 71,319 人（约占 16%），来自美洲的有 61,594 人（约占 13%），来自非洲的有 38,077 人（约占 8%），来自大洋洲的有 6,807 人（约占 1%）。② 2018 年，共有来自 196 个国家和地区的 492,185 名各类外国留学人员在我国的 1004 所高等院校学习（以上数据均不含港、澳、台地区），在外国留学人员中，中国政府奖学金生 63,041 人（约占 12.8%），自费生 429,144 人（约占 87.2%）。③ （见表 5-8、5-9、5-10）2019 年，中国政府奖学金规模持续扩大，助力来华留学。统计显示，2019 年有来自 182 个国家的 40,600 人享受中国政府奖学金在华学习，占来华生总数的 10.21%，比 2018 年的 36,943 人增加 3,657 人，增幅为 9.9%。奖学金生层次相比去年继续提高，学历生比例为 89.38%，比 2018 年增加 1.38%；研究生比例为 68.01%，比 2018 年增加 5.01%。④ 在内向型流动方面，中国成为

---

① CCG 中国留学发展报告 2020～2021：留学目的地国已更加多元化［EB/OL］.（2021－03－02）［2022－01－06］. https://baijiahao.baidu.com/s?id=1693103798429747733&wfr=spider&for=pc.

② INTERNATIONALIZATION OF HIGHER EDUCATION AND STUDENT MOBILITY IN JAPAN AND ASIA［EB/OL］. https://www.jica.go.jp/jica-ri/publication/other/l75nbg000010mg5u-att/Background_Kuroda.pdf.

③ 教育部 2018 年来华留学统计［EB/OL］.（2019－04－12）［2020－06－06］. http://www.moe.gov.cn/jyb_xwfb/gzdt_gzdt/s5987/201904/t20190412_377692.html.

④ 2019 年全国来华留学统计［EB/OL］.（2020－02－28）［2020－06－06］. http://www.jxdx.org.cn/gnjy/14176.html.

世界第三大留学生输入国，仅次于英国和美国。在亚洲，中国成为国际学生选择的最热门留学目的国。中国高等教育质量的快速提升以及我国政府通过文化交流和各种教育项目构建的一系列“软实力”战略是高等教育受到青睐的主要原因。此外，海外华裔青年也是来华留学生的重要组成部分。我国通过“海外华裔青少年夏令营”以及“中华文化寻根之旅”等文化活动，进一步加强华裔新生代的文化认同以及对自身族群身份认同的文化自觉；以北京华文学院、暨南大学、华侨大学等华侨高等学府为依托，提高华侨高等教育质量，更好地服务华裔青少年。

表 5-8　来华留学统计表（2011—2019）

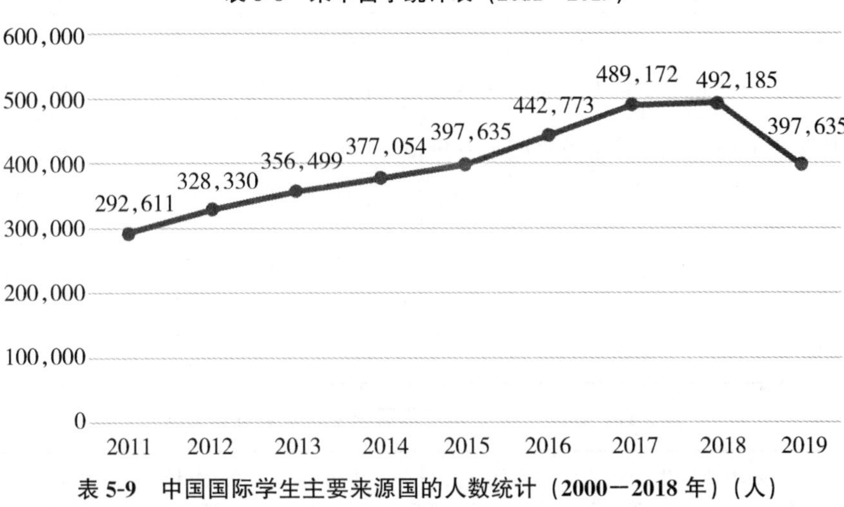

表 5-9　中国国际学生主要来源国的人数统计（2000—2018 年）（人）

国家	2010 年	2016 年	2018 年
韩国	62,957	70,540	50,600
日本	16,808	13,595	14,230
美国	19,668	23,838	20,996
印尼	9,539	14,714	15,050
俄罗斯	12,481	17,971	19,239
泰国	13,018	23,044	28,608
越南	13,177	10,639	11,299

续表

国家	2010 年	2016 年	2018 年
印度	9,014	18,717	23,198
巴基斯坦	—	—	28,023

表 5-10 2000—2016 年主要国家来华留学生数量动态

国家	来华留学人数（人）				平均增长率（%）		
	2000	2005	2010	2016	2000—2005	2005—2010	2010—2016
韩国	16,787	57,564	62,957	70,540	127.9	101.8	101.9
日本	13,806	18,363	16,808	13,595	105.9	98.2	96.5
美国	4,280	11,784	19,668	23,838	122.5	110.8	103.3
印尼	1,947	5,652	9,539	14,714	123.8	111.0	107.5
俄罗斯	703	5,032	12,481	17,971	148.2	119.9	106.3
泰国	667	5,522	13,018	23,044	152.6	118.7	110.0
越南	647	7,310	13,177	10,639	162.4	112.5	96.5
印度	527	6,634	9,014	18,717	166.0	106.3	113.0

表 5-11 2000—2015 年来华留学生的专业分布情况

学科领域	来华留学生的专业分布比例（%）				来华留学生各学科增长比例（%）		
	2000	2005	2010	2015	2000—2005	2005—2010	2010—2015
人文	72.1	64.8	60.4	50.1	119.5	111.8	103.9
医学	9.4	12.4	13.2	16.0	129.0	114.7	112.0
文学	5.3	8.0	4.4	8.9	132.4	100.5	124.3
工程	3.2	3.0	5.7	9.5	120.7	128.4	119.5
管理	3.0	2.0	2.2	2.3	112.3	116.2	108.5
经济学	2.9	4.6	6.1	5.8	133.3	120.4	106.5
教育学	1.3	2.2	1.6	1.6	135.4	100.7	107.0

续表

学科领域	来华留学生的专业分布比例（%）				来华留学生各学科增长比例（%）		
	2000	2005	2010	2015	2000—2005	2005—2010	2010—2015
法律	1.2	2.4	5.4	4.9	141.3	133.2	105.7
农学	0.8	0.1	0.1	0.1	72.1	116.2	115.3
理学	0.8	0.5	0.9	0.9	113.0	127.9	108.2

当前，我国政府拨出巨资实施中国教育“软”宣传战略，用于支持外国留学生、吸引外国学者以及资助孔子学院（全球已有 162 个国家设立了 541 所孔子学院和 1170 个孔子课堂）。教育部外事局也制订了留学生资助计划。例如，教育部通过双边协议为在华留学生提供奖学金。2019 年，教育部的中国政府奖学金高达 39.2 亿，增长 6 亿元，增长 18.1%。[①] 此外，为了顺利实现《留学中国计划》，各省均制订了省级留学行动计划，为留学生提供各种奖学金。据统计，仅在 2016 年，北京市就实施了 10 个奖学金项目来支持外国留学生。与此同时，在北京的 15 个高等教育机构中又实施了 15 个奖学金项目。这些奖学金项目面向来自“一带一路”沿线国家的留学生，具体涉及航空航天、电气、法律、中医、金融、建筑和电子信息工程等专业领域。

（二）加强中外合作办学

1. 中外合作办学现状

当前，我国中外合作办学主要有中外合作办学机构和项目两种形式。截至 2019 年 10 月，中外合作办学机构和项目已经达到 2,400 多个。其中，具有法人资格的中外合作办学机构只有九所（见表 5-12）。

表 5-12　具有法人资格的本科中外合作办学机构

中外合作办学机构名称	批准时间	中方合作高校	中方高校类型
宁波诺丁汉大学	2005	浙江万里学院	普通高校
北京师范大学—香港浸会大学联合国际学院	2005	北京师范大学	双一流

① 教育部过紧日子：留学生奖学金大增 18%，教师进修费减少 5% [EB/OL].（2019—04—11）[2020—06—06]. https://user.guancha.cn/main/content?id=99855&s=fwzxfbbt.

续表

中外合作办学机构名称	批准时间	中方合作高校	中方高校类型
西交利物浦大学	2006	西安交通大学	双一流
上海纽约大学	2012	华东师范大学	双一流
昆山杜克大学	2013	武汉大学	双一流
温州肯恩大学	2014	温州大学	普通高校
香港中文大学（深圳）	2014	深圳大学	普通高校
广东以色列理工学院	2015	广东汕头大学	普通高校
深圳北理莫斯科大学	2015	北京理工大学合作	普通高校

此外，联合教育项目也是我国教育国际化的重要工具。这些项目的形式包括联合项目、双文凭项目、外国项目特许经营、在线培训和远程教育项目。其中，“2＋2”“3＋1”“1＋3”等计划较为常见，学生在中国国内学习一至三年，然后再到合作院校学习一至三年。大部分联合课程集中在学士和硕士层次。中国已与多个国家（太平洋国家、德国、法国、英国、新西兰等）签订了文凭互认协议。

2. 中外合作办学监管

在国家层面，教育部负责制定宏观政策和更具体的措施，以执行中央政府制定的更广泛的战略方针。在中国的省、市层面，由教育部门或委员会负责在地方一级执行教育部制定的政策和战略。教育部与省、市教育主管部门合作，通过许可证制度对中外办学进行管理，三年制文凭课程需要省、市批准，学士及以上学位课程需要教育部批准。教育部和省、市教育主管部门制定学生招收计划、专业设置以及学费标准等。类似的责任分担也适用于外国教育机构在华办学申请的审批事宜。教育部负责批准本科及以上层次的中外合作办学项目，省、市教育部门负责批准专科文凭层次的中外合作办学项目。但是，这些学校仍需向教育部登记备案。

3. 中外合作办学质量保障

教育部负责中外合作办学的质量保证和教育标准的制定。其中，教育部学位与研究生教育发展中心负责本科和研究生层次的中外合作办学机构和项目的评估。中国教育国际交流协会负责高职高专和副学位级别的中外合作办学的质量保障。①

为进一步规范中外合作办学秩序，提高办学质量，促进中外合作办学更健康发展，教育部目前采取四项措施加强中外合作办学监管，即重点推进“两个平台”和“两个机制”建设。第一，依托教育部教育涉外监管信息网，设立教育部中外合作办学监管工作信息平台，通过办学监管信息公示，实施对中外合作办学的动态监管，并根据需要，向社会和广大学者提供较全面和可靠的就学指导和服务信息；第二，加强所颁发学历学位证书认证工作，开发中外合作办学颁发证书认证工作平台；第三，开展中外合作办学质量评估，建立中外合作办学质量评估机制；第四，强化办学单位和各级管理部门的责任，建立中外合作办学执法和处罚机制。②

（三）推进境外办学，加大对外交流与合作

当前，中国通过积极拓展海外教育，逐渐成为跨国教育的出口国。我国高校境外办学主要包括创办孔子学院（孔子课堂）、鲁班工坊（中外职教合作）、海外分校以及对海外华文教育的支持。截至 2020 年 5 月底，我国已在全球 162 个国家（地区）建立 541 所孔子学院和 1170 个孔子课堂。③ 鲁班工坊是中国职业教育走出去的新模式，也被称为职业教育领域的孔子学院。其主要配合中国企业、中国装备走出去，提升中国企业的国际竞争力，服务“一带一路”沿线国家。截至 2019 年 3 月，天津职教已在泰国、印度、英国、印度尼西亚、巴基斯坦等国家建设了 8 个鲁班工坊，专业涉及新能源、电子信息、自动化、汽车、铁道，等等。④ 鲁班工坊不仅为中外职业教育、技能教育的交流与合作搭建了平台，而且也充分展示了中国职业教育的话语体系和标准体系。目前，我国高校在近 50 个国家举办了 100 多个不同类型和层次的

---

① 中外合作办学要积极发挥第三方机构作用［EB/OL］.（2017－04－19）［2020－04－06］. http://www.jyb.cn/zggdjy/bqgz/201704/t20170419_700030.html.

② 教育部加强中外合作办学行政监管的四项措施［EB/OL］.（2020－04－06）［2020－04－06］. https://www.crs.jsj.edu.cn.

③ 关于孔子学院和孔子课堂［EB/OL］.（2019－12－30）［2020－04－06］. http://www.hanban.org/confuciousinstitutes/node_10961.htm.

④ 天津今年新建 3 至 4 个“鲁班工坊”［EB/OL］.（2019－01－17）［2020－03－06］. http://tj.workercn.cn/4671/201901/17/190117091327781.shtml.

境外办学机构和项目。但总体而言，我国普通高校境外办学起步较晚，当前只有 11 所高校创办了具有独立法人资格的海外分校。如，上海交通大学新加坡研究生院（2002 年）、北京语言大学曼谷学院（2003 年）、同济大学中意学院（2006 年）、大连海事大学斯里兰卡校区（2007 年）、老挝苏州大学（2011 年）、云南财经大学曼谷商学院（2013 年）、北京语言大学东京学院（2015 年）、北师大—卡迪夫中文学院（2015 年）、厦门大学马来西亚创办分校（2015 年）、清华大学全球创新学院（2015 年，美国西雅图）以及北京大学汇丰商学院牛津分校（2018 年）。这些分校主要开设中医药、中国语言文学、中国传统武术、管理类和教育类等专业课程。

总之，海外分校和鲁班工坊的创建完成了我国高等教育“两条腿”（即高等职业教育和普通高等教育）走出去的计划，境外办学经历了从语言文化交流到技术技能培训，再到专业教育的发展阶段，合作办学性质正在从以非营利为主的教育援助向教育服务贸易转变。

（四）推动教师流动

除了国际学生流动之外，教师流动被视为高等教育国际化的重要形式。当前，我国不断优化外籍教师聘用和晋升方式、使用国外教科书、开设联合教育项目。在教育改革过程中，我国高校人事管理程序发生了变化。如，聘用教师程序变得更加开放和具有竞争性。教师的招聘、解雇、晋升和报酬取决于其学术水平，其标准包括知识产权（专利、产品证书等）、专著出版、论文发表和参与研究项目等。此外，中国政府也通过国家留学基金资助高级研究学者、访问学者、博士后项目、国际组织人才培养项目等选派各类国家公派留学人员出国学习。

（五）建立国际教育示范区和国际科技创新中心

2017 年 7 月 1 日，在中央统一部署下，粤、港、澳签署了《深化粤港澳合作推进大湾区建设框架协议》，拉开了建设粤港澳大湾区的序幕。2019 年，中共中央、国务院颁布《粤港澳大湾区发展规划纲要》，提出建设国际科技创新中心。深入实施创新驱动发展战略，深化粤港澳创新合作，构建开放型融合发展的区域协同创新共同体，集聚国际创新资源，优化创新制度和政策环境，着力提升科技成果转化能力，建设全球科技创新高地和新兴产业重要策源地。2020 年 6 月，教育部等八部门出台《关于加快和扩大新时代教育对外开放的意见》，提出按照《海南自由贸易港建设总体方案》，扎实推进《关于支持海南深化教育改革开放实施方案》，支持海南建设国际教育创新岛。与此同时，将支持粤港澳大湾区建设国际教育示范区，支持长三角地区率先开放、先行先试，支持雄安新区打造教育开放新标杆。《意见》明确提出将着力打造粤港澳大湾区国际教育示范区等一批教育对外开放新高地，这为我国建设国际教育示范区提供了政策保障。2021 年 3 月发布的《中华人民共和国国民经济和社会发展第十四个五年规划和 2035 年远景目标纲要》又专门强调“支持北京、上海、粤港澳大湾区形成国际科技创新中心”。建设国际科技创新中心，将推动新兴产业和技术创新，进而促进大湾区的高等教育集群发展。围绕现有的双一流高校、中外合作办学机构以及优质的职业院校资源，推动粤港澳大湾区高等教育的集群发展。湾区内部高等教育集群发展可以为外部产业发展、科技创新提供技术支持。湾区内有很多内地与港澳台，以及国外高等教育机构的合作项目，这些项目不仅满足了国内对高质量高等教育的需求，而且也增强了我国高等教育的国际竞争力。

（六）推动汉语国际教育与海外华文教育的协同发展

截至 2018 年年底，我国已在东南亚地区建立了 37 所孔子学院、35 间孔子课堂，但仅有 5 所华文教育机构参与共建了孔子课堂。当前，海外华文教育与汉语国际推广可以在办学经费、教师教育、教学质量保障、教材开发、扩大生源等共生单元之间建立内在共生动力机制。首先，要明确汉语国际教育与海外华文教育的共同目标，以目标激发动力。两者都在中外共有知识建构中发挥重要作用，都是中国汉语国际推广的重要组成部分。在华人与住在国融合程度较高的东南亚国家，如菲律宾，华裔新生代学习华文的特点与非华裔具有一定的相似性，都具有第二语言的教学特征；他们对中华文化乃至中文的情感和兴趣因为对祖籍国认同的渐行渐远而失去逻辑归依。因此，在汉语国际教育与海外华文教育服务对象一致性较为突出的国家和地区，共同研制汉语推广行动计划，同时加大对华文教育的支持，把纯粹针对外国人学习汉语的优惠政策扩大至海外华人华裔。

三、我国高等教育枢纽建设的双向互动特点

（一）鼓励师生、高校双向互动

鼓励双向流动，即鼓励中国学生出国留学及吸引其他国家学生来华留学；在课程改革方面，既适应西方课程又保持中国教育特色；在师资国际化方面，既引进国际师资又以访问学者的身份派出中国教师出国学习；在学习方式方面，鼓励中外合作办学的双学位项目，同时鼓励中国高校走出去创办国际分校。

（二）政府加强对高等教育国际化的监管

在监管方面，政府扮演了支持与控制的双重角色。一方面，为了提高高等教育的全球竞争力，中国政府不断加大对高等教育的投入；另一方面，中国政府也加强了对中外合作办学的监管。在国际化方面，中国政府的监管和监督作用嵌入到高等教育机构的日常运作中。这种监管一般通过一系列的审查和控制程序来执行，或者是通过政策和资助计划得以实现，这些政策和资助计划将高等教育机构努力引入政府优先考虑的领域。比如，参与中外合作办学的中方机构必须经过政府的审查及获取资质。在与外方机构达成协议后，高等教育机构需要向教育主管部门登记并接受监管。

（三）国际化目标和战略兼具统一性和差异性

公办高等院校的运作与管理方式非常相似。与此同时，高等教育机构之间的内部分化也在加剧。比如，中国双一流院校已经将国际化融入到日常办学和工作中，但是在很多地方高校却难寻国际化的“身影”。

四、我国高等教育枢纽建设存在的问题与挑战

（一）高等教育枢纽建设缺乏顶层设计

一般而言，高等教育枢纽建设的主体包括政府、高校和其他社会组织。由于受我国高等教育管理体制的影响，政府在高等教育枢纽建设中始终处于“划桨者”的地位，政府以“万能”的姿态掌管着政策制定、资源配置、监督

管理、绩效考核等一系列事务。高等教育枢纽建设的其他主体的内在活力并没有被激发。在理论层面，高等教育枢纽建设面临着政策和规划的模糊性。我国没有明确提出建设高等教育枢纽，缺乏对高等教育枢纽建设的内涵、参与主体、路径、保障机制等内容的研究。在实践层面，我国没有明确建设高等教育枢纽的具体的、系统的实践路径，当前主要通过促进国际学生流动、中外合作办学、国际合作、创办海外分校以及建设粤港澳大湾区国际教育示范区、海南国际教育创新岛、雄安新区教育开放新标杆等相对独立的活动来进行，这在一定程度上了影响了高等教育枢纽建设的整体性和系统性。未来需要加强高等教育枢纽建设的顶层设计以及政策支持力度。

此外，我国高等教育在实现高质量发展方面面临着学术创新能力不足、高等教育结构不合理、国际合作存在观念偏差等挑战。从类型结构看，2019年，我国高职院校数量（1,423所）超过本科院校数量（1,265所），但高职院校的校均学生规模（7,776人）仅为本科院校的一半（15,179人），说明我国本科高校与职业技术院校之间存在明显的发展不平衡现象。高等教育类型层次存在学术型研究生供过于求而专业型研究生供不应求的结构性矛盾。[①]

（二）国际学生流动不平衡、人才外流严重

改革开放以来，我国高等教育系统发展迅速，已成为全世界规模最大的高等教育系统。高等教育的毛入学率从1995年的7.2%上升到2018年的48.1%。尽管高等教育在数量上实现了飞跃似的发展，但其面临着如何实现以提升质量为核心的内涵式发展的挑战。随着中国社会经济的飞速发展，人们对优质高等教育资源的追求比以往任何时候都强烈，接受教育的方法与渠道越来越多。近年来，越来越多的优秀学生选择出国留学。随着全球化的发展，世界各地的大学都在争夺优质资源。越来越多的外国高等教育机构通过合作办学开辟了高等教育市场，或在其他优惠条件下吸引中国学生出国学习。2019年出国留学规模持续扩大，人员总数为54.45万人，中国已成为世界最大留学输出国和亚洲最大留学目的国。

近年来，尽管政府出台了一系列扩大留学生招生规模的政策，但来华留

① 陈斌. 高等教育高质量发展：价值意蕴、现实境遇与推进策略［J］. 重庆高教研究，2022，10（01）：34－45.

学生占在校生比例一直维持在1%左右（见表5-13），与澳大利亚的21.4%和英国的19.5%相比存在巨大差距。此外，来华留学生中的学历生比例不到50%，其中攻读硕士、博士学位的研究生比例不到15%。① 相比较，赴美留学的学历生约占77%，赴英国留学的学历生高达90%。来华留学学历生比例较低，导致高端人才缺失，不利于高技能人才枢纽的建设。大部分高校没有对来华留学生采用单独的人才培养方案，无法做到因材施教，导致无法满足留学生的学习需求等问题。

表5-13 近十年来华留学生数及占在校生比例②

年份	年度来华留学生人数（万人）	普通高等学校（本专科）在校生人数（万人）	占比（%）
2008	22.35	2021.02	1.11
2009	23.83	2144.66	1.11
2010	26.51	2231.79	1.19
2011	29.26	2308.51	1.27
2012	32.83	2391.32	1.37
2013	35.65	2468.07	1.44
2014	37.71	2547.70	1.48
2015	39.76	2625.30	1.51
2016	44.28	2695.84	1.64
2017	48.92	2753.6	1.78
2018	49.22	2831.03	1.74
2019	39.77	3031.5	1.31

（三）教育资源输入和输出存在严重不平衡

就中外合作办学而言，我国目前还主要处于“引进来”阶段。如，截至2019

① 陈宇芬. 来华留学教育面临的问题及对策研究［J］. 世界教育信息，2018（11）：46—50.

② 中华人民共和国教育部. 我国来华留学生数据统计［EB/OL］.（2017—11—20）［2020—04—06］. http://www.moe.gov.cn/2017—11—20. 中华人民共和国国家统计局. 普通高校在校生数［EB/OL］.（2017—12—05）［2020—04—06］. http://www.stats.gov.cn/，2017—12—05.

年 10 月，经教育部批复的中外合作机构和项目共有 2,463 个，我国输出的境外项目有 128 个，其中 84 所高校参与境外办学，具有独立法人资格的海外分校仅有 11 个。[①] 中外合作办学面临着层次较低、学科布局和人才需求脱节、区域发展不平衡、引进的优质资源不足等问题。如，研究生教育层次中外合作办学的项目及机构占比仅为 20.8%，中外合作办学机构仅占 8%左右。部分专业重复设置、缺乏长远规划、部分机构在招生条件和教学质量监管等环节不严格等问题。[②]

海外分校的分布主要集中在华侨华人集中的东南亚地区，在美国和欧洲开设分校的高校寥寥无几。大部分分校属于建校时间不到 10 年的新建分校。与西方发达国家的差距较大，如美国共有 77 所海外分校，接近全球海外分校总数的三分之一；英国共有 38 所海外分校，占比 15.38%。[③] 审视我国海外分校的发展历程，可以发现海外分校面临着身份界定模糊、起步晚、规模小、缺乏教育教学管理经验、办学资金筹集困难、办学层次以本科层次为主、专业设置较为单一，集中在语言文化和国际贸易以及分布范围局限在东南亚地区、生源不足、整体移植水土不服等诸多问题。如，中国第一所名校全资独立在海外创办的分校——厦门大学马来西亚分校，校园规划招收 12,000—13,000 名学生。但目前招生数量约 3,000 人，其中马来西亚学生约占三分之一，从中国招收的学生约占三分之一，另外还有 16 个其他国家的学生。[④] 厦门大学马来西亚分校面临着办学成本高、财务收支不平衡、生源不足、熟练运用英语教学的师资力量短缺以及其他世界一流大学在马来西亚创办分校的竞争压力等问题。同时，在引入境外教育资源方面，面临着教育质量保障、文化殖民主义、师资力量短缺、教学内容国际化与本土化相结合等挑战。

（四）教育软实力排名不高，高等教育系统尚未符合国际标准

根据俄罗斯斯科尔科沃—安永新兴市场研究所（Skolkovo Institute）、西

---

① 姜泓冰．高校境外办学研讨会举行［N］．人民日报，2018—07—04.

② 潘奇．“十四五”期间中国教育对外开放：提质增效与路径创新［J］．教育发展研究，2020，40（23）：43—49.

③ Cross-Border Education Research Team. Branch Campus Listing［EB/OL］. http://cbert.org/? page_id=34，2017—04—28.

④ 詹心丽．“一带一路”与中国高等教育的对外发展——以厦门大学马来西亚分校建设为例［J］．大学（研究版），2018（05）：55—56.

班牙艾尔卡诺皇家研究所（Elcano Royal Institute）、英国波特兰公关公司（Portland）发布的教育软实力排行榜，中国高等教育的国际化程度以及科研产出方面的排名较为落后，主要表现为在校生中外国留学生占比较低、英语流利程度不高等。据统计，2018 年来华留学生人数占高等教育总人数的 1.3%，明显低于经济合作与发展组织（OECD）成员国留学生占高等教育在校生总人数 6%均值（2016 年），我国在论文被引率以及前沿问题研究方面仍存有较大差距。[①]

根据世界四大权威高校排行榜的指标体系，与发达国家高等教育相比较，我国高等教育系统的办学体制、评价机制、学科建设、学术人才选拔、认证制度、产学研结合以及管理模式等方面仍存在较大差距。如，我国基于国际规则的高等教育认证体系尚处于起步阶段，衡量教学质量的评价指标与发达国家不符，这不仅影响了高等教育的办学质量，而且也降低了我国在国际教育服务市场中的吸引力。此外，人才培养质量有待加强。拥有全球视野和国际理念、了解国际规则的创新型人才是世界各国急需的人才，这对大学的人才培养提出了更高要求。在推进“一带一路”进程中，中国高等教育肩负着独特的使命。一方面，大学需要为“一带一路”建设提供智力支持；另一方面，我们需要吸引越来越多的留学生到中国学习，以提升中国高等教育在国际市场的地位，但高等教育的人才培养面临着各种挑战。如，中外合作办学面临着语言技能、课程国际化与本土化相结合、中外教育主管部门在教育质量监管方面的差异以及由于文化和个性差异而导致的合作伙伴之间的沟通问题，等等。如何在华开设双学位联合课程的同时保持良好的教育质量是中外合作办学面临的重大挑战。

（五）来华留学生教育教学质量缺乏保障

为了扩大留学生招生规模，有些学校盲目追求招生数量，降低入学标准，对留学生的课程考核、教育管理过于宽松，甚至迁就一些获得中国政府奖学金资助的留学生旷课等违纪行为。在教学过程中，教学内容缺乏挑战性、教学方法缺乏针对性等问题也导致留学生对教学评价满意度不高。这些行为严

① 胡昳昀，刘宝存. 国际比较视野下的中国教育软实力 [J]. 教育研究，2021，42（10）：93—103.

重影响了来华留学政策的执行效果以及我国高等教育的国际声誉。此外，针对留学生的奖学金以政府和高校提供的奖学金为主，缺乏贷款和助学金等其他类别作为补充。完善来华留学生的相关教育配套政策也越来越重要。如，为了留住优秀的高层次人才在华就业，需要制定、完善相关就业政策；为了增加大学校园文化的多样性，需要进一步完善短期学生交流的相关教育配套政策。在扩大境外生招生方面，存在政策执行偏差的问题。如，在“普通高等学校联合招收华侨港澳台学生”的相关政策的报名条件中规定“具有香港或澳门居民身份证和《港澳居民来往内地通行证》（或《港澳居民居住证》）”，但是在招生中存在执行偏差问题，虽然有些学生具备上述条件，但他们均在中国大陆接受初等和中等教育，并未在港澳地区生活，这导致政策执行对象不精准。

五、“一带一路”视阈下我国建设亚洲高等教育枢纽的主要对策

我国自加入 WTO 后，始终积极主动探索与 WTO 规则接轨，在境外消费（出国留学教育和来华留学教育）、商业存在（中外合作办学）、跨境交付（远程教育合作）、自然人流动（境外专家和教师来华工作和公派汉语教师和志愿者出国工作）等方面的教育对外开放政策不断优化。

（一）加强高等教育枢纽建设的顶层设计

从高等教育枢纽的类型看，我国高等教育枢纽包含了学生枢纽、高技能人才枢纽和知识/创新枢纽三个层面。高等院校是高等教育枢纽建设的孵化器。因此，高等教育国际化、扩大教育开放是我国建设亚洲高等教育枢纽的重要引擎。在高技能人才枢纽建设方面，2008 年，我国开始建立健全海外人才引进工作体制机制。2008 年 12 月，中央办公厅下发《中央人才工作协调小组关于实施海外高层次人才引进计划的意见》，决定在国家重点学科和重点实验室、重点创新项目以及高新技术产业开发区引进一批海外高层次人才回国（来华）创新创业，即“千人计划”。2010 年，中国政府颁布了《国家中长期人才发展规划纲要（2010—2020）》，同样强调大力吸引海外高层次人才回国（来华）创新创业。总体而言，我国在高等教育枢纽建设过程中缺乏整体规

划，需要进一步针对学生枢纽、高技能人才枢纽和知识/创新枢纽做统筹规划，教育枢纽建设不仅包括教育、研发，还涉及出入境政策、高层次人才政策、就业政策，等等，需要有一个统筹机构去计划、协调和实施。如，全球6300万华侨华人中约60%居住在“一带一路”沿线国家，在学生枢纽建设中，还需要通过相关政策吸引华侨华人子女来华留学，要充分发挥来华留学生以及华侨华人子女在中外共有知识建构中的桥梁作用。此外，这些高层次留学生将成为我国建设高技能人才枢纽的重要人力资源。

2016年，中共中央办公厅、国务院办公厅印发的《关于做好新时期教育对外开放工作的若干意见》指出，完善教育对外开放布局。加强与大国、周边国家、发展中国家、多边组织的务实合作，充分发挥教育在“一带一路”建设中的重要作用，形成重点推进、合作共赢的教育对外开放局面。这为我国进一步扩大教育开放提供了政策支撑。此外，健全质量保障是加强多边合作的重要基础。《意见》指出：推动亚太区域内双边多边学历学位互认，支持联合国教科文组织建立世界范围学历互认机制。加强与国际组织合作，积极参与国际教育质量标准研究制定。紧密对接《中国制造2025》，开发与国际先进标准相对接的职业教育课程体系，积极参与制定职业教育国际标准。参与国际学生评估测试，提高我国教育质量评估监测能力。深入推进管办评分离，形成以政府监管、学校自律、社会评价为一体的质量保障体系。此外，我国应加强与联合国教科文组织等多边国际组织的合作，总结建设教育枢纽的经验和教训，积极参与全球教育治理，增进各国之间的国际理解，熟悉国际交流规则，进而提升中国的高等教育国际影响力。

（二）建立世界一流的大学体系，实现高等教育的内涵式发展

我国共有将近2,600所高校，其中高职院校1,300多所，另外1,200多所本科院校中有600多所是2000年之后新建或新升级院校。从宏观层面看，高等教育发展存在以下问题：新建或升级本科院校以及高职院校的教学质量并不理想，高等院校在学科专业设置、运行机制以及管理制度等方面存在严重的同质同构问题，优质高等教育资源发展不充分导致高等教育功能发挥受限等。从微观层面看，高校存在专业教育刚性过强、课程教学内容陈旧、缺乏挑战性；优质教学资源匮乏等诸多问题。因此，提高这些院校的教育教学

水平，实现高等教育内涵式发展是当务之急。①

首先，建立世界一流的大学体系。除了加强对一流大学、一流学科的资助力度，还需要在管理和激励机制上加以创新。建设世界一流大学的关键是如何通过严谨的学术研究激发师生内部的兴趣和创造力，营造大胆创新的学术氛围和教学环境，让大学做应做的事情，可以通过扩大大学自治权来促进大学的活动。例如，在领导和管理方面，法国高等教育经历了从权力集中到自治的过程。改革后，政府根据合同分配给大学资金，而大学则按照合同规定完成相应的任务。高校通过契约的方式，一方面拥有更多的自主权，另一方面也能够达到政府的要求。其次，鼓励大学向多元化发展，即基于人才多元化发展的大学多元化发展。当前，很多大学设立了相同或相似的专业，目的是培养具有相同能力的人。但是，不是所有的大学都应该或者可能发展成综合性大学，不可能每一所大学都能达到北大、清华的地位。教育主管部门应该鼓励大学追求多样化发展。通过合理竞争，让高校充分发挥优势、发展特色。第三，构建大学质量保障体系和评价文化。高校是接受质量评价和保障的对象。质量评价是调动高校积极性，提高高校教育质量的重要手段。高校为了自身的发展和自治，需要建立内部质量评价保障体系，形成由政府监管机构和外部组织组成的多元评价体系。

（三）优化中外合作办学政策

近年来，我国通过鼓励中外合作办学、引进境外优质教育资源，实现了教育资源供给多样化，满足了“在地国际化”的教育需求。目前，经教育部批准和备案的各层次中外合作办学机构和项目近 2,300 个，其中本科以上机构和项目近 1,200 个。中外合作办学是一种成分、结构复杂的经济文化利益共同体，合作办学双方在动机、利益需求与资源水平等方面存在诸多差异。中方学校需要从能力建设、办学投入、质量保障、教学改革、师资培养等基本教育要素出发，实现提质增效、强化能力的目标。我国需要进一步扩大《中外合作办学条例》的适用范围，将营利性中外合作办学机构纳入规范范

---

① 别敦荣. 论高等教育内涵式发展［EB/OL］.（2020－01－19）［2020－05－06］. http://www.hie.edu.cn/images/fujian/20200119keyancankao202001.pdf.

畴，提出适用外资独立办学和招收国际学生的条款。[①] 同时，借鉴国外创办国际分校的先进经验，逐步建立政府、大学和国际组织多方参与的质量保障机制。为加快和扩大教育对外开放，助力高校“双一流”建设，教育部等部门在总结近年来教育对外开放制度创新和实践经验的基础上，立足新时代、因应新形势、落实新要求，研究制定了《教育部等八部门关于加快和扩大新时代教育对外开放的意见》。《意见》从完善中外合作办学相关法律制度，创新工作机制，鼓励先行先试、配合国家新一轮改革开放、探索适当放宽合作办学主体和办学模式的限制等三个方面加大中外合作办学改革力度。总体而言，提高质量始终是中外合作办学的核心任务，新时期中外合作办学需要以“双一流”建设为契机，加强与国外优质教育资源合作；同时，一些“双一流”建设高校应将“一流学科”建设与中外合作办学的专业合作结合起来，提高学科建设水平，不断创新办学理念与管理模式。“双一流”建设高校应针对所属“一流学科”开展中外合作办学的专业合作，做到中外合作办学与学校的“双一流”建设相互协调、相互促进。

1. 强化基本活动建设，促进中外合作办学价值链协调运转

引进国外优质的课程和先进的教学方法，促进高校内部课程质量和教学水平的提升，是新时期中外合作办学的重要目标。因此，需要进一步优化师资队伍、教学组织和质量管理等方面的政策工具，加强中外合作办学的基本活动建设，促进办学价值链协调运转。如，制定中外合作办学教师专业标准体系、外籍教师资格认证体系，建立健全师资准入制度；通过政策工具调整、优化师资结构；加强合作双方师资的深入合作与培训交流等。健全、加强跨境教育的质量监管体系是跨境教育治理面临的重要挑战。新加坡在跨境高等教育治理中一般采用合作双方和第三方在内的多元共治主体。当前，西交利物浦大学等中外合作示范机构已经形成了包含中外合作双方以及国际专业组织认证在内的多元主体共治的外部质量保障体系。今后应进一步完善质量监管政策工具，构建涵盖教育行政部门、中外合作办学双方和第三方评估机构

① 潘奇．“十四五”期间中国教育对外开放：提质增效与路径创新［J］．教育发展研究，2020，40（23）：43—49．

的多元评估主体。

2. 优化办学环境等支持性价值要素，引进优质教育资源

中外合作办学服务大局主要表现为推进中外人文交流、服务“一带一路”建设；同时发挥推动我国教育体制机制创新，助推世界一流大学和一流学科建设的“辐射作用”。因此，需要通过优化办学环境等支持性活动价值链，进一步扩大教育开放，有针对性地引进优质高等教育资源，发挥中外合作办学的示范性和引领性作用。如，新加坡政府通过“十所顶级大学计划（TOP10）”和“全球校园计划”吸引优质教育资源和全球顶级人才增强其高等教育多样性的供给能力。这种“原汁原味”跨境教育模式形成的“鲶鱼效应”不仅有助于高等教育优化办学理念、课程体系、教学方法和质量保障体系，而且也将推动我国“一流学科”和“一流大学”的建设。

3. 均衡环境型政策工具，增加税收优惠等激励政策的使用频度

适当减少法规管制和技术标准等环境型政策工具的使用频率，这类工具适用于中外合作办学的规范建设阶段。在提升完善阶段，需要适当增加投入，加强金融支持和税收优惠等环境型政策工具的运用。新加坡、马来西亚、阿联酋等国家建设区域高等教育枢纽的经验表明，设立自由贸易区、提供优惠政策等举措是吸引国外优质教育资源、满足国际分校利益诉求的重要法宝。如，新加坡政府不仅甄选优秀合作伙伴，而且也为这些优质教育机构提供贷款和补助金，同时还通过提供财政援助以及就业机会等举措吸引国际学生。国内中外合作办学示范校——昆山杜克大学和西交利物浦大学的成功经验也表明强有力的政策支持和财政支撑是其成功的重要外部保障。当前，国家层面有关中外合作办学的优惠政策比较笼统，如《中华人民共和国中外合作办学条例》中有关于“中外合作办学机构依法享受国家规定的优惠政策”等条文，但并没有具体的优惠政策条目。在中外合作办学的早期发展阶段，政府不仅需要甄选境外优秀合作伙伴，而且也需要在软硬件建设方面给予贷款和补助；同时，运用政策工具明确中外合作办学双方在核心价值和利益分配等方面的权益。为进一步扩大来华留学教育规模，建立相适应的来华留学工作与服务体系，加快我国建设亚洲高等教育枢纽的步伐，当前需要加强目标规划等环境型政策工具的运用。一方面，加强国家宏观调控机制与市场运作机

制协同作用下急需专业方面的引进。另一方面，在治理结构、人才培养模式、课程开发与科学研究等方面加强与外方合作，学习拓展海外市场的经验，为教育“输出”提供经验借鉴。在教育输出方面，随着远程教育技术手段的日臻完善以及“新区域主义”的兴起，利用跨境远程教育“完成留学”的方式将会越来越受到青睐。建设跨境远程教育项目、完善包括图书数字资源在内的各种支持性服务将成为我国向“一带一路”沿线国家提供优质高等教育资源的一种重要跨境教育平台。

4. 加强供给型政策工具的推动作用和需求型政策工具的拉动作用

应该加强供给型政策工具的运用，在信息服务、资金投入、平台建设以及教育培训等方面提供政策支持。把以教育“输出”为主的境外办学纳入到中外合作办学的框架，在“一带一路”沿线国家开展中外合作办学，实现两者之间的互动。此外，国内的中外合作办学应承担招收本土公民和国际学生的双重使命。高等教育的国际化体验不仅来自于教学理念、教师与教材，还需要一定规模的国际学生。

强化需求型政策工具的运用。制定招收国际学生的一系列稳定政策与完善各项支持服务，是我国建设亚洲高等教育枢纽的重要保障。同时，合理引进、避免过度依赖外部优质教育资源；加强质量监控，提升本土高等教育内生能力至关重要。我国需要进一步促进民办高等教育参与中外合作办学，使其成为拓展国际教育服务贸易市场的重要补充。通过示范性政策工具开展名师工程、精品课程、一流专业、一流学科、国际合作机制等方面的建设，发挥示范引领作用，推动教学与人才培养机制改革，有力促进高等教育管理体制机制的改革与创新。

2020 年 6 月，《海南自由贸易港建设总体方案》出台，我国承诺“允许境外理工农医类高水平大学、职业院校在海南自由贸易港独立办学，设立国际学校”，不再要求外方必须与中方所在学校合作办学。这些方案为我国进一步吸引国际优质教育资源提供了政策支持。此外，为进一步规范中国教育服务贸易，亟须制定、完善有关《出国留学条例》《来华留学条例》《远程教育条例》等条例。

（四）加强质量建设，做强“留学中国”品牌

我国一方面通过颁布留学预警等方式加强对出国留学生的权益保护，如，2019年6月，教育部发布2019年第1号留学预警，提醒广大学生学者出国留学前加强风险评估，增强防范意识，做好相应准备。另一方面积极拓展留学空间，实施弹性学历认证。[①] 此外，我国也积极吸引来华留学生，根据《教育部等八部门关于加快和扩大新时代教育对外开放的意见》，我国将进一步打造来华留学重点项目和示范项目，多举措推动来华留学实现内涵式发展，做强“留学中国”品牌。由于我国教育供给能力不足，长期以来，我国出国留学的人数、费用都远高于来华留学的人数和费用，这不仅导致严重的人才流失，也制约了高层次来华留学生的数量和结构。另外，需要进一步提升高校的国际化水平，对中国学生和留学生既要做到根据特点分类管理，又要加强两类群体的融合教育，增进不同类型学生之间的互动与相互理解。我国亟须提升教育质量。落实好《来华留学生高等教育质量规范（试行）》，规范高校开展来华留学教育。通过举办各种高等教育国际展览，扩大我国高等教育的知名度，打造更具国际竞争力的留学教育，吸引海外优质生源，培养全球治理人才。通过实施《中国政府奖学金工作管理办法》，明确奖学金申请人的资格条件。通过完善来华留学质量认证标准、预科教育标准以及各类专业教育标准等举措保障来华留学培养质量，同时加强第三方行业组织对来华留学开展质量认证，健全教育质量保障机制。通过英语授课师资培训班和来华留学管理干部培训班，提升专业师资队伍水平。

当前，受新冠疫情影响，全球学生跨境流动的脚步放缓。另外，传统高等教育国际化也面临着高成本、受众范围小等问题的挑战，以“国际分校”为载体的“在地国际化”日益备受青睐。我国应继续加大政策和制度创新，在新一轮高等教育国际化发展中形成中国理念、中国道路、中国模式和中国话语体系。我国应进一步加大跨境教育产业的发展，扩大教育开放，探索经济效益和学术质量之间的平衡点。

根据自身特点，打造教育对外开放新高地。如借鉴阿联酋迪拜知识村、

① 孙霄兵．加入WTO二十年来中国教育对外开放的发展［J］．国家教育行政学院学报，2021（01）：31－39＋50.

国际教育城的经验，通过免税、资产与利润转出自由等优惠政策，吸引国际优质教育资源。海南拥有丰富的海岛旅游资源，对国外游客具有较强的吸引力，可以借鉴马来西亚创办学生枢纽的经验，利用自贸港的优惠政策和廉价土地优势，吸引国外一流大学分校落户海南，不仅可以满足日益增长的国内高等教育需求，也可以吸引大量周边国家的国际生源。当前，海南国际教育创新岛成为引领教育高水平开放创新的生动案例，在教育教学方面的“创新”重点体现在中外合作办学审批机制创新、境外高校独立办学制度体系创新、“大共享＋小学院”办学模式创新、“国际教育消费回流”承接模式创新等方面，深层次推进制度集成创新。2021 年 11 月，海南印发《海南省“十四五”建设国际旅游消费中心规划》，其中指出，海南将积极承接海外消费回流，搭建教育开放合作平台，在重点区域，加大优质教育资源引进力度，打造教育对外开放平台，在做强教育服务业方面，海南鼓励开展中外合作办学，吸引境外教育机构在海南注册离岸公司等，创建“留学海南”品牌，力争国际留学生达到 1 万人以上，国际教育消费回流 5 万人以上。为此，高校发力吸引海外院校合作共建，打造选派学生交流、硕博联合培养等项目也有效地促进了国际教育消费回流，让海南国际教育在畅通国内国际双循环、构建新发展格局中发挥应有的作用。根据海南省教育厅 2022 年 4 月发布的数据，2018 年 4 月 13 日以来，海南全省累计签约各级各类教育合作项目 130 多个，累计引进各类教育人才 2.5 万人，1,700 多名高层次人才踊跃参与国际教育创新岛建设。①

作为非资源型区域的粤港澳大湾区，其更聚焦于满足国内高等教育需求。当前，科技创新是粤港澳大湾区与其他国际一流湾区的最大差距，其类似于新加坡和美国的旧金山湾区，适合建设知识/创新枢纽，即建设成创新湾区和科技湾区。针对大湾区建设，《大湾区规划纲要》第一条即指出“实施创新驱动发展战略，完善区域协同创新体系，集聚国际创新资源，建设具有国际竞争力的创新发展区域”。《规划纲要》的真正用意是强调粤港澳大湾区应以国际科技创新中心的建设带动制造业中心和金融中心的升级和协同，形成多元

① 海南国际教育创新岛：教育之花盛开南海［EB/OL］.（2022－08－26）［2023－01－12］. https://www.study-hn.cn/index.

化的产业中心。为了建设创新湾区和科技湾区，大湾区应吸引优秀国际生源，为湾区发展培养高技能人才和高素质的创新人才。

此外，要健全中外合作办学的准入制度，加强办学建设和质量标准，借鉴其他国家外籍教师的聘任、管理和培训制度，严格规范外籍教师准入标准。

（五）加强与“一带一路”沿线国家的教育合作，创办国际分校

在扩大教育开放方面，我国应采取引进来和走出去协同推进的策略，一方面积极引导普通院校引入优质教育资源，开展中外合作办学，提高办学质量；另一方面鼓励双一流大学在“一带一路”沿线国家创办分校，提高中国高等教育的知名度和美誉度。随着共建“一带一路”持续深入推进，“走出去”办学日益成为我国教育对外开放的重要内容。《教育部等八部门关于加快和扩大新时代教育对外开放的意见》指出：目前，我国高校在近 50 个国家举办了 100 多个不同类型和层次的境外办学机构和项目。为引导学校自主、高效、有序赴境外办学，《意见》明确了量力而行、依法办学、质量优先、稳步发展的基本思路。[①] 2019 年 9 月，中国高等教育学会发布了《高等学校境外办学指南》，为我国高等教育机构走出去办学提供了指导。

1. 减缓交流与合作的共生阻尼机制，完善环境诱导机制

学历、学位互认政策，教育合作政策以及奖学金政策是我国促进国际学生流入的重要教育政策。需要参考国际通行办法，尽快制定国家教育质量标准，完善学位联合培养制度以及学分累计和转换制度，进一步推动学历学位的国际互认。我国需要在深入解读“一带一路”沿线国家高等教育国际化政策的基础上，构建统筹协调机制，落实关于“相互承认高等教育学历和学位的协定”的具体内容以及与就业相关的专业互认，进一步加深与“一带一路”沿线国家的合作交流。学历、学位互认互授是高等教育交流与合作的重要政策保障。截至 2020 年 9 月，中国已与 188 个国家和地区、46 个重要国际组织建立了教育合作与交流关系，但仅与 54 个国家签署了高等教育学历学位互认

① 教育部负责人就《关于加快和扩大新时代教育对外开放的意见》答记者问［EB/OL］..（2020－06－18）［2020－12－06］. https://baijiahao.baidu.com/s? id=1669804812593214398&wfr=spider&for=pc.

协议，高等教育学历学位互认占比较低。[①] 推进教育外交，提升双方信任度。在政府层面，建立“高等教育部长级会议”“高等教育国际化论坛”等交流机制；在民间，高频开展短期文化交流周、高等教育展等活动，加深彼此在文化、教育领域的认知。2020 年 8 月，海南省人民政府与德国比勒费尔德应用科技大学签署战略合作协议，德国比勒费尔德应用科技大学在海南自由贸易港独立办学，这是中国境内第一所境外高校独立办学项目，也是德国公办高校首个在国外的独立办学项目。根据《海南自由贸易港建设总体方案》，允许境外理工农医类高水平大学、职业院校在海南自由贸易港独立办学，设立国际学校，有力推动了海南引进境外高水平优质教育资源，加强中外高等教育合作。在中外合作办学审批机制方面，海南首创实施本科以上层次中外合作办学部省联批，以前申请本科以上层次中外合作办学机构需要拟设立机构向所在省（自治区、直辖市）人民政府提出，并由其同意后报教育部审批，而部省联批则须申请设立机构直接向教育部提交申报材料，经部省联合审批专家组审议后，由教育部与海南省联合审批，加快了审批的透明度和速度。一批全球优质资源也陆续签约引入国际教育创新岛。英国考文垂大学、加拿大阿尔伯塔大学、北京大学、南开大学、电子科技大学等 45 所国内外知名高校，哈罗学校、人大附中及人大附小等 83 所知名中小学校纷纷敲响宝岛海南的大门。随之而来的，还有德国比勒费尔德应用科技大学、瑞士洛桑酒店管理学院、莫斯科动力学院等一批高水平境外院校来琼合作办学，上海交通大学医学院与英国爱丁堡大学合作举办医学健康类独立法人中外合作办学机构，以及海口德威学校等一批国际名校加快建设先导性项目在逐渐落实中。[②]

2. 建立交流与合作的共生动力机制

首先，充分发挥已有国际合作平台的作用，打造多样化的交流载体，完善双边交流机制。如，以印中教育方面联合工作组会议为契机，继续深入开展中印高等教育合作研讨会、中印大学校长论坛、新加坡—中国—印度高等

① 中国与 54 个国家互认高等教育学历学位［EB/OL］..（2020－09－05）［2020－10－06］. https://baijiahao.baidu.com/s? id=1676997335689993155&wfr=spider&for=pc.

② 海南国际教育创新岛：教育之花盛开南海［EB/OL］.（2022－08－26）［2023－01－12］. https://www.study-hn.cn/index.

教育对话论坛及大学联盟等。其次，落实《国家汉办与印度中等教育委员会谅解备忘录》，加深双方在汉语教学方面的合作，并以孔子学院和孔子课堂为平台，加强中印两国青年的文化交流。中印两国可以签署涵盖在线教学的相互承认学历、学位的备忘录，在 MOOC 等在线教学领域开展合作与交流。第三，加强国际学生流动。以印度留学计划（SII）为载体，推进我国学生赴印度短期留学计划。同时，我国可以通过"一带一路"奖学金计划侧重吸引印度留学生，将其培养成中印友好关系及经贸合作的推动者。此外，2020 年 6 月，《教育部等八部门关于加快和扩大新时代教育对外开放的意见》已经明确提到，"通过'互联网＋''智能＋'等方式，丰富中西部地区薄弱学校国外优质教育资源供给"。[①] 该意见为我国扩充境外优质教育资源供给提供了政策支持。

3. 拓展中外合作办学机构的生源结构

从输出国来看，根据英国高等教育资助委员会的数据，在海外国际分校攻读英国大学学位的国际学生多于在英国本土学习的国际学生，在 2012－2013 年约有 54.5 万名学生在英国的国际分校学习。英国文化协会（2016）报告称，英国现有和目前拟建的国际分校主要集中在阿联酋、中国、马来西亚和新加坡。2013 年，有 328,402 名国际学生在澳大利亚高等教育机构学习，其中 84,785 人就读于澳大利亚设在新加坡、马来西亚、中国内地、中国香港和越南的海外分校，另有 25,331 人是远程教育学生。这些跨国学生约占全体国际学生的 33.5％。[②] 我国可以利用中外合作办学机构和项目的语言优势，改变过去中外合作办学机构和项目只招收中国公民的生源结构，以其为载体吸引"一带一路"沿线国家留学生。

4. 积极创办国际分校

境外办学既需要依法办学、服务办学所在国、所在地的经济、社会发展，又需要健全教育教学管理机制、保障质量。此外，还要做好充分调研和各种

① 孙霄兵. 加入 WTO 二十年来中国教育对外开放的发展［J］. 国家教育行政学院学报，2021（01）：31－39＋50.

② Transnational education in higher education sector［EB/OL］.（2014－10－30）［2021－09－05］. https://internationaleducation.gov.au/research/Research-Snapshots/Documents/Transnational%20education_HE_2013.pdf.

风险防控。当前，印度是拥有海外分校最多的发展中国家之一，我国可以借鉴印度海外分校的选址与区域布局的创办经验，鼓励“双一流”大学在中东欧建设海外分校。这不仅可以提高我国高校的知名度和美誉度，而且也将进一步加深中国与“一带一路”沿线中东欧 16 国的教育文化交流。鼓励优质的中高职院校以“鲁班工坊”为载体，在“一带一路”沿线国家开展合作办学或者创办“鲁班工坊”，为当地青年提供职业技能培训。此外，我国还应扩大在线教育国际辐射力，通过“中国教育云”，建立中国特色国际课程推广平台，支持各类高等教育机构开发具有中国特色和国际竞争优势的专业课程、教学管理模式和评价工具。

在“一带一路”沿线国家创办孔子学院，通过文化和语言交流增进“一带一路”沿线国家青年人对中国的正确认知和国际理解。2020 年 6 月新成立的“中国国际中文教育基金会”由 27 家高校、企业和社会组织联合发起，旨在通过支持世界范围内的中文教育项目，促进人文交流，增进国际理解，为推动世界多元文明交流互鉴、共同构建人类命运共同体贡献力量。该教育基金会将会制定孔子学院品牌标准和规范，为推广汉语国际教育提供支撑。

参考文献

一、中文期刊论文

[1] 姜丽娟. 亚太国家国际学生流动与跨国高等教育发展之探讨与启示[J]. 教育资料与研究，2010（06）：113－138.

[2] 宋佳. 亚洲高等教育枢纽之争：路径、政策和挑战 [J]. 外国教育研究，2015，(12)：79－91.

[3] 覃玉荣，毛仕舟. 越南跨境高等教育合作：政策、实践与问题 [J]. 比较教育研究，2015（03）：24－31＋38.

[4] 杜燕锋，于小艳. 教育枢纽——跨境教育的新发展 [J]. 世界教育信息，2016，(02)：57－60＋66.

[5] 莫家豪. 打造亚洲教育枢纽：香港的经验 [J]. 北京大学教育评论，2016，(04)：89－104＋187.

[6] 廖青. 新加坡和中国香港地区打造区域教育枢纽的比较研究 [J]. 比较教育研究，2017，(11)：16－25.

[7] 申海平. 外来高等教育资源引进的法律规制——马来西亚、新加坡和香港的经验与启示 [J]. 高等教育研究，2018（03）：105－111.

[8] 卓泽林. 粤港澳大湾区高等教育枢纽建设：基础、困境与对策 [J]. 国家教育行政学院学报，2019（12）：41－48.

[9] 陈先哲，文黎晖. 粤港澳大湾区建设国际教育示范区：使命、定位与路向 [J]. 大学与学科，2020，1（02）：102－110.

[10] 卢晓中，秦琴. 高等教育集群发展视域下粤港澳大湾区高校办学自主权研究 [J]. 中国高教研究，2021（04）：55－63.

[11] 贾益民. 新时代世界华文教育发展理念探讨 [J]. 世界汉语教学，2018（02）：147—161.

[12] 骆四铭，阮氏贵. 法属殖民地时期越南高等教育的移植与评价 [J]. 高等教育研究，2018（04）：104—113.

[13] 陈先哲. 打造教育对外开放新高地：全球视野与中国行动 [J]. 比较教育研究，2021，（10）：3—11.

[14] 陈慧荣，刘咏梅. 知识资源共享视野下的教育枢纽构建动因、共享体系及举措 [J]. 比较教育研究，2019，（09）：27—35.

[15] 约翰·N. 霍金斯，谷贤林，杨晨曦. 全球化、国际化和亚洲教育枢纽：我们需要一些新的术语吗？[J]. 世界教育信息，2022，（02）：35—40.

[16] 徐一渌. “双循环”新发展格局下我国国际教育枢纽建设研究 [J]. 高校教育管理，2022，（06）：102—112.

二、英文期刊论文

[1] AZIZ M I A，ABDULLAH D. Finding the next “wave” in internationalisation of higher education：focus on Malaysia [J]. Asia Pacific Educ. Rev.，2014（15）：493—502.

[2] MORSHIDI S. The impact of September 11 on international student flow into Malaysia：Lessons learned [J]. International Journal of Asia Pacific Studies，2008（1）：79—95.

[3] KNIGHT J.，MORSHIDI S. The complexities and challenges of regional education hubs：Focus on Malaysia [J]. Higher Education，2011（62）：593—606.

[4] MOK K H. The rise of transnational Higher Education in Asia：Student Mobility and Studying Experiences in Singapore and Malaysia [J]. Higher Education Policy，2012（25）：225—241.

[5] MANICKAM S K. Solidarity in an oppressive world?：The paradox of Malaysia-Africa interactions in higher education [M] //Policies and Poli-

tics in Malaysian Education. Routledge, 2017: 144—164.

[6] SAMOKHVALOVA A. Higher Education and Nation Branding: Malaysia's Africa-Specific Student Recruitment Strategies. Afrasian Transformations. Brill, 2020. 155—175.

[7] SAMOKHVALOVA A. New actors in Africa's higher education landscape: Malaysia's branch campuses and their motivation to enter the African market [M] // KAAG M. Destination Africa. Brill, 2021: 80—105.

[8] HASHIM H. The Expansion of Open University Of Malaysia Through International Collaboration [J]. ASEAN Journal of Open Distance Learning 2017 (2): 8—14.

[9] WAN, C. D. and ABDULLAH D. Internationalisation of Malaysian higher education: policies, practices and the SDGs [J]. International Journal of Comparative Education and Development, 2021 (3): 212—226.

[10] TAN E T J. Singapore as a global schoolhouse: a critical review. Managing International Connectivity, Diversity of Learning and Changing Labour Markets: East Asian Perspectives, 2016: 135—147.

[11] SIDHU R, HO K C, YEOH B. S. A. Singapore: Building a Knowledge and Education Hub [M]. International Education Hubs. Springer Netherlands, 2014: 121—143.

[12] LEE M H. Researching Higher Education in 'Asia's Global Education Hub': Trends and Issues in Singapore [J]. Education & Society, 2016: 5—25.

[13] KNIGHT J. Education Hubs: International, Regional and Local Dimensions of Scale and Scope [J]. Comparative Education, 2013, 49 (3): 374—387.

[14] Ng P T, Tan C. The Singapore Global Schoolhouse [J]. International Journal of Educational Management, 2010, 24 (3): 178—188.

[15] Fox W H, SHAMISI S A. United Arab Emirates' Education Hub: A Decade of Development [M]. International Education Hubs. Springer

Netherlands, 2014: 63—80.

[16] SANAA, ASHOUR, SYEDA, et al. Factors favouring or impeding building a stronger higher education system in the United Arab Emirates [J]. Journal of Higher Education Policy & Management, 2016, 38 (5): 576—591.

[17] JASON E, LANE. Global expansion of international branch campuses: Managerial and leadership challenges [J]. New Directions for Higher Education, 2011, 2011 (155): 5—17.

[18] Nuzhat S. Globalization of education in UAE: The local legislative education policies for international branch campuses and its tensions given the political, religious, and cultural differences [J]. Journal of Education, 2021, 201 (3): 236—247.

[19] SUGHNANI N. Access, Internationalisation, Economic Growth and Skills: The Impacts of TNE in Dubai [M] // Importing Transnational Education, 2021: 175—189.

[20] WILKINS S. Establishing international branch campuses: A framework for assessing opportunities and risks [J]. Journal of Higher Education Policy and Management, 2016, 38 (2): 167—182.

[21] LI C , HALL C . Motivations, Expectations, and Experiences of Expatriate Academic Staff on an International Branch Campus in China [J]. Journal of Studies in International Education, 2015, 20 (3): 207—222.

[22] NERI S, WILKINS S. Talent management in transnational higher education: strategies for managing academic staff at international branch campuses [J]. Journal of Higher Education Policy and Management, 2019, 41 (1): 52—69.

[23] WADHWA R. Pathways to Internationalization in Indian Higher Education: Reflections on Policy Options [J]. The Future of Higher Education in India, 2019: 307—328.

[24] HOANG L, TRAN L T, PHAM H H. Vietnamese government policies and practices in internationalisation of higher education [J]. Interna-

tionalisation in Vietnamese higher education，2018：19—42.

[25] CHOW S，NGAD T. Bribes for enrolment in desired schools in Vietnam [J]. Transparency International，Global Corruption Report：Education (Routledge)，2013：60—67.